Aspectos jurídicos da empreitada de obras públicas

(Decisão arbitral sobre a
obra hidráulica Beliche-Eta de Tavira)

Diogo Freitas do Amaral
Fausto de Quadros
José Carlos Vieira de Andrade

Aspectos jurídicos da empreitada de obras públicas

(Decisão arbitral sobre a
obra hidráulica Beliche-Eta de Tavira)

ALMEDINA

TÍTULO:	ASPECTOS JURÍDICOS DA EMPREITADA DE OBRAS PÚBLICAS
AUTOR:	DIOGO FREITAS DO AMARAL FAUSTO DE QUADROS JOSÉ CARLOS VIEIRA DE ANDRADE
EDITOR:	LIVRARIA ALMEDINA – COIMBRA www.almedina.net
LIVRARIAS:	LIVRARIA ALMEDINA ARCO DE ALMEDINA, 15 TELEF. 239 851900 FAX 239 851901 3004-509 COIMBRA – PORTUGAL livraria@almedina.net LIVRARIA ALMEDINA – PORTO RUA DE CEUTA, 79 TELEF. 22 2059773 FAX 22 2039497 4050-191 PORTO – PORTUGAL porto@almedina.net EDIÇÕES GLOBO, LDA. RUA S. FILIPE NERY, 37-A (AO RATO) TELEF. 21 3857619 FAX 21 3844661 1250-225 LISBOA – PORTUGAL globo@almedina.net LIVRARIA ALMEDINA ATRIUM SALDANHA LOJAS 71 A 74 PRAÇA DUQUE DE SALDANHA, 1 TELEF. 21 371269/0 atrium@almedina.net LIVRARIA ALMEDINA – BRAGA CAMPOS DE GUALTAR UNIVERSIDADE DO MINHO 4700-320 BRAGA TELEF. 253 678 822 braga@almedina.net
EXECUÇÃO GRÁFICA:	G.C. – GRÁFICA DE COIMBRA, LDA. PALHEIRA – ASSAFARGE 3001-453 COIMBRA Email: producao@graficadecoimbra.pt FEVEREIRO, 2002
DEPÓSITO LEGAL:	177057/02

Toda a reprodução desta obra, por fotocópia ou outro qualquer processo, sem prévia autorização escrita do Editor, é ilícita e passível de procedimento judicial contra o infractor.

Prefácio

Os autores desta publicação foram os juízes árbitros num longo e complexo processo arbitral entre o Estado e um consórcio de empresas particulares, relativo a diversos aspectos da empreitada de obras públicas que teve por objecto, nos anos 90, a obra hidráulica Beliche-Eta de Tavira, no Algarve.

Não foi fácil a tarefa dos julgadores, todos juristas, pois foram chamados a compreender e decidir matéria de facto que envolveu, não apenas questões de senso comum, mas também — e sobretudo — questões de natureza técnica, desde difíceis problemas de contabilidade empresarial até aos mais intrincados problemas de engenharia civil.

E não foi só no domínio da matéria de facto que o julgamento se revelou particularmente delicado. No âmbito da matéria de direito, foram suscitadas e tiveram de ser resolvidas múltiplas questões novas, para as quais escasseavam, ou não existiam de todo, indicações legais e referências doutrinais ou jurisprudenciais.

É certo que, por expressa vontade das partes e imposição legal, o julgamento era feito segundo a equidade. Mas é um erro pensar que isso facilita grandemente a tarefa do julgador, se este — como foi o caso — afasta deliberadamente o método simplista do "juízo salomónico". Pelo contrário, o tribunal arbitral analisou todas as questões nos seus próprios méritos, decidiu cada uma delas segundo a sua consciência, à luz de uma exigente concepção de "equidade" que tornou explícita logo no início do acórdão ora divulgado, e só no final fez as contas e ficou a saber quem conseguiu mais e quem obteve menos do que à partida podia eventualmente esperar.

Publica-se agora o texto integral do acórdão arbitral porque se afigura, sem falsa modéstia, que poderá dar um contributo útil à doutrina e à jurisprudência em matéria de execução do contrato de empreitada de obras públicas.

O primeiro co-autor, que foi o presidente do tribunal, deseja agradecer e louvar o trabalho altamente meritório dos outros dois juízes árbitros — que, aliás, honra lhes seja, nunca actuaram como "árbitros de parte", antes se colocaram sempre na posição imparcial e super partes de verdadeiros juízes, como é próprio da função jurisdicional.

Que todas as decisões do Tribunal — incluindo a resposta a mais de 800 quesitos e o acórdão final — tenham sido tomadas por unanimidade revela bem, por outro lado, o bom espírito de harmonia e cooperação que prevaleceu, do princípio ao fim, no seio do tribunal.

Enfim, uma palavra de elogio é devida, sem favor, ao sr. dr. Lino Torgal, assessor jurídico do tribunal, pela excelente contribuição que deu em todas as fases do processo, o que muito auxiliou os juízes árbitros a desempenhar a difícil tarefa que tinham sobre os seus ombros.

Lisboa, Janeiro de 2002.

Diogo Freitas do Amaral
Fausto de Quadros
José Carlos Vieira de Andrade

Sumário

§ 1.º
Relatório

I. Identificação das partes
II. Identificação dos árbitros
III. Convenção de arbitragem
IV. Assessor jurídico e Secretário do Tribunal
V. Local da arbitragem
VI. Normas aplicáveis
VII. Objecto do litígio
VIII. Breve relato da tramitação do processo
IX. Razão de ordem

§ 2.º
Dos factos provados

X. Método adoptado; remissão

§ 3.º
Da decisão da causa e sua fundamentação

XI. Decisão da questão prévia suscitada pelos Réus na sua contestação
XII. Considerações sobre o julgamento de equidade
XIII. Traços específicos do objecto da empreitada n.º 171/Dsa

1. Factos provados
   1.1. O concurso
   1.2. Da solução base posta a concurso
   1.3. Da Proposta Variante-B do Consórcio
   1.4. Do grau de desenvolvimento da solução-base
2. Breves considerações sobre o objecto do contrato de empreitada n.º 171/DSA

XIV. Da execução do contrato de empreitada n.º 171/DSA

1. Factos provados
   1.1. O Programa de Trabalhos do Consórcio
   1.2. Vicissitudes na execução da obra
      1.2.1. Consignações
      1.2.2. O túnel da Gafa
      1.2.3. Alterações introduzidas à Proposta Variante-B
      1.2.4. O Túnel Beliche-EE1 e o respectivo traçado
      1.2.5. A EE1
      1.2.6. A EE2
      1.2.7. A EE3
      1.2.8. O Reservatório de Santo Estevão
2. Breves considerações sobre a execução do contrato n.º 171/DSA

XV. Decisão sobre as pretensões indemnizatórias das Autoras

1. Sequência
2. "Estaleiros e Acessos"
3. "Reposição do preço unitário dos tubos de betão"
4. "Reposição do equilíbrio das prestações contratuais"
   4.1. Custos mensais não absorvidos até Dezembro de 1993
   4.2. Custos do reforço de meios a partir de Janeiro de 1994
   4.3. Sobrecustos com projectos
   4.4. Túnel Beliche-EE1 (sobrecustos com materiais)
   4.5. Ensaios
   4.6. Instabilidade de taludes
   4.7. Ensecadeira de Beliche
   4.8. Crivagem do material de aterro
   4.9. Modificação do quadro geotécnico esperável na execução das escavações
   4.10. Da falta de apoio topográfico do Dono da Obra

4.11. Custos com a reparação de estradas e caminhos municipais
5. Lucro

§ 4.º
Conclusão

Acórdão Arbitral

§ 1.º
Relatório

I. Identificação das partes

1. São Autoras as sociedades comerciais consorciadas *Mota e Companhia, S.A., Engil — Sociedade de Construção Civil, S.A., Construtora do Tâmega, S.A., Assiconstrói, Sociedade de Construções, S.A., e Setal Degrémont — Tratamento de Água, Lda.* — doravante "Autoras", "Consórcio Odeleite", ou ainda "Consórcio".
São Réus o *Instituto da Água* (INAG) e o *Instituto de Estruturas Agrárias de Desenvolvimento Rural* (IEADR) — doravante "Réus" ou "Dono da Obra".

II. Identificação dos Árbitros

2. Autoras e Réus designaram como seus Árbitros, respectivamente, o Professor Doutor Fausto de Quadros e o Professor Doutor José Carlos Vieira de Andrade, os quais escolheram como terceiro Árbitro e presidente do Tribunal o Professor Doutor Diogo Freitas do Amaral, que aceitou.

III. Convenção de Arbitragem

3. Na sequência de divergências surgidas no decurso da empreitada de *"Execução da Barragem de Odeleite, do Túnel Odeleite-Beliche, da Adução Beliche-Estação de Tratamento de Águas de Tavira, da Estação de tratamento de Águas de Tavira e das Redes de Rega, Redes de Enxugo e Caminhos Agrícolas»*, que as ora Autoras (juntamente com a entretanto declarada falida *Sociedade de Construções Amadeu Gaudêncio, S.A.*) haviam convencionado, em Lisboa, a 9 de Dezembro de 1991, com a *Direcção-Geral dos Recursos Naturais* e a *Direcção-Geral de Hidráulica e Engenharia Agrícola*, a que sucederam os ora Réus — acordaram as Autoras e os Réus, por compromisso arbitral de 29 de Maio de 1996, celebrado nos termos dos artigos 229.º e 230.º do Decreto-Lei n.º 405/93, de 10 de Dezembro, do artigo 2.º, n.º 2, do Decreto-Lei n.º 129/84, de 27 de Abril, e da Lei n.º 31/86, de 29 de Agosto, submeter a resolução de determinados litígios a um tribunal arbitral, a instituir de imediato.

É o seguinte o teor do compromisso de 29 de Maio de 1996:

> "CLÁUSULA PRIMEIRA (*Objecto*)
>
> 1 — As Partes comprometem-se a submeter a resolução dos diferendos que no número seguinte se definem e que respeitam todos eles ao contrato de empreitada de «*Execução da barragem de Odeleite, do Túnel Odeleite-Beliche, da Adução Beliche-Estação de Tratamento de Águas de Tavira, Estação de tratamento de Águas de Tavira e das redes de Rega, Redes de Enxugo e Caminhos Agrícolas*» à resolução definitiva por via de um Tribunal Arbitral a instituir de imediato.
>
> 2 — O objecto do litígio corresponde às pretensões que pelo Consórcio foram apresentadas em tempo ao Dono da Obra, e por este ou em todo ou em parte negadas, através dos requerimentos e ofícios seguintes, que se juntam como Anexo A a este acordo, dele fazendo parte integrante:

a) Reclamação relativa à rubrica «estaleiros e acessos»: apresentada por requerimentos do Consórcio com a ref\`s 678/CO/95, de 28.06.1995, e 902/CO/95, de 31.07.95, e indeferida pelo Consórcio por Ofício 546/PRES/95 de 18.12.95;

b) Reposição do Equilíbrio das prestações contratuais: apresentada por requerimento do Consórcio com a ref^a 057/D L/95 de 07.08.95, indeferida, na sua grande parte, por oficio com a ref^a 172/OB/95 de 18.12.95 limitando-se o diferendo apenas e tão só ao montante peticionado não aceite pelo Dono da Obra;

c) Reposição do preço unitário dos tubos de betão: apresentada por requerimento do Consórcio com a referência 056/DL/95 de 07.08.95, e indeferida por oficio com a ref.^{a} 487/Pres/95 de 07/11/95.

CLÁUSULA SEGUNDA (*Designação dos Árbitros e Regulamentação do Processo*)

1 — As Partes comprometem-se a designar os árbitros de harmonia com o que se estabelece no Regulamento que se anexa a este Acordo como Anexo B e dele fazendo parte integrante, no prazo máximo de vinte dias úteis, e bem assim a aprovar, no mesmo prazo de vinte dias úteis a contar da assinatura do presente Compromisso Arbitral, a regulamentação do Processo Arbitral.

2 — Em caso de não haver aprovação do Regulamento Arbitral dentro do prazo referido no número anterior, fica desde já perfeitamente entendido e estipulado entre as Partes que para esse efeito valerá o projecto de Regulamento que aqui se junta como ANEXO B, podendo, ainda, no entanto, tal como se dispõe nesse projecto de Regulamento, posteriormente os árbitros derrogar por unanimidade qualquer das suas normas, que não resultem imperativamente da lei".

IV. Assessor Jurídico e Secretário do Tribunal

4. O Tribunal teve como Assessor Jurídico o Dr. Lino Torgal.

Foi Secretário do Tribunal o saudoso Sr. António Miranda; após o seu falecimento, em Agosto p. p., aquela função foi assumida pela Sra. D. Maria da Conceição Amorim.

V. Local da arbitragem

5. O Tribunal arbitral funcionou em Lisboa, e ficou instalado na Avenida Fontes Pereira de Melo, n.º 35, 13.º-A.

VI. Normas aplicáveis

6. Ao fundo da causa é aplicável a lei portuguesa.

Designadamente, é aplicável o regime *substantivo* do Decreto-Lei n.º 235/86, de 18 de Agosto, diploma que aprovou o Regime Jurídico das Empreitadas de Obras Públicas (doravante RJEOP/86), vigente à data em que a obra objecto do litígio foi posta a concurso, bem como a sua legislação complementar. Efectivamente, segundo o disposto no artigo 241.º do Decreto-Lei n.º 405/93, de 10 de Dezembro (doravante RJEOP/93) — diploma que, tendo revogado o RJEOP/86, estava em vigor no momento da celebração do compromisso arbitral, e que foi já entretanto revogado pelo Decreto-Lei n.º 59/99, de 2 de Março (doravante RJEOP/99) —, aquele Decreto-Lei "entra em vigor seis meses após a data da sua publicação e só será aplicável às obras postas a concurso após essa data, *sem prejuízo de aplicação às empreitadas em curso das disposições do título VII sobre contencioso dos contratos*".

Por outro lado, segundo o n.º 2 do artigo 229.º do RJEOP/93, de 10 de Dezembro, quando as partes optem por dirimir as suas controvérsias através de tribunal arbitral, "(...) os árbitros julgarão sempre segundo a *equidade*". Celebrada ao abrigo deste preceito, a Convenção de Arbitragem, de 29 de Maio de 1996, cometeu, pois, ao Tribunal o encargo de julgar este litígio segundo a equidade. O Tribunal adiante explicitará que entendimento faz acerca do juízo de equidade (*infra*, § 3.º, XI).

7. O processo arbitral obedeceu às regras constantes do regulamento anexo ao compromisso arbitral e, subsidiariamente, às regras do Código de Processo Civil (na versão resultante da reforma de 1995/1996) aplicáveis às acções com processo comum ordinário, por um lado, e às regras da Lei n.º 31/86, de 29 de Agosto, por outro lado.

VII. Objecto do litígio

8. Na sua petição inicial, as Autoras pedem que os Réus sejam condenados a pagar-lhes os seguintes montantes (em contos):

"(Custos mensais não absorvidos até Dezembro de 1993)

- mão-de-obra	278.670
- meios mecânicos	62.567
- gastos gerais da obra	114.197
- estrutura central das empresas consorciadas	242.407
- Custos do reforço de meios a partir de Janeiro de 1994	4.014.421
- Sobrecustos com projectos	119.687
- Túnel Beliche-EE1	70.797
- Ensaios hidráulicos no tubo	221.618
- Ensaios não previstos	22.981
- Instabilidade de taludes	81.587
- Ensecadeira de Beliche	31.962
- Crivagem do material de aterro	5.865
- Custos com a reparação de estradas e caminhos municipais	13.838
Subtotal (I)	5.280.568
- Lucro (5%)	264.028
Subtotal (II)	5.544.596
- Tubos	303.201
- Custo Financeiro	1.250.453
Subtotal (III)	7.098.250
- Estaleiro	1.437.883
Total geral	8.536.133"

Mais pedem as Autoras que os Réus sejam condenados a pagar-lhes "os juros vincendos sobre a referida quantia à taxa de desconto do Banco de Portugal acrescida de 1%, nos termos do art. 190.º do Dec-Lei n.º 235/86, de 18 de Agosto, até efectivo pagamento".

9. No decorrer do processo, o pedido das Autoras foi, porém, sucessivamente rectificado, acabando, na sua forma final, por traduzir-se na pretensão de condenação dos Réus nas verbas seguintes (em contos):

"Custos mensais não absorvidos até Dezembro de 1993:
- mão-de-obra _____ 65.030
- meios mecânicos _____ 7.511
- gastos gerais da obra _____ 44.097
- estrutura central das empresas consorciadas ___ 212.171
- Custos do reforço de meios a partir de Janeiro de 1994   2.846.778
  [= 1.854.964 (Janeiro1994/Junho1995) + 991.814
  (Julho1995/Maio1996)]
- Sobrecustos com projectos _____ 120.680
- Túnel Beliche-EE1 _____ 56.402
- Ensaios hidráulicos por troços _____ 120.306
- Ensaios não previstos _____ 0
- Instabilidade de taludes _____ 9.277
- Ensecadeira de Beliche _____ 9.064
- Crivagem do material de aterro _____ 5.855
- Custos com a reparação de estradas e caminhos municipais 13.497

   Subtotal (I) _____ 3.510.668
- Tubos _____ 306.343
- Estaleiro _____ 914.276

   Subtotal (II) _____ 4.731.287
- Lucro (5%) _____ 236.564

   Total geral _____ 4.967.851".

Acresce o pedido de pagamento de juros vincendos sobre o total geral, nos termos referidos na parte final do número anterior.

10. As pretensões dos Réus vêm referidas da seguinte forma na conclusão da sua contestação:

"a) Deve ser julgada procedente e provada a questão prévia suscitada pelos Réus (cfr. artigos 877.º e seguintes), rejeitando-se o pedido na parte em que a pretensão das Autoras exorbita do âmbito do compromisso arbitral;

b) Deve a presente acção, na parte em que a verba reclamada excede os valores oportunamente aceites pelo Dono da Obra, ser julgada improcedente e não provada, absolvendo-se os Réus do pedido".

11. Os valores oportunamente aceites pelos Réus, na sua Informação n.º 51/OB/95, de 9 de Outubro de 1995 — documento junto pelas Autoras à sua petição inicial, sob o n.º 32, p. 13 —, mas que não foram ainda pagos às Autoras (resposta ao quesito 247.º), são os seguintes (em contos, a preços de 1991):

Custos mensais não aborvidos pela factuação em Junho e Julho de 1993	46.665
Sobrecustos com projectos	71.047
Crivagem do material de aterro	5.010
Instabilidade de talude	7.394
Remoção da Ensecadeira de Beliche	13.020
Túnel Beliche-EE1	7.780
Retoma de Terras	120.363
Total	271.819

VIII. Breve relato da tramitação do processo

12. A presente arbitragem foi desencadeada pela petição inicial das Autoras, recebida pelo Tribunal em 10 de Fevereiro de 1997, juntamente com 14 anexos, 17 fotografias e 92 documentos, a que se seguiu a contestação dos Réus, recebida em 21 de Abril de 1997, juntamente com dois anexos e 122 documentos.

À excepção dilatória deduzida pelos Réus na contestação replicaram as Autoras num articulado recebido pelo Tribunal em 2 de Maio de 1997.

13. Em 6 de Maio de 1997, realizou-se na sede da arbitragem uma sessão na qual as partes apresentaram ao Tribunal os traços essenciais da complexa obra hidráulica objecto do litígio.

14. O processo seguiu depois os termos previstos no Regulamento aprovado e anexado à convenção arbitral e nos diplomas subsidiariamente aplicáveis, com vista ao esclarecimento do caso e a uma ponderada decisão da questão de fundo.

Assim, depois de, nos termos da alínea *d)* do n.º 1 do artigo 5º do Regulamento do Tribunal, ter sido efectuada uma tentativa de conciliação, a qual resultou frustrada, foi concluído, em 10 de Julho de 1997, o Despacho Saneador (Despacho Saneador *stricto sensu*, Especificação e Questionário).

No Despacho Saneador *stricto sensu*, o Tribunal verificou a presença dos pressupostos processuais necessários para conhecer do mérito da causa, à excepção do da sua competência para julgar uma parcela do pedido das Autoras — a parcela referente a alegados prejuízos sofridos por estas no período de Junho de 1995 a Maio de 1996.

Relegou-se, no entanto, a decisão dessa questão para a sentença final (cfr. *infra*, § 3.º, X), porquanto, tal como o Tribunal referiu em despacho de aclaração de 1 de Outubro de 1997, se lhe afigurou aconselhável só tomar posição sobre ela depois de efectuadas a instrução e a discussão da causa.

As reclamações dirigidas pelas partes contra o Despacho Saneador, recebidas pelo Tribunal em 22 de Julho de 1997 (as dos Réus) e em 16 de Setembro de 1997 (as das Autoras), foram, depois de ter sido dada a cada uma delas oportunidade de se pronunciar, querendo, sobre a reclamação da contraparte — o que ambas fizeram através de documentos recebidos pelo Tribunal em 6 de Outubro de 1997 —, decididas por Despacho de 28 de Outubro de 1997.

Em 17 de Novembro de 1997, Autoras e Réus apresentaram o respectivo rol de testemunhas, tendo os Réus requerido ainda, e o Tribunal deferido, o depoimento de parte das Autoras quanto à matéria de alguns quesitos, bem como a junção aos autos de 236 documentos.

15. Para prova testemunhal ficaram mais de 800 quesitos, tendo a audiência sido realizada ao longo de 32 sessões, concretamente nos dias 10 e 22 de Dezembro de 1997, 7, 14, 20 e 21 de Janeiro de 1998, 11 e 12 de Fevereiro de 1998, 4 e 18 de Março de 1998, 15 e 29 de Abril de 1998, 13 de Maio de 1998, 1 e 22 de Julho de 1998, 23 de Setembro de 1998, 7 e 21 de Outubro de 1998, 2 e 9 de Dezembro de 1998, 3, 17 e 24 de Março de 1999, 28 de Abril de 1999, 14, 15 e 30 de Junho de 1999, 1 de Julho de 1999, 29 de Setembro de 1999, 13, 20 e 27 de Outubro de 1999.

Em algumas destas sessões, foi, por força da oposição directa acerca de determinados factos entre os depoimentos das testemunhas, várias vezes necessário proceder, nos termos dos artigos 642.º e segs. do Código de Processo Civil, à *acareação* das pessoas em contradição.

Também no decurso da audiência, as Autoras juntaram aos autos dois Pareceres técnicos, dos Eng.º Artur Lopes Pereira, de 5 de Julho de 1999, e Eng.º Joaquim Ferreira do Amaral, de 8 de Dezembro de 1999; um Parecer económico-financeiro do Professor Doutor Ernâni Lopes, de 11 de Janeiro de 2000; e ainda Pareceres contabilísticos dos Dr. José Vieira dos Reis, de 16 de Julho de 1999, Dr. Carlos Matos, sem data (mas de 1999), e Dr. Luís Velosa (de concordância com o Parecer anterior), de 6 de Outubro de 1999.

Enfim, foram ainda juntos aos autos, ao longo da audiência instrutória, a pedido do Tribunal ou de uma ou outra das partes, grande número de documentos, tendo tido, nalguns casos, o Tribunal necessidade de tomar decisões interlocutórias para dirimir divergências entre as partes.

16. No dia 20 de Maio de 1998, de manhã e de tarde, o Tribunal inspeccionou localmente a obra de Adução Beliche-ETA de Tavira.

17. As alegações orais das partes sobre a matéria de facto tiveram lugar nos dias 18 e 21 de Dezembro de 1999, e 14 de Janeiro de 2000.

Previamente, foi informalmente efectuada, sem êxito, nova tentativa de conciliação das partes.

18. Foi entretanto elaborado, no prazo de 45 dias, um projecto de acórdão de resposta ao questionário.

O texto final deste acórdão foi concluído em 12 de Abril de 2000, sendo que, com vista à sua fixação definitiva, o Tribunal efectuou sete sessões.

As reclamações das partes contra o acórdão de resposta ao questionário, recebidas pelo Tribunal em 12 de Maio (as das Autoras) e em 15 de Maio (as dos Réus), foram, após ter sido dada a cada uma delas a oportunidade de se pronunciar, querendo, sobre a reclamação apresentada pela parte contrária — o que ambas fizeram por documentos recebidos em Junho de 2000 —, decididas por Despacho de 3 de Julho de 2000.

19. Nas alegações sobre a matéria de direito, Autoras e Réus desenvolveram, por escrito, nos períodos de três meses de que sucessivamente dispuseram para o efeito, os seus pontos de vista finais sobre os aspectos jurídicos da causa.

As alegações das Autoras foram apresentadas no dia 6 de Dezembro de 2000.

As alegações dos Réus foram apresentadas no dia 19 de Março de 2001, juntamente com seis pareceres jurídicos: três do Professor Doutor Marcelo Rebelo de Sousa (de 9 de Novembro de 2000, e de 19 e 22 de Fevereiro de 2001), dois do Dr. Rui Chancerelle de Machete, de 7 de Setembro de 1998, e de 18 de Abril de 2000 (o primeiro em co-autoria com o Dr. Pedro Machete) e, finalmente, um parecer do Dr. Mário Esteves de Oliveira (de Junho de 1998).

Posteriormente, foi também junto pelos Réus aos autos um parecer jurídico, de 28 de Maio de 2001, do Professor Doutor José Manuel Sérvulo Correia (em co-autoria com a Dra. Mafalda Carmona).

20. O Tribunal efectuou a discussão jurídica da causa ao longo de nove sessões realizadas entre 4 de Abril e 10 de Julho de 2001.

Foi entretanto preparado, no prazo de 45 dias, um projecto de acórdão.

O Tribunal reuniu quatro vezes para fixar o texto final do presente acórdão arbitral.

IX. Razão de ordem

21. No § 2.º subsequente, explicitar-se-á o método adoptado no presente acórdão a propósito da exposição da matéria de facto.

Seguidamente, no § 3.º, apreciar-se-á o pedido das Autoras, considerando-se sucessivamente, em relação a ele, a questão prévia suscitada pelos Réus e o fundo da causa. Entre uma coisa e outra, porém, o Tribunal esclarecerá dois aspectos preliminares: por um lado, o seu entendimento acerca do "julgamento segundo a equidade" que, nos termos da lei, está juridicamente habilitado a efectuar na presente arbitragem; por outro lado, certos traços específicos tanto do objecto como da execução do contrato de empreitada n.º 171/Dsa.

No § 4.º será apresentada a conclusão.

§ 2.º
Dos factos provados

X. Método adoptado; remissão

22. Para tornar mais cómoda a leitura do presente acórdão, o Tribunal opta por não expor nele autonomamente, num único local, a vastíssima matéria de facto provada.

Assim, a matéria de facto será apresentada, no § 3.º subsequente, da seguinte maneira: primeiro, enunciar-se-ão os factos relativos à questão prévia suscitada pelos Réus na sua contestação, isto antes de sobre esta mesma questão se tomar uma decisão (*infra*, § 3.º X); depois, serão sucessivamente relatados os factos relativos ao *objecto* e à *execução* do contrato de empreitada n.º 171/DSA (*infra*, § 3.º, XII e XIII); finalmente, e precedendo a decisão jurídica acerca de cada pretensão indemnizatória das Autoras, serão apresentados os factos que lhes dizem mais directamente respeito (*infra*, § 3.º, XIV) — isto, naturalmente, sem prejuízo de, a propósito da decisão jurídica de qualquer daquelas pretensões, e sobretudo das respeitantes ao tema "Reposição do equilíbrio das prestações contratuais" (*infra*, § 3.º, XIV, n.º 4), o Tribunal, se e quando necessário, voltar a ter presentes factos anteriormente referidos noutros locais.

23. O relato da matéria de facto será efectuado na íntegra – indicando-se os factos especificados por alíneas e os factos controvertidos por referência ao número dos quesitos.

Isto, desde logo, para facilitar a exacta compreensão das circunstâncias em que o complexo litígio em apreço decorreu.

Depois, porque, se, regra geral, *quod abundat non nocet*, a verdade é que já "o que falte prejudicará definitivamente a realização do Direito", posto que "a simples omissão de um facto pode vedar a aplicação duma norma ou coarctar o funcionamento de um princípio" (v. ANTÓNIO MENEZES CORDEIRO, *Anotação ao Acórdão Arbitral de 31-3-1993*, in *Revista da Ordem dos Advogados*, Janeiro 1995, p. 139).

Entre o relato da matéria de facto directamente respeitante a cada pretensão indemnizatória formulada pelas Autoras e a respectiva decisão jurídica, sintetizar-se-ão os factos considerados mais relevantes.

24. Para não estender demasiadamente, no plano formal, o relato da matéria de facto, abreviar-se-ão nele os nomes das testemunhas cujo depoimento relevou para o Tribunal formar a sua convicção.

Assim:

A) Testemunhas apresentadas pelas Autoras:

- **AL** – Professor Eng.º Armando Lencastre, professor catedrático de engenharia hidráulica;
- **AR** – Eng.º Adalberto Resende, funcionário do INAG;
- **CB** – Eng.º Cerqueira Bastos, director técnico do projecto por parte da Engil, S.A.;
- **FA** – Eng.º Faria de Almeida, técnico da Construtora do Tâmega, S.A.;
- **GM** – Dr. Gonçalo Martins, jurista da Engil, S.A.;
- **GR** – Eng.º Gomes Rodrigues, consultor financeiro da Engil, S.A.;
- **JPD** – Dr. José Paulo Duque, jurista da Mota & Companhia, S.A.;
- **JRN** – Dr. José Ramos Nascimento, contabilista da Engil, S.A.;
- **JVR** – Dr. José Vieira dos Reis, consultor financeiro da Engil, S.A.;

PM - Eng.º Pedro Marques, director da fábrica de tubos do Consórcio;
SR - Eng.º Sobral Rodrigues, da equipa de projectistas do Consórcio Odeleite.

B) Testemunhas apresentadas pelos Réus:

AB - Sr. António Bento, topógrafo do INAG;
AC - Eng.º Andrade Cavilhas, coordenador-geral do projecto por parte do INAG;
CL - Eng.º Caetano Leote, técnico do INAG (expropriações);
CMR - Eng.º Carlos Matias Ramos, funcionário do LNEC;
FB - Eng.º Francisco Barreiras, técnico de expropriações do INAG;
JLBP - Eng.º José Luís Barata Paiva, membro da Fiscalização do INAG;
LC - Eng.º Lourenço da Cunha, técnico do INAG que dirigiu a Fiscalização da obra;
MO - Eng.º Morim de Oliveira, técnico do INAG;
PMN - Dr. Pedro Nunes Mendes, funcionário do Ministério das Finanças;
RF - Eng.º Ribeiro da Fonseca, projectista-consultor da Hidroprojecto;
RS - Eng.º Roncón dos Santos, técnico do Ministério do Ambiente.

Pelo mesmo motivo, Autoras e Réus serão nesse relato também indicados pelas abreviaturas AA. e RR., respectivamente.

§ 3.º
Da decisão da causa e sua fundamentação

XI. Decisão da questão prévia suscitada pelos Réus na sua contestação

25. São os seguintes os factos provados quanto a esta matéria:

– Quesito 770°: Na sua carta n° LX/ADM/CA/a mm — 029/96, de 11 de Setembro de 1996, junta como documento n° 91 à petição inicial, o Consórcio reclamou ao Dono da Obra, a título de "Reposição do Equilíbrio das Prestações Contratuais", prejuízos alegadamente sofridos no período entre Junho de 1995 e Maio de 1996?

Provado. Convicção formada com base no documento junto sob o n.° 91 à petição inicial, não infirmado pela prova testemunhal.

– Quesito 794.°: O Consórcio, na sua Reclamação concernente à *"reposição do equilíbrio das prestações contratuais"*, apresentada ao Dono da Obra por requerimento de 7 de Agosto de 1995, ao proceder à quantificação dos sobrecustos, prejuízos e lucros cessantes que considerou serem da responsabilidade do Dono da Obra contabilizou-os apenas até Junho de 1995?

Provado. Convicção formada com base no documento junto sob a alínea b) do Anexo A do compromisso arbitral celebrado entre as AA. e os RR. em 29 de Maio de 1996, bem como nos documentos juntos pelos RR. sob os n.ºs 1A e 2A, não infirmados pela prova testemunhal.

– Quesito 795.°: Resulta do texto dessa Reclamação que o montante dos prejuízos aí reclamados pelo Consórcio não estava totalmente apurado à data em que a mesma foi entregue ao Dono da Obra e que, portanto, a pretensão do empreiteiro abrangia valores ainda não quantificados?

Provado. Convicção formada com base no documento junto sob a alínea b) do Anexo A do compromisso arbitral celebrado entre as AA. e os RR. em 29 de Maio de 1996, não infirmados pela prova testemunhal.

– Quesito 796.º: Em particular, resulta isso expressamente do que se escreveu nas páginas 72 e 73 do referido documento, transcritas no artigo 9º da réplica?

Provado. Convicção formada com base no documento junto sob a alínea b) do Anexo A do compromisso arbitral celebrado entre as AA. e os RR. em 29 de Maio de 1996, não infirmados pela prova testemunhal.

– Quesito 797.º: Os sobrecustos e prejuízos alegadamente sofridos pelo Consórcio entre Junho de 1995 e Maio de 1996 decorrem dos factos por este expostos na sua Reclamação sobre *"reposição do equilíbrio das prestações contratuais"*?

Provado parcialmente. Embora todos os sobrecustos e prejuízos referidos neste quesito se refiram à questão "reposição do equilíbrio das prestações contratuais", uma parte deles decorre de factos expostos pelo Consórcio na reclamação de Agosto de 1995, e outra parte decorre de factos novos, posteriores a ela. Convicção formada com base nos depoimentos das testemunhas GM, JPD, AC, bem como no documento n.º 91 junto pelas AA. à petição inicial.

– Quesito 798.º: Se não se entender a pretensão do Consórcio relativa *"à reposição do equilíbrio das prestações contratuais"* como abrangendo a totalidade dos prejuízos alegadamente sofridos por este até ao termo da execução da obra de adução Beliche/ETA de Tavira, ficará ainda por decidir parte do litígio?

Provado. Convicção formada com base nos depoimentos das testemunhas GM e JPD.

– Quesito 799.º: Já que subsistirá a pretensão do Consórcio em ser ressarcido dos alegados prejuízos decorrentes dos factos objecto da reclamação mas que nela não tinham sido quantificados?

Provado parcialmente: não só subsistirá a pretensão do Consórcio em ser ressarcido dos prejuízos decorrentes dos factos que foram objecto da reclamação de 7 de Agosto de 1995, como acrescerá a pretensão de ressarcimento de prejuízos reclamados posteriormente. Convicção formada com base nos depoimento das testemunhas GM e JPD, bem como no documento junto pelas AA sob o n.º 91 à petição inicial.

– Quesito 800.º: Foi intenção das partes, quando celebraram em 29 de Maio de 1996 o Compromisso Arbitral, decidir totalmente o litígio que as opõe a propósito da questão *"reposição do equilíbrio das prestações contratuais"*?

Não provado. O litígio que opõe as partes a propósito da questão "reposição do equilíbrio das prestações contratuais" reporta-se, segundo a posição actual das AA., aos prejuízos alegadamente sofridos até Maio de 1996, enquanto, segundo a posição actual dos RR., se reporta apenas aos prejuízos alegadamente sofridos pelas AA. até Junho de 1995. O Tribunal apurou, com base nos depoimentos das testemunhas, designadamente AC e JPD, que as partes não tiveram consciência da questão que entretanto se suscitou — e por isso se referiram apenas aos prejuízos mencionados na reclamação de 7 de Agosto de 1995.

26. Segundo o n.º 1 do artigo 21.º da Lei n.º 31/86, de 29 de Agosto, "o tribunal arbitral pode pronunciar-se sobre a sua própria competência (...)".

Cabe então ver, à luz do direito positivo, se o Tribunal é ou não competente para apreciar e julgar, a propósito do tema "Reposição do Equilíbrio das Prestações Contratuais", não apenas o pedido de indemnização formulado pelas Autoras quanto a alegados sobrecustos por elas sofridos entre Janeiro de 1994 e Junho de 1995, mas também o pedido de indemnização quanto a alegados sobrecustos sofridos entre Junho de 1995 e Maio de 1996.

Quid juris?

27. Resulta da matéria de facto provada que as partes outorgantes do compromisso arbitral de 29 de Maio de 1996 não tiveram, à data da celebração do mesmo, consciência do problema *sub judice* (resposta ao quesito 800.º). Ora, como não é aceitável que aquelas tenham regulado um problema de que não tiveram sequer consciência, entende o Tribunal, desde logo, que no caso em apreço não se está, ao contrário do que sugeriram nas suas alegações Autoras e Réus, diante de um problema de *interpretação* do negócio jurídico (matéria regulada no Código Civil, artigos 236.º a 238.º). Está-se, sim, em face de um problema de *integração* do negócio jurídico — matéria tratada autonomamente pelo mesmo Código —, posto que existe uma lacuna. Com efeito, era natural, em 29 de Maio de 1996, que a convenção de arbitragem dissesse respeito a todo o litígio surgido entre as partes a propósito do tema "Reposição do equilíbrio das prestações contratuais".

Deste modo, a referência feita na parte final do texto da alínea *b)* do n.º 2 da Cláusula 1ª do compromisso arbitral, segundo a qual o diferendo se limita "(...) apenas e tão-só ao montante peticionado pelo Consórcio não aceite pelo Dono da Obra (...)", não deve ser entendida no sentido de que com ela as partes visaram limitar temporalmente a Junho de 1995 os factos integrantes da causa de pedir. Razoável é, antes, interpretá-la no sentido de que com ela as partes consideram fora do diferendo que as opõe o montante peticionado pelo Consórcio cujo pagamento foi já oportunamente aceite pelo Dono da Obra.

28. O critério a utilizar para o efeito de proceder à *integração* de negócios jurídicos lacunosos é enunciado no artigo 239.º do Código Civil. Aí se diz: "Na falta de disposição especial, a declaração negocial deve ser integrada de harmonia com a vontade que as partes teriam tido se houvessem previsto o ponto omisso, ou de acordo com os ditames da boa fé, quando outra seja a solução por eles imposta".

Trata-se de uma regra complexa. Assim, em primeiro lugar, "ressalva-se a hipótese de existir disposição especial, como será o caso, sempre que haja *disposição supletiva* aplicável, directamente — o que poderá verificar-se, apenas, nos negócios típicos — ou por analogia" (CARLOS ALBERTO DA MOTA PINTO, *Teoria Geral do Direito Civil*, 3ª ed., Coimbra, 1985, p. 459). Na falta de disposição supletiva, o critério geral de solução é o da «vontade hipotética das partes». Esta equivale a uma vontade reconstruída, a "uma vontade confeccionada: aquilo que é razoável supor que as partes teriam querido, se o ponto omisso se lhes tivesse afigurado" (JOSÉ DE OLIVEIRA ASCENSÃO, *Direito Civil. Teoria Geral*, vol. II, Coimbra, 1999, p. 172). Finalmente, o intérprete deverá afastar-se "da vontade hipotética ou conjectural das partes, quando a solução que estas teriam estipulado *contrarie os ditames da boa fé;* neste caso, deve a declaração ser integrada de acordo com as referidas exigências da boa fé, isto é, de acordo com o que corresponda à justiça contratual (ao que as partes *devem querer agora* e não propriamente o que deveriam ter querido)" — cf. MOTA PINTO, *ob. cit.*, p. 460. "Assim sendo, uma conjunção entre a vontade das partes e a boa fé, mas com predomínio da segunda, conduz à vontade hipotética objectiva, isto é, a uma ponderação objectiva das situações existentes, tendo em conta as declarações de base que as fundamentaram" (ANTÓNIO MENEZES CORDEIRO, *Tratado de Direito Civil Português*, I-1, Coimbra, 1999, p. 497).

29. Visto isto, voltêmo-nos para o caso *sub judice*.

Em primeiro lugar, não existe disposição especial aplicável à questão em causa na Lei n.º 31/86, de 29 de Agosto.

Passemos, pois, ao critério integrativo subsequente — a vontade hipotética objectiva das partes.

Ora, nesta sede, e perante os dados de facto apurados, entende o Tribunal que a vontade hipotética das partes vai no sentido de incluir no compromisso arbitral, a propósito da questão "Reposição do Equilíbrio das Prestações Contratuais", a totalidade do litígio existente entre aquelas até 29 de Maio de 1996. Isto pela simples razão de que os termos e a solução jurídica da questão dos "sobrecustos sofridos pelas Autoras com o reforço de meios a partir de Janeiro de 1994" são os mesmos tanto para o período até Junho de 1995 como para o período de Junho de 1995 a 31 de Maio de 1996. A questão é, de facto, *una* — valendo todas as considerações feitas para a parte incontroversamente incluída no compromisso arbitral (de Janeiro de 1994 a Junho de 1995) também para a parte restante (de Junho de 1995 a Maio de 1996). Logo, não se divisa qualquer razão material bastante que possa justificar, à luz da boa fé, a exclusão da presente jurisdição arbitral da parte do litígio referente ao período de Junho de 1995 a Maio de 1996.

De resto, se é certo que "na reconstrução da vontade hipotética (objectiva) das partes, haverá que ponderar critérios de racionalidade económica, do maior aproveitamento dos custos, e da redução destes, por forma a conseguir uma prossecução óptima dos fins do contrato" (MENEZES CORDEIRO, *ob. cit.*, p. 500), está bem de ver que qualquer outra das soluções hipoteticamente alternativas — celebração de um acordo unicamente a respeito dessa parte do litígio; celebração de um novo compromisso arbitral; propositura de um acção judicial de responsabilidade civil, etc. — seria de mais duvidosa eficácia, tirava sentido útil ao compromisso arbitral celebrado (cf. respostas aos quesitos 798.º e 799.º), e equivaleria a desaproveitar uma parte significativa do trabalho já efectuado pelo Tribunal com a prova dos factos inicialmente controvertidos.

Enfim, a solução preconizada não é prejudicada pelo facto de o compromisso arbitral ser um negócio formal (artigo 2.º, n.º 1, da Lei n.º 31/86), porquanto também estes negócios são susceptíveis de integração à luz dos critérios gerais (v., neste sentido, *v.g.*, OLIVEIRA ASCENSÃO, *ob. cit.*, pp. 174-175).

30. O Tribunal entende, pois, que todo o pedido formulado pelas Autoras a propósito da questão "Reposição do equilíbrio das prestações contratuais" cabe na jurisdição que lhe foi conferida pela Convenção de Arbitragem.

Julga-se, assim, improcedente a excepção dilatória de incompetência parcial deduzida pelos Réus na sua contestação.

XII. Considerações sobre o julgamento segundo a equidade

31. Como se disse acima, nos termos do n.º 2 do artigo 229.º do RJEOP/93, quando as partes de um contrato administrativo de empreitada de obras públicas optem por dirimir as suas controvérsias através de tribunal arbitral, este "(...) será constituído nos termos gerais do direito processual civil, entendendo-se, porém, que os árbitros julgarão sempre segundo a *equidade*". Assim, antes de apreciar o fundo da causa, é mister esclarecer o alcance disso decorrente para o respectivo julgamento. "Com efeito, sendo a equidade um conceito plurissignificativo, a satisfatória fundamentação da sentença passa pela clarificação do modo como o Tribunal entende os seus poderes decisórios e pela indicação das razões em que se louva para optar por determinado entendimento da equidade com exclusão de outros, também *in abstracto* possíveis" (v. *Acórdão Arbitral de 22 de Agosto de 1988,* in O *Direito,* ano 121.º, 1989, III, Julho-Setembro, p. 600).

32. Existem, basicamente, duas grandes concepções acerca da relação entre equidade e direito.

a) Para uma concepção ampla, "forte", "mais intensa", ou "substitutiva", fundada, sobretudo, na reflexão sobre o próprio conceito de equidade, o julgamento de equidade, "contrastando com o jurídico, é por isso não jurídico e corresponde à sentença que surge do espírito do julgador perante os factos, à decisão salomónica que vale para o caso *sub judice* e para mais nenhum outro. Enfim, ao juízo que supõe a aceitação do «*summum jus, summa injuria*»" (RITA AMARAL CABRAL, *Anotação ao Acórdão Arbitral, de 31 de Março de 1993*, in *Revista da Ordem dos Advogados*, Janeiro de 1995, pp. 194-195). Nesta concepção, "(...) a devolução para a equidade investe o julgador no poder de criar, *ex novo* e autonomamente, o critério decisório, cometendo-lhe a tarefa de fixar, à revelia do direito constituído, a máxima ou norma segundo a qual decidirá o caso concreto. O Tribunal realizará (...) uma acção constitutiva ou ordenante, procedendo, para lá do plano da aplicação e execução do direito constituído, como se fosse o «legislador» do caso concreto. Em vez de agir como *viva vox legis*, o juiz passa a ser a própria *vox legislatoris*, muito embora lhe seja exigido que, nesta sua *inventio* jurídica, não abandone completamente o «espírito do direito» (Afonso Queiró) — como, aliás, deve fazer o legislador do Estado de direito democrático" (*Acórdão Arbitral de 22 de Agosto de 1988, cit.*, p. 601). Em suma, para esta concepção, o julgador pode, na sua decisão, se necessário, ignorar por completo o direito positivo ou contrariá-lo;

b) Para uma concepção restrita, "fraca", "moderada", ou "integrativa", que parte da concepção aristotélica, e que também "colhe os contributos do *jus praetorium* romano definido como aquele «*quod praetores introduxerunt adiuvandi vel supplendi vel corrigendi iuris civili gratia*», e da *equity* inglesa, formada de acordo com o célebre aforismo «*equity follows the law*»", aceita-se "um *continuum* entre direito e equidade, apreendendo esta como uma correcção de lacunas e inadequações que inevitavelmente surgem por força da generalidade da lei" (RITA A. CABRAL, *ob.cit.*, p. 195). "Isto é: quando a aplicação estrita da norma em foco conduzir a consequências injustas, em virtude de na formulação dela não ter sido possível tomar em conta todas as circunstâncias juridicamente relevantes no caso concreto, o julgador segundo a equidade deve introduzir no texto aplicável as especificações necessárias para que a sua decisão se torne concretamente justa. Este trabalho de afinamento e completamento, por parte do juiz de equidade, de normas jurídicas já constituídas, assenta, ao fim e ao cabo, na suposição de que o autor delas teria feito o mesmo se tivesse presente ou se tivesse previsto a ocorrência de um caso com as características deste" (*Acórdão Arbitral de 22 de Agosto de 1988, cit.*, p. 600-601). Por outras palavras: o julgador que recorre à equidade pode adaptar em face das circunstâncias do caso, mas não ignorar, o espírito do Direito.

33. O Tribunal, na esteira da jurisprudência arbitral dominante (cfr. as indicações de MENEZES CORDEIRO, *Anotação ao Acórdão Arbitral de 31-3-1993, cit.*, pp. 166-172; e cfr. também o *Acórdão Arbitral de 22 de Agosto de 1988, cit.*, p. 603), acolhe, no essencial, a segunda concepção mencionada.

Efectivamente, entende-se que, ao celebrarem um compromisso arbitral que confere aos árbitros o poder de decidir segundo a equidade, as partes não quiseram uma solução casual ou arbitrária, mas uma solução justa tirada a partir de certas regras. Ora, na busca "das regras que prossigam, possibilitem ou permitam a obtenção da justiça, em qualquer das suas acepções, acaba por se encontrar sempre o Direito" (MENEZES CORDEIRO, *ob. cit.*, p. 161).

Na verdade, "(...) o Direito vigente, num ordenamento devidamente estruturado, conforme às aspirações do seu tempo e dotado de um nível constitucional capaz, exprime, no seu grau mais elevado de desenvolvimento, aquilo que, numa sociedade, é considerado justo, ético, adequado e convincente. Apenas ficam de fora certas regras técnicas, como as atinentes a formalidades, a prazos ou a deveres instrumentais que, operando nos problemas uma simplificação excessiva, ditada pelas necessidades de celeridade, confrontadas com a complexidade do tráfego social, correspondem a outra ordem de carências que a equidade pode ignorar" (MENEZES CORDEIRO, *Da Boa Fé no Direito Civil*, II, Coimbra, 1984, p. 1204).

Partir-se-á, pois, no presente acórdão, "do Direito estrito, expurgado de regras formais e limado de aspectos demasiado rígidos; o resultado assim obtido poderá ser adaptado, dentro de certos limites, de modo a melhor corresponder ao equilíbrio buscado pelas partes" (cfr. MENEZES CORDEIRO, *Anotação ao Acórdão Arbitral de 31-3-1993*, cit., p. 162).

De resto, entende o Tribunal, à luz dos contextos jurídico--metodológicos actualmente dominantes, que é deste modo que se deve aplicar normalmente o Direito ordinário. De facto, o legislador, tendo uma capacidade de previsão limitada, cria regras apenas para situações típicas ou mais comuns. Logo, ao julgador, estadual ou arbitral, tem de reconhecer-se a possibilidade de, perante os casos concretos que lhe são submetidos, e interpretando aquelas regras em conformidade com os princípios estruturantes do sistema jurídico, adaptá-las e eventualmente corrigi-las, dentro de certos limites, por forma a procurar realizar uma justa e equilibrada composição dos específicos interesses em confronto (v. ANTÓNIO CASTANHEIRA NEVES, *Questão-de-Facto — Questão-de-Direito ou o Problema Metodológico da Juridicidade*, vol. I, *A Crise*, Coimbra, 1967, pp. 312-332, referindo os pensamentos de Aristóteles, Kant e Stammler).

Exemplificando, entende o Tribunal que a *equidade* difere do *direito estrito*, fundamentalmente, nos aspectos seguintes:

  a) Ponderação exaustiva das circunstâncias específicas do caso concreto;

  b) Predomínio da substância sobre a forma;

c) Possível desconsideração de certas exigências legais quanto a prazos, formalidades e condicionamentos formais de direitos substantivos;

d) Atendimento, mesmo quando a lei para eles não remeta, dos usos, costumes, praxes e regras técnicas de uma certa arte ou profissão, ou de um dado sector da vida económica e social, que devam considerar-se aplicáveis;

e) Apelo constante, no domínio dos contratos, à ideia de *justiça comutativa*, com os seus corolários da equivalência das prestações, equilíbrio financeiro e justa repartição de riscos e responsabilidades;

f) Maior atenção à consideração de argumentos de razoabilidade das soluções e de confiança nas legítimas expectativas das partes;

g) Possibilidade de aplicação da lei com as necessárias adaptações (argumentos *cum grano salis, mutatis mutandis, exceptis excipiendis*, etc.);

h) Orientação do julgamento para obter a solução justa do caso concreto.

XIII. Traços específicos do objecto da empreitada n.º 171/Dsa

1. Factos provados

1.1. O concurso

34. *A)* No âmbito do «Aproveitamento Hidráulico Odeleite-Beliche», foi lançado pela Direcção-Geral dos Recursos Naturais (DGRN) e pela Direcção-Geral de Hidráulica e Engenharia Agrícola (DGHEA), por Anúncio publicado no Diário da República, III Série, n.º 279, de 5 de

Dezembro de 1989, concurso público internacional para a empreitada de execução da barragem de Odeleite, do túnel Odeleite-Beliche, da adução Beliche-ETA de Tavira, da ETA de Tavira, e das redes de rega, redes de enxugo e caminhos agrícolas.

B) O Consórcio, denominado Consórcio Odeleite, formado pelas empresas AA. Mota e Companhia, S.A., Engil — Sociedade de Construção Civil, S.A., Construtora do Tâmega, S.A., Assiconstrói, S.A., e Setal Degrémont — Tratamento de Água, Lda., e ainda pelas empresas Carlos Eduardo Rodrigues, S.A., e Sociedade de Construções Amadeu Gaudêncio, S.A., apresentou uma proposta que veio a ser seleccionada, tendo-se celebrado, em 9 de Dezembro de 1991, o contrato de empreitada de obras públicas n.º 171/DSA.

C) No caso da Autora Assiconstrói, S.A., quem interveio na apresentação da proposta foi a empresa A. Silva e Silva, S.A., sendo que os direitos e obrigações desta empresa resultantes do contrato de empreitada referido em B) se transmitiram, posteriormente, para a Autora Assiconstrói, S.A..

D) Por acordo entre as empresas que integravam o Consórcio Odeleite, a execução dos diversos trabalhos incluídos na empreitada foi repartida do seguinte modo: barragem de Odeleite — *Mota e Companhia*; túnel Odeleite-Beliche — *Mota e Companhia*; adução Beliche-ETA de Tavira — *Engil/Construtora do Tâmega*; ETA de Tavira — *Amadeu Gaudêncio*; redes de rega, redes de enxugo e caminhos agrícolas — *Mota e Companhia, A. Silva e Silva, Carlos Eduardo Rodrigues*; estaleiros e acessos — *Consórcio Odeleite*; instalações para a exploração do Aproveitamento e instalações e transportes para a Fiscalização — *Consórcio Odeleite*.

E) No decurso da execução do contrato referido em B), a Sociedade de Construções Amadeu Gaudêncio, S.A., entrou em processo de recuperação de empresas que viria a terminar em falência, tendo-se acordado, em 8 de Abril de 1993, transferir para as empresas Engil, S.A., e Construtora do Tâmega, S.A, os seus direitos e obrigações relativamente à obra.

F) Por força do artigo 17º, n.º 1, do Decreto-Lei n.º 191/93, de 24 de Maio, os direitos e obrigações de que era titular a DGRN foram transferidos para o Instituto Nacional da Água (INAG).

G) Por força do artigo 62º, nº 1, do Decreto-Lei n.º 97/93, de 2 de Abril, os direitos e obrigações da DGHEA foram transferidos para o Instituto de Estruturas Agrárias de Desenvolvimento Rural (IEADR).

H) A posição de Dono da Obra no contrato de empreitada referido em B) passou, pois, a ser assumida pelo INAG e pelo IEADR.

I) O Concurso tinha como objectivos: por um lado, o abastecimento de água potável ao Sotavento Algarvio e, por outro, a rega de uma área de 7800 hectares na mesma região.

J) À data do concurso, encontravam-se já construídas a barragem de Beliche, uma Estação de Tratamento de Águas (ETA) imediatamente a jusante daquela — recebendo águas da barragem através da descarga de fundo —, e uma conduta de água tratada entre aquela ETA e os depósitos de Monte Francisco e do Cabeço, para reforço do abastecimento de água aos municípios de Castro Marim e de Vila Real de Santo António.

K) A empreitada posta a concurso compreendia as seguintes obras: barragem de Odeleite; túnel de ligação entre a albufeira de Odeleite e a albufeira de Beliche; sistema de adução Beliche-ETA de Tavira (incluindo tomada de água na albufeira de Beliche, conduta, estações elevatórias e derivações para o sistema de rega); ETA de Tavira; e, finalmente, redes de rega, redes de enxugo e caminhos agrícolas.

L) As reclamações que foram objecto do compromisso arbitral, realizado em 29 de Maio de 1996, referem-se, exclusivamente, às obras de adução Beliche-ETA de Tavira, a cargo das empresas Engil, S.A., e Construtora do Tâmega, S.A., e ao Estaleiro e Acessos, a cargo do Consórcio Odeleite.

M) O sistema de adução Beliche-ETA de Tavira, destinado a transportar a água da albufeira do Beliche até à ETA de Tavira, previsto no Programa de Concurso e no Caderno de Encargos, implicava as seguintes obras: túnel de tomada de água na albufeira do Beliche até à Estação Elevatória nº 1 (EE1), com 615 metros de comprimento a partir da obra de entrada; execução de ensecadeira na região de entrada do túnel na albufeira do Beliche, de modo a permitir a execução, a seco, do emboquilhamento do túnel; duas chaminés de equilíbrio; quatro estações elevatórias (EE), localizadas da seguinte forma: a primeira, a EE1, no princípio do adutor, a segunda e a terceira (EE2 e EE3) — cujo objectivo era darem pressão ao escoamento no adutor e às saídas para rega — em pontos intermédios, e por último, a EE4, próxima de Tavira, para dar pressão ao subsector de rega Derivação 4.1.; conduta de água entre a EE1 e a ETA, com diâmetro de 2,5m, em tubos de betão com alma de aço e com o comprimento de 24,6 Km; fornecimento e montagem das instalações eléctricas e dos equipamentos metálicos, metalomecânicos e electromecânicos dos sistemas de bombagem e dos sistemas de controle.

N) O Concurso previa que as propostas dos concorrentes contivessem a indicação dos preços em conformidade com uma lista anexa ao respectivo Programa — Lista de Preços Unitários (Parte D do Processo de Concurso Público Internacional).

N-1) No artigo 4°, n° 3, do contrato de empreitada n° 171/DSA contemplava-se a possibilidade de se realizarem trabalhos a mais.

1.2. Da solução base posta a concurso

35. *T)* O Consórcio apresentou, em Maio de 1990, como volume 1B da sua proposta, uma "Descrição e Análise Crítica do Projecto Patenteado".

U) O túnel Beliche-EE1, com uma secção em forma de portal de 4, 15 m de altura e 3, 60 m de largura, foi concebido para garantir o escoamento de um caudal de 25 m3/s, sendo este considerado como caudal de um projecto mais vasto que envolveria uma segunda conduta a realizar ulteriormente.

V) A conduta adutora da EE1 para a ETA de Tavira, posta a concurso, foi dimensionada para um caudal de 10,43 m3/s.

W) As estações elevatórias colocadas em linha foram concebidas para permitir o bombamento do caudal máximo de 10,43 m3/s.

X) Não foi definida no projecto-base a *curva-guia de exploração do adutor*, ou seja, a curva de variação do caudal com a carga hidráulica, tendo em conta os valores dos caudais de percurso e os valores das cotas piezométricas mínimas exigíveis nas derivações.

Y) A *curva-guia de exploração do adutor* era um aspecto particularmente importante não apenas para o dimensionamento optimizado das estações elevatórias integrantes da obra de adução e dos dispositivos de protecção contra o choque hidráulico (golpe de aríete), como também do ponto de vista do consumo energético.

Z) A sua não definição agravaria os encargos de exploração do sistema de adução.

Z1) O projecto-base posto a concurso não previa a execução de uma torre de tomada de água na albufeira do Beliche.

§ 3.º – Da Decisão da Causa e sua Fundamentação   41

Z2) A torre referida em Z1), permitindo a captação de água na albufeira a diferentes níveis, viabilizava também, e consequentemente, a entrada no sistema adutor de água com qualidade superior à da que entraria caso se executasse a solução posta a concurso.

Z3) A solução do projecto-base, da captação a um só nível (e na zona mais profunda), teria como consequência a entrada no sistema de água de má qualidade (v.g., com carências de oxigénio e elevadas concentrações de matéria orgânica) que poderia libertar, ao longo do seu percurso, produtos voláteis (v.g., CO_2, CH_4 e H_2S) agressores dos betões de revestimento do túnel e das condutas, bem como agressores dos equipamentos.

Z4) A execução da solução-base tornaria, pois, o tratamento de água na ETA de Tavira bastante mais oneroso, com os consequentes encargos na exploração global do sistema de adução.

Z5) A não consideração da torre de tomada de água tornaria também tecnicamente mais difícil e com custos mais elevados a execução de quaisquer obras de manutenção ou reparação no túnel Beliche-EE1.

Z6) No projecto-base posto a concurso não se previa a existência de grades de protecção (com espaçamento entre barras) nas obras de entrada; essas grades destinam-se a evitar a introdução no sistema adutor de materiais existentes na albufeira que possam danificar as estruturas e equipamentos e, em particular, os impulsores das bombas.

Z7) A definição do traçado da conduta adutora, quer em planta quer em perfil longitudinal, foi apresentada num esboço esquemático definido à escala 1:25000, sem qualquer pormenorização, complementada apenas com alguns desenhos-tipo com definição de acessórios.

Z8) Não se encontravam definidas no projecto-base posto a concurso nem as classes de pressão em cada troço de conduta nem os escalões de recobrimento; com efeito, apenas se referia que a conduta teria uma pressão de serviço de 10 Kgf/cm2 (valor que, de acordo com o perfil apresentado, era aliás ultrapassado num pequeno troço).

Z9) A conduta adutora atravessava, ao longo do seu percurso, terrenos bastante acidentados, tanto do ponto de vista do relevo como da geologia.

Z10) O primeiro troço da conduta, até próximo da derivação de rega D.1, com cerca de 10 Km de comprimento, localizava-se na zona mais acidentada da serra, com cotas variando entre os 100 m e os 20 m, esta última no atravessamento do rio Seco.

Z11) A conduta passava, depois, a norte da zona de rega, de relevo mais suave; no entanto, na derivação D.2, a cerca de 14 Km da origem, atingia-se uma cota relativamente elevada — o mesmo se passando, aliás, após a derivação D.3, a cerca de 21 Km da origem, onde o terreno subia até à cota 90 m.

Z12) Para protecção da conduta adutora relativamente ao fenómeno do choque hidráulico, previu-se no projecto-base, por um lado, a execução de uma chaminé de equilíbrio no ponto imediatamente a jusante da EE1 e, por outro lado, dois reservatórios unidireccionais a jusante das estações elevatórias EE2 e EE3.

Z13) No projecto-base posto a concurso o sistema de adução Beliche-ETA de Tavira dispunha de quatro estações elevatórias com as características referidas no gráfico constante do artigo 38º da petição inicial.

Z14) Nos elementos do concurso referentes à EE1 estabelecia-se um valor de altura manométrica de 94 m.c.a..

Z15) A bombagem efectuava-se, no entanto, a partir duma albufeira onde se registavam variações do nível de água na ordem dos 26 m.

Z16) Na situação do Nível Mínimo de Exploração (NME), o valor da altura geométrica de elevação seria superior, em cerca de 26 m, à situação do Nível de Pleno Armazenamento (NPA).

Z17) Tendo em conta a diversidade de situações de operação possíveis, em termos de caudais a bombar e de cotas dos níveis de água na albufeira do Beliche, estimava-se que as bombas teriam de funcionar com alturas manométricas de elevação entre 43 e 94 m.c.a., aproximadamente.

Z18) A solução-base previa o apetrechamento da EE1 com bombas de motor de velocidade constante, dimensionadas para uma altura manométrica de elevação de 94 m.

Z19) A executar-se a obra de acordo com as condições estabelecidas no Caderno de Encargos, o rendimento das bombas com motor de velocidade constante passaria de cerca de 80% para cerca de 60% quando a altura de elevação passasse de 94 m.c.a. para 43 m.c.a., por um lado,

Z20) e, por outro lado, os custos energéticos de exploração sofreriam o aumento significativo demonstrado pelo Consórcio, em Maio de 1990, no Volume 1B da sua proposta, intitulado "Descrição e Análise Crítica do Projecto Patenteado".

Z21) No projecto submetido a concurso não foi apresentado o esquema lógico de exploração do sistema de adução em articulação com as estações elevatórias, nem foram, estudados e, consequentemente, definidos e posicionados, os dispositivos de protecção contra o choque hidráulico.

Z22) Os diâmetros previstos na solução-base para as condutas de aspiração e de compressão de todas as estações elevatórias implicariam velocidades de escoamento muito elevadas, com grandes perdas de carga, e, por conseguinte, tornariam necessário aumentar a potência das bombas — o que, por sua vez, acarretaria um acréscimo do risco de ocorrência de choque hidráulico, vibrações e também desgaste do equipamento.

– Quesito 291°: Escreveu-se nos esclarecimentos prestados aos concorrentes através do Oficio-Circular n° 23/90-DSAAT/DCT, de 1 de Fevereiro de 1990, em resposta a dúvidas de interpretação das peças do concurso suscitadas por alguns concorrentes, o que vem referido e transcrito no artigo 68° da contestação?

Provado. Convicção formada com base no documento junto pelos RR. à contestação sob o n° 10, não infirmado pela prova testemunhal.

– Quesito 292°: O Consórcio escreveu no pórtico do vol. 1Va da sua proposta (intitulado "Projectos Variantes Adução, Rega e Drenagem") o que vem referido e transcrito no artigo 78° da contestação?

Provado. Convicção formada com base no documento junto pelos RR. à contestação sob o n° 12, com o esclarecimento de que este documento se refere à globalidade da obra e não apenas à sua componente «Adução Beliche/ETA de Tavira».

– Quesito 293°: O Consórcio escreveu no intróito do vol. 1B da sua proposta (intitulado "Descrição e Análise Crítica do Projecto Patenteado") o que vem referido e transcrito nos artigos 79°, 80° e 81° da contestação?

Provado. Convicção formada com base no documento junto pelos RR. à contestação sob o n° 11 (pp. 1 e 24 a 27), não infirmado pela prova testemunhal.

– Quesito 294º: O Consórcio tinha pois a perfeita noção de que, designadamente no que toca à adução Beliche/ETA de Tavira, a solução-base posta a concurso, pela sua própria natureza, necessitava de aprofundamentos, melhorias e desenvolvimentos, que se pedia aos concorrentes que fizessem, podendo, inclusive, ser substituída, como acabou por suceder, por propostas variantes?

Provado que o Consórcio sabia que a Solução Base posta a concurso carecia de estudo, melhorias e desenvolvimentos, e que se admitiam variantes. Convicção formada com base nos depoimentos das testemunhas SR, MF, AC, LC, bem como nos documentos juntos pelos RR. à contestação sob os n.ºs 11 e 12 e n.º 1-E junto na fase de instrução.

– Quesito 295º: A *curva-guia de exploração do adutor* era um aspecto do projecto cuja definição cabia aos concorrentes, já que o grau de desenvolvimento técnico dos elementos constantes do projecto posto a concurso tornava inviável essa definição?

Provado que a definição da curva-guia de exploração do adutor cabia aos concorrentes, e que essa definição era possível a partir dos elementos essenciais que já constavam do projecto-base. Convicção formada com base no depoimento das testemunhas RF e JLBP.

– Quesito 296º: No ponto 3.3 do volume 1.Vª da proposta do Consórcio escreveu-se o que vem referido e transcrito no artigo 92º da contestação?

Provado. Convicção formada com base no documento junto pelos RR. sob o nº 12 (pp. 6 a 9) à contestação, não infirmado pela prova testemunhal.

– Quesito 297º: Do artigo 92º da contestação mencionado no quesito anterior resulta que o Consórcio não teve qualquer dificuldade em definir na sua proposta a *curva-guia de exploração do adutor*?

Provado parcialmente, pois o Consórcio enfrentou algumas dificuldades por carências de definição no projecto patenteado. Convicção formada com base no depoimento das testemunhas RF e CMR.

- Quesito 298º: Nos pontos 6.1, 6.2.1 e 6.2.2. do volume 1.Vª da proposta do Consórcio escreveu-se, a propósito da conduta adutora Beliche/ETA de Tavira, o que vem referido e transcrito nos artigos 100° e 101° da contestação?

Provado. Convicção formada com base no documento junto pelos RR. sob o n° 12 (pp. 18 e 19) à contestação e pelos depoimentos das testemunhas CMR e AC.

– Quesito 299°: No volume 1.Va — "Projectos Variantes Adução, Rega e Drenagem" — da proposta do Consórcio escreveu-se o que vem referido e transcrito no artigo 104° da contestação?

Provado pelo documento junto pelos RR. sob o n° 12 (p. 24) à contestação, não infirmado pela prova testemunhal.

1.3. Da Variante B do Consórcio

36. *Z23)* A Proposta Variante-B do Consórcio, que foi a proposta adjudicada, introduziu, no que se refere ao sistema adutor Beliche-ETA de Tavira, as seguintes principais alterações em relação ao projecto-base:
— alteração do traçado do adutor, por forma a eliminar acessórios, melhorar as condições de assentamento e montagem das condutas e, finalmente, evitar pontos altos a cima da cota dos 80 m;

Z24) — supressão dos troços de conduta com declives superiores a 20%, o que dispensava a adopção de medidas especiais (como, por exemplo, ancoragens) para garantir uma adequada ligação das condutas ao terreno de fundação e também permitir uma mais fácil colocação dos tubos;

Z25) — eliminação de duas das quatro estações elevatórias previstas na solução-base, sendo a EE1 dimensionada para o caudal máximo e a EE2, por seu turno, dimensionada para o caudal dos subsectores D.4.2 e D.4.3 da rede de rega e para o caudal destinado ao abastecimento urbano;

Z26) — introdução de duas chaminés de equilíbrio e de um reservatório hidropneumático, localizando-se uma das chaminés a montante da EE1, e a outra e o reservatório, a jusante;

Z27) — introdução de um «by-pass» à EE2 e de reservatórios hidropneumáticos a montante e a jusante desta estação elevatória;

Z28) — estabelecimento das classes de pressão para as condutas entre um mínimo de 4 Kgf/cm2 (4×10^6 Pa) e 12 Kgf/cm2 (12×10^6 Pa).

Z29) A proposta do Consórcio referia as vantagens da execução de uma torre de tomada de água na albufeira de Beliche: por um lado, o isolamento do túnel em caso de necessidade e, por outro, a captação de água em melhores condições quer do ponto de vista da gradagem quer do da qualidade.

Z30) Dada a solução preconizada no projecto-base relativamente aos equipamentos de bombagem de água para o sistema adutor (bombas com motor de velocidade constante), apresentou-se, na Proposta Variante--B, a adopção, na EE1, de grupos de bombas de velocidade variável (da marca Scan-Pump).

Z31) A opção da Proposta Variante-B era compatível com a variação da linha piezométrica do sistema adutor, dependente não só do valor do caudal mas também das cotas do nível de água na albufeira de Beliche.

Z32) Para um volume médio anual a bombear (durante 20 anos) de $V=56 \times 10^6$ m3/ano, e uma altura de elevação média de 70 m, os rendimentos das bombas de velocidade constante e de velocidade variável seriam de 75% e de 90%, respectivamente.

Z33) Considerando o preço da energia a 15$00/kw.h, os custos energéticos adicionais de exploração do sistema com as bombas de velocidade constante seriam, num período de 20 anos, e segundo uma taxa de actualização de 8%, de aproximadamente 440.000 contos.

Z34) Em substituição dos tubos de betão armado com alma de aço, previstos na solução-base posta a concurso para a conduta entre a EE1 e a ETA de Tavira, com a distância de 24.600 m, o Consórcio propôs, pela sua melhoria técnica (menores dimensões da parede exterior do tubo e maior resistência) e vantagem económica (menores custos), a utilização de tubos de betão pré-esforçado com alma de aço.

– Quesito 300º: Resulta do cotejo entre os Anexos 1 e 2 da petição inicial, dos artigos 50º a 60º da mesma e, sobretudo, dos documentos nº 11 e nº 12 juntos à contestação que a nova concepção geral da obra de adução Beliche-ETA de Tavira foi definida pela Proposta Variante-B do Consórcio?

Não provado, já que a Proposta Variante-B manteve a concepção geral da obra posta a concurso pelo Dono da Obra por assentar na condução da água predominantemente através de tubos e não mediante túnel ou canal. Convicção formada com base nos depoimentos das testemunhas MF e JLBP.

1.4. Do grau de desenvolvimento da solução-base patenteada

37. *Z35)* Dizia-se no Programa de Concurso que "*as elevadas carências actuais de água potável em todo o Sotavento algarvio e a explosão de consumo que se prevê em 1992, com a consequente necessidade de garantia de abastecimento, impõe a urgente execução das obras que integram este Concurso, sendo indispensável que a adução Beliche/ETA de Tavira e a própria ETA de Tavira se encontrem em operação com as águas existentes na albufeira de Beliche até 30.04.93*" (p. III da Introdução),

Z36) e que "*os diferentes projectos das obras da empreitada encontram-se em diferentes fases de pormenorização. Nomeadamente as peças patenteadas a concurso referentes ao Túnel Odeleite-Beliche, à adução Beliche/ETA de Tavira e às redes de rega, redes de enxugo e caminhos agrícolas, são bases de projecto para concurso, com cálculo de volumes aproximados de trabalhos. A empreitada envolve a concepção, por parte dos concorrentes, e elaboração, por parte do adjudicatário, de todas as obras e pormenores que não se encontrem suficientemente detalhados nas peças patenteadas*" (p. III da Introdução).

Z37) O trecho do Programa de Concurso citado no artigo anterior era repetido *ipsis verbis* nas Cláusulas Técnicas Especiais do Caderno de Encargos (Parte B2, p. 2).

Z38) A Portaria do Ministro das Obras Públicas e das Comunicações, de 7 de Fevereiro de 1972 (publicada no Suplemento ao *Diário do Governo*, nº 35, 2ª série, de 11 de Fevereiro de 1972, e alterada pela Portaria de 22 de Novembro de 1974, publicada no *Diário do Governo*, nº 2, 2ª série, de 3 de Janeiro de 1975, e pela Portaria publicada no *Diário da República* de 5 de Março de 1986), que estabelece as "instruções para o cálculo dos honorários referentes a projectos de obras públicas", define as seguintes fases de desenvolvimento de um projecto de obras públicas: programa base; estudo prévio; anteprojecto ou projecto-base; e, por último, projecto de execução.

Z39) A concepção-geral de uma obra, ainda de acordo com essa Portaria, estabelece-se na fase do estudo prévio (antes, portanto, do anteprojecto).

Z39-1) O projecto submetido ao concurso pelo Consórcio encontrava-se em fase de anteprojecto ou, em alguns casos, de estudo prévio.

– Quesito 20º: A análise feita pela empresa projectista do Consórcio, a Prosistemas, no seu documento "Descrição e Análise Crítica do

Projecto Patenteado", deixou clara a confirmação de que o adjudicatário teria de realizar os seguintes estudos: túnel Beliche-EE1 — projecto de execução; Adutor — projecto de execução; Estações Elevatórias — projecto de execução; ETA de Tavira — desenhos de construção?

Provado. Convicção formada pelo documento junto pelos RR. à contestação sob o nº 11 (p. 24), não infirmado pela prova testemunhal.

– Quesito 20º-1: A empreitada compreendia apenas a elaboração dos estudos indicados no quesito 20º?

Não provado: em relação a alguns aspectos da empreitada referida no quesito 20º (designadamente, túnel Beliche/EE1) era necessário realizar outros estudos para além dos aí indicados. Convicção formada com base nos depoimentos das testemunhas RF e AC, bem como com base nos documentos n.º 11 junto pelos RR. à contestação (pp. 24, 25, 26 e 50) e n.º 75 pós-contestação.

– Quesito 21º: Os projectos apresentados a concurso relativos ao sistema de adução Beliche/ETA de Tavira encontravam-se na fase de *projecto base*, ou seja, naquela fase de desenvolvimento de um projecto de obras públicas que, nos termos da Portaria de 7 de Fevereiro de 1992 do Ministro das Obras Públicas e Comunicações, antecede imediatamente a do *projecto de execução*?

Não provado: dos depoimentos das testemunhas RF e AC e do documento nº 1-E junto pelos RR. resulta que a generalidade dos projectos apresentados a concurso relativos à Adução Beliche/ETA de Tavira se encontravam numa fase intermédia, porque já continham mais elementos do que a concepção-geral da obra, mas evidenciavam ainda lacunas e insuficiências a preencher por estudos a desenvolver pelo adjudicatário.

– Quesito 22º: O concurso não era, portanto, um concurso de concepção-construção?

Provado que, no que respeita à Adução Beliche/ETA de Tavira, o concurso nem era de concepção-construção, já que a concepção geral da obra estava definida nos documentos do concurso, nem de pura construção: existiam aspectos parcelares da obra que careciam de ser pormenorizados

pelo adjudicatário — convicção formada com base nos documentos juntos pelos RR. à contestação sob os n.ºs 1, 6 (p. 2), 10, 11 (pp. 24 e 26) e 12 (p. 1). Tratava-se, pois, de um concurso *sui generis* de carácter misto. Convicção formada com base nos depoimentos das testemunhas RF e AC, não infirmados pelo documento n.º 1-S (de Janeiro de 1993) junto pelos RR. na fase de instrução, que se reporta, diferentemente, à rede de rega.

– Quesito 23º: A Proposta Variante-B apresentada pelo Consórcio tinha o mesmo grau de desenvolvimento do projecto-base posto a concurso?

Não provado: a Proposta Variante-B apresentada pelo Consórcio tinha um grau de desenvolvimento claramente superior ao do projecto-base posto a concurso. Convicção formada com base nos depoimentos das testemunhas SR, MF, CMR e AC, bem como no documento junto pelos RR. à contestação sob o n.º 12 (p. 1).

– Quesito 301º : No volume 1B da Proposta do Consórcio escreveu-se o que vem referido e transcrito no artigo 138º da contestação?

Provado pelo documento junto pelos RR. à contestação sob o nº 11, não infirmado pela prova testemunhal.

*2. Breves considerações sobre o objecto do contrato de empreitada n.º 171/D*ₛₐ

38. Do relato acima efectuado, resulta, além do mais, que:

– a concepção-geral da obra Adução Beliche/ETA de Tavira, que, segundo o disposto na Portaria de 7 de Fevereiro de 1972, se estabelece na fase do projecto de "estudo prévio" (alínea *Z39)*), já estava definida nos documentos do concurso (resposta ao quesito 22.º) e assentava, essencialmente, na condução da água, desde a albufeira de Beliche, predominantemente por tubos e não em túnel ou canal (resposta ao quesito 300.º);

– a generalidade dos projectos patenteados pelo Dono da Obra quanto à Adução Beliche/ETA de Tavira encontravam-se numa fase de desenvolvimento intermédia entre o "estudo prévio" e o "anteprojecto" (resposta ao quesito 21.º);
– como era admitido, foram apresentadas propostas variantes pelos concorrentes (resposta ao quesito 294.º);
– a Proposta Variante-B do Consórcio, que foi a proposta adjudicada, manteve a concepção-geral da obra posta a concurso, isto por assentar também na condução da água, desde a albufeira de Beliche, predominantemente por tubos e não em túnel ou canal (resposta ao quesito 300.º);
– o projecto que o Consórcio apresentou com a Proposta Variante-B encontrava-se em fase de anteprojecto ou, nalguns casos, estudo prévio (*Z39-1*));
– o projecto subjacente à Proposta Variante-B tinha um grau de desenvolvimento claramente superior ao do projecto-base posto a concurso (resposta ao quesito 23.º);
– no que à Adução Beliche/ETA de Tavira respeita, o concurso não era de concepção-construção, já que a concepção-geral da obra estava definida nos documentos do concurso, nem de pura construção: existiam aspectos parcelares da obra que careciam de ser pormenorizados pelo adjudicatário. Tratava-se, pois, de um concurso *sui generis* de carácter misto (resposta ao quesito 22.º).

39. A síntese efectuada merece um breve comentário. É o que se passa a fazer.

α) "A forma tradicionalmente utilizada para a concretização de uma obra compreende a elaboração de um projecto com base no qual se promove um concurso ou ajuste directo com os construtores para a sua execução" (cf. preâmbulo do Decreto-Lei n.º 341/88, de 28 de Setembro). A forma tradicional de realização de uma obra pública envolve, por outras palavras, uma clara repartição dos papéis do dono da obra e do empreiteiro no que respeita à sua concepção e construção. Assim, o primeiro define o objecto do contrato de forma tão perfeita quanto possível no respectivo procedimento preparatório (em regra, um concurso público), designadamente nas peças de *projecto* e no *caderno de encargos*. O empreiteiro executa, depois, sob a fiscalização e a direcção do primeiro, a obra definida. Neste mesmo sentido, referia já entre nós MARCELLO CAETANO na década de sessenta que, "ao contrário do que sucede na generalidade das empreitadas regidas pelo Direito Privado, as empreitadas administrativas reduzem-se à mera execução de trabalhos já cuidadosamente estudados, projectados e programados pela Administração" (cfr. *Empreitadas de Obras Públicas: II — Pagamento de prémios por antecipação da conclusão das obras*, in *Estudos de Direito Administrativo*, Lisboa, 1974, p. 412).

β) O RJEOP/86, tal como de resto os diplomas que lhe sucederam em 1993 e em 1999, consagra, como regra, aquela forma tradicional de concretização das obras públicas. Efectivamente, determina-se no artigo 60.º daquele diploma, além do mais, que "as peças do projecto a patentear no concurso serão as suficientes para definir a obra, incluindo a sua localização, o volume de trabalhos, o valor para efeitos do concurso, a natureza do terreno, o traçado geral e os pormenores construtivos" (n.º 1); que "das peças escritas devem constar, além de outros elementos técnicos reputados necessários, os seguintes: *a)* Memória ou nota descritiva; *b)* Mapa de medições contendo a previsão da quantidade e qualidade dos trabalhos necessários para a execução da obra; *c)* Programa de trabalhos, quando tiver carácter vinculante" (n.º 2); e que "das peças desenhadas devem constar, além de outros elementos reputados necessários, a planta de localização, as plantas, alçados, cortes e pormenores indispensáveis para uma exacta e pormenorizada definição da obra e ainda, quando existirem, a planta de sondagens e os perfis geológicos" (n.º 3). Por outro lado, diz-se também no n.º 1 do artigo 61.º que "o caderno de encargos é o documento que contém, ordenadas por artigos numerados, as cláusulas jurídicas e técnicas, gerais e especiais, a incluir no contrato".

O processo tradicional — sugestivamente denominado pelos anglo-saxónicos como *design then bid* (PANAYOTIS GLAVINIS, *Le contrat international de construction*, Paris, 1993, p. 268 e segs.) — caracteriza-se, pois, e em suma, pelo facto de o dono da obra só apelar à concorrência depois de ter previamente concebido a obra que o empreiteiro executará, ou seja, depois de ter determinado com o maior rigor possível o objecto do contrato, vale ainda dizer, a natureza, a extensão e as características técnicas dos trabalhos a realizar (v. GLAVINIS, *ob. cit.*, p. 71).

40. Porém, desde finais dos anos sessenta, tem-se generalizado "o recurso a formas de consulta, adjudicação e contratação diferentes das tradicionais. Contam-se, entre essas, as de concepção-construção, contrato de gestão e cooperação no projecto" (cf. preâmbulo do Decreto-Lei n.º 341/88, de 28 de Setembro).

α) Daquelas várias modalidades, "a mais corrente é a de concepção-construção, solução recomendável nos casos em que a especificidade dos projectos a ela obrigam, isto é, mais precisamente, em que as técnicas de execução e a natureza dos equipamentos condicionam as relações a adoptar para satisfazer os programas de obras. Há mesmo casos em que a ligação entre a concepção e a construção é de tal forma específica que a solução mais económica para um dado equipamento consiste na adopção dessa fórmula de realização, desde que precedida da definição minuciosa de um programa por parte da entidade cliente" (cf. preâmbulo do Decreto-Lei n.º 341/88, de 28 de Setembro).

Contudo, a experiência internacional mostra que o recurso à concepção-construção — realidade que, na terminologia anglo-saxónica, é conhecida pela fórmula *design & build* (cf. GLAVINIS, *ob. cit.*, p. 282 e segs.) —, é mais frequente em "países pouco desenvolvidos que não dispõem de meios humanos para acompanhar a execução dos empreendimentos ou, mais grave ainda, não estão sequer em condições de definir o programa de necessidades" (cf. preâmbulo do Decreto-Lei n.º 341/88, de 28 de Setembro); e que, "quando utilizada de forma não criteriosa, a solução conduz, muitas vezes, a projectos pouco imaginativos e a preços, em regra, mais elevados". Não surpreende, assim, que o legislador português, considerando que "o seu uso tem, pois, de ser devidamente ponderado e rodeado de todas as precauções" (cf. preâmbulo do Decreto-Lei n.º 341/88, de 28 de Setembro), tenha determinado, no artigo único do diploma que temos vindo a citar, que o "recurso à modalidade da concepção-construção em obra da responsabilidade quer dos organismos da administração central quer de quaisquer instituições públicas passa a depender de despacho de autorização do ministro respectivo" (n.º 1), despacho esse que "deve reconhecer que as soluções tecnológicas ou a natureza dos equipamentos a utilizar condicionam o projecto, impondo as soluções a adoptar para a satisfação dos programas respectivos, que devem ser devidamente explicitados" (n.º 2).

β) Seja como for, o que aqui importa destacar é que, nesta outra forma de concretização de uma obra pública, se não assiste à separação subjectiva, rígida, das missões de concepção e de construção. Nela, a tarefa de construção da obra continua, naturalmente, a pertencer exclusivamente ao empreiteiro, sob a fiscalização e a direcção do dono da obra. Mas a concepção é partilhada pelas duas partes.

Tipicamente o que se passa é o seguinte: o dono da obra, em sede de processo de formação do contrato, define, com suficiente precisão, num projecto com um grau de desenvolvimento ainda bastante vago, as necessidades que a obra a construir deve servir; apela, depois, por regra, à concorrência; os concorrentes, nas suas propostas, devem definir e apresentar, num projecto com um grau de desenvolvimento já razoável, uma ideia essencial da obra a realizar; é seguidamente celebrado o contrato de concepção-construção; depois, o co-contratante particular procede, com base nas ideias essenciais assentes, à elaboração do projecto de execução, concretizando com toda a nitidez o que antes ficara em aberto; cabe ao dono da obra, finalmente, aprovar o projecto de execução.

Neste esquema, o co-contratante cumula, pois, as facetas de projectista e de empreiteiro, prolongando-se a concepção pela fase de execução do contrato adentro (cf. GLAVINIS, *ob. cit.*, p. 284). Na verdade, só então se precisarão, além de outros, e por via de regra, os seguintes aspectos: "*a)* Memória descritiva e justificativa (...); *b)* Cálculos relativos às diferentes partes da obra (...); *c)* Medições, dando a indicação da quantidade e qualidade dos trabalhos necessários para a execução da obra (...); *d)* Orçamento, baseado nas quantidades e qualidades de trabalho das medições; *e)* Peças desenhadas de acordo com o estabelecido para cada tipo de obra (...) e devendo conter as indicações numéricas indispensáveis e a representação de todos os pormenores necessários à perfeita compreensão, implantação e execução da obra" (cfr. artigo 7.º da Portaria de 7 de Fevereiro de 1972).

Significa isto, afinal, que, nos contratos de concepção-construção, ao contrário do que sucede no "processo de elaboração do projecto seguido de concurso para a sua execução" (cf. preâmbulo do Decreto-Lei n.º 341/88, de 28 de Setembro), o objecto do contrato só em parte está determinado no momento da formação do mútuo consenso. Noutra parte, o objecto permanece indeterminado, aberto, ocorrendo a sua progressiva determinação apenas com a realização do projecto de execução, e isto à medida que se vão desenvolvendo os trabalhos. São, portanto, os contratos de concepção-construção contratos de execução dinâmica.

Por outro lado, nestes contratos, como só o núcleo essencial do respectivo objecto se encontra completamente determinado de início, é normal que o número e alcance das alterações introduzidas pelo dono da obra no projecto, à medida que a obra vai ganhando forma, seja superior ao que seria comum numa empreitada em que se parte de um projecto de execução, de forma a permitir-lhe potenciar a sua adequação às necessidades públicas que a obra visa servir.

E mais: neste tipo de empreitadas, os eventuais trabalhos a mais não respeitam, natural e normalmente, apenas e só a trabalhos efectivamente realizados em obra, mas também à própria fase de concepção da obra e elaboração dos subsequentes projectos e estudos.

χ) O RJEOP/86 também prevê e regula, embora sem lhes dar esse nome, as empreitadas de concepção-construção. Assim, para a empreitada por preço global, preceitua-se no n.º 1 do artigo 10.º daquele diploma que "quando se trate de obras cuja complexidade técnica e elevada especialização o justifique, o dono da obra posta a concurso deverá definir em documento, de nível não inferior a programa base e com suficiente precisão, os objectivos que deseje atingir especificando os aspectos que considere vinculativos, deixando aos concorrentes a apresentação do projecto base"; e acrescenta-se no n.º 2: "escolhido no concurso um projecto base, servirá este para a elaboração do projecto de execução, que, depois de aprovado, ficará a obrigar as duas partes".

Por seu turno, para a empreitada por série de preços, dispõe-se no n.º 1 do artigo 20.º que "quando a adjudicação de uma empreitada resulte de projecto base apresentado pelo empreiteiro, competirá a este a elaboração do projecto de execução, nos termos referidos para a empreitada por preço global". Finalmente, segundo o n.º 4 do artigo 59.º do mesmo diploma — relativo aos elementos que servem de base ao concurso público —, "quando o projecto base deva ser elaborado pelo empreiteiro, o projecto de execução e o caderno de encargos serão substituídos pelos elementos escritos e desenhados necessários para definir com exactidão o fim e as características fundamentais da obra posta a concurso".

41. Voltêmo-nos agora para o contrato de empreitada n.º 171/DSA.

Como se viu, o Tribunal, à luz dos elementos de facto apurados, entendeu que o concurso público internacional que precedeu aquele contrato não era nem de pura construção (*design then bid*) nem de pura concepção-construção (*design&build*).

Não era de pura construção, acrescente-se agora, pela óbvia circunstância de que, não só se admitia a apresentação pelos concorrentes de propostas variantes ao projecto patenteado, como, e sobretudo, se dizia claramente que, após a celebração do contrato, se esperava que o co-contratante desenvolvesse trabalho de projecto na obra de Adução Beliche/ETA de Tavira.

Mas, por outro lado, não era também de pura concepção-construção, posto que, acrescente-se também agora, não só aquele concurso não se qualificava formalmente como tal, como também, e principalmente, a concepção-geral da obra Adução Beliche/ETA de Tavira se encontrava já definida no projecto que o Dono da Obra apresentou a concurso numa fase de desenvolvimento situada a meio caminho entre o estudo prévio e o anteprojecto.

Tratava-se, pois, de um concurso atípico, de carácter misto.

No entanto, é bom de ver que, não obstante esse carácter, o contrato de empreitada n.º 171/Dsa celebrado, em 9 de Dezembro de 1991, na sequência daquele concurso, evidenciava claramente um dos traços característicos das empreitadas de concepção-construção — a indeterminação parcial do respectivo objecto.

E, na realidade, depois de celebrado o contrato, o Consórcio, não só procedeu à materialização no terreno de trabalhos já cuidadosamente estudados e projectados pelo Dono da Obra, como também desenvolveu, à medida que se executava o contrato, um trabalho de definição e concepção da obra Adução Beliche/ETA de Tavira.

Nada disso deve agora surpreender à luz de quanto se disse acima.

O que já surpreende, porém, é a circunstância de aquela definição se ter traduzido, não raras vezes, não apenas numa mera concretização do que tinha ficado já assente no contrato — como é típico de uma empreitada de concepção-construção —, mas também, e porque foram sendo reconhecidas inúmeras deficiências e insuficiências no projecto posto a concurso e na solução contratada, numa re-concepção praticamente integral dos mais importantes elementos essenciais da obra — além de que num aspecto que se veio a revelar importante (o da configuração da parte final da condura adutora) o contrato celebrado entre as partes era totalmente omisso quanto à própria concepção da obra que haveria de ser efectuada.

Tudo conforme melhor se aquilatará pela leitura do relato subsequente.

XIV. Da execução do contrato de empreitada n.º 171/Dsa

1. Factos provados

1.1. O Programa de Trabalhos do Consórcio

42. *Z40)* Nos termos do contrato de empreitada nº 171//DSA, o prazo previsto para a execução da obra global começava a contar-se da data da consignação e seria de 52 meses.

Z41) Nos termos do contrato de empreitada nº 171/DSA, a consignação da obra seria feita após o visto do Tribunal de Contas e no prazo fixado nos artigos 128º a 136º do Decreto-Lei n.º 235/86.

Z42) A aposição do visto do Tribunal de Contas na minuta do contrato ocorreu no dia 18 de Novembro de 1991

Z43) Ainda nos termos do contrato de empreitada nº 171/DSA, o prazo parcial previsto para a execução da obra de adução Beliche-ETA de Tavira e para a execução da própria ETA de Tavira era de 30 meses a contar da data da consignação (artigo 2º, nº 2).

Z44) O Consórcio propôs-se, no seu programa de trabalhos, iniciar a execução dos mesmos em 1 de Fevereiro de 1992.

Z45) O plano de trabalhos inicial do Consórcio previa o seguinte programa de actividades: — instalação do estaleiro: de Fevereiro a finais de Junho de 1992; — pré-fabricação dos tubos para a conduta entre a EE1 e a ETA de Tavira: de Abril de 1992 a fim de Janeiro de 1994; — construção da EE1: de Agosto de 1992 a Março de 1993; — obras acessórias (travessias de estradas, cursos de água, maciços de amarração, etc.): de Outubro de 1992 a final de Fevereiro de 1994.

Z188) O Programa de Trabalhos inicial apresentado pelo Consórcio continha a indicação mensal das quantidades de mão de obra por categorias ao longo de todo o período da empreitada.

Z189) A indicação desse elemento havia sido exigida pelo Dono da Obra no Programa de Concurso e constituía um documento fundamental para apreciação das propostas.

Z190) A Comissão de Análise das Propostas atendeu, no momento próprio, ao elenco de pessoal e de equipamento proposto pelas empresas integrantes do Consórcio para a obra global (isto é, para todos os trabalhos integrantes da empreitada) e, nessa perspectiva, entendeu que o mesmo era satisfatório.

Z191) Os meios humanos e de equipamento que estiveram presentes em obra são exactamente os previstos no Programa de Trabalhos da Proposta que mereceu a aprovação do Dono da Obra.

– Quesito 302º: O Programa de Trabalhos inicial do Consórcio foi o apresentado ao Dono da Obra em 6 de Janeiro de 1992?

Provado que o Programa de Trabalhos de 6 de Janeiro de 1992 é o primeiro Programa de Trabalhos da autoria do Consórcio em momento posterior à adjudicação (antes, com a sua Proposta, o Consórcio já tinha apresentado uma versão provisória do mesmo), por um lado; e, por outro, que se reporta a todas as componentes da empreitada e não especificamente à obra de Adução Beliche/ETA de Tavira. Convicção formada a partir dos depoimentos das testemunhas FA, CB, AC e LC.

– Quesito 303º: O cronograma constante do Anexo nº 3 à petição inicial não é um documento contratual mas antes um documento da autoria unilateral do Consórcio?

Provado. Convicção formada a partir dos depoimentos das testemunhas FA, CB e LC.

– Quesito 304º:

[Por lapso, não existe um quesito com este número no Questionário.]

– Quesito 305º: O Programa de Trabalhos de 6 de Janeiro de 1992 nunca chegou a ser observado pelo Consórcio?

Provado. Convicção formada a partir dos depoimentos das testemunhas FA, CB, AC e LC.

– Quesito 306º: O Programa de Trabalhos do Consórcio de 6 de Janeiro de 1992 só seria exequível se, à data da sua apresentação, já existissem estudos e projectos de execução das diversas partes da obra de adução Beliche/ETA de Tavira?

Não provado: o Programa de Trabalhos de 6/1/92 seria exequível se fosse de executar a Proposta Variante-B e os projectistas do Consórcio realizassem os necessários estudos e projectos de execução relativos aos primeiros troços do adutor nos três meses subsequentes à adjudicação. De notar que as obras se deveriam iniciar com a pré-fabricação dos tubos, pelo que nos três primeiros meses o Consórcio praticamente nada mais teria a fazer que realizar estudos e projectos de execução relativos aos primeiros troços do adutor. Convicção formada com base no depoimento da testemunha SR. Além disso: (1) a Comissão de Avaliação das Propostas aceitou o Programa de Trabalhos provisório do Consórcio ao escolher a Proposta Variante-B; (2) o Dono da Obra aprovou o Programa de Trabalhos de 6/1/92 em 23 de Abril de 1992.

– Quesito 307º: Em 6 de Janeiro de 1992, não existia o projecto de execução do túnel Beliche-EE1 nem a sua localização estava ainda definida?

Provado que não existia projecto de execução e que ainda não estava completamente definida a localização do túnel. Convicção formada a partir dos depoimentos das testemunhas AC e LC, bem como no documento junto pelos RR. pós-contestação sob o n.º 77.

– Quesito 308º: À data referida no quesito anterior tão-pouco havia, quanto ao adutor e às estações elevatórias, qualquer projecto apresentado pelo Consórcio?

Provado. Convicção formada a partir dos depoimentos das testemunhas FA, CB, AC e LC.

– Quesito 309º: A primeira consignação da obra global teve lugar em 19 de Dezembro de 1991?

Provado pelo documento junto pelos RR. à contestação sob o nº 15, sendo que dos depoimentos das testemunhas FA, CB, AC e LC resultou que não foram efectivamente facultados ao Consórcio quaisquer terrenos relativos à obra objecto do presente litígio. Deverá corrigir-se, em conformidade com o teor daquele documento, a data de "19 de Dezembro" para "16 de Dezembro".

– Quesito 310°: Após essa data deveriam, nos termos contratuais, ter sido iniciados os estudos e projectos de execução dos elementos mais importantes e prioritários da obra de adução?

Provado que, segundo a experiência comum em matéria de contratos de empreitada de obras públicas, seria essa a sequência natural a observar. Convicção formada a partir dos depoimentos das testemunhas FA, CB, AC e LC.

– Quesito 311°: Sem os estudos e projectos de execução mencionados no quesito anterior não era possível iniciar qualquer trabalho no terreno?

Provado. Convicção formada com base nos depoimentos das testemunhas AR e AC.

– Quesito 312°: O Consórcio não iniciou naquela data esses estudos e projectos de execução?

Provado. Convicção formada a partir dos depoimentos das testemunhas AC e LC.

– Quesito 313°: Após a primeira consignação parcial dos terrenos necessários à obra de adução Beliche/ETA de Tavira não houve qualquer actividade por parte do Consórcio que evidenciasse o início da elaboração dos referidos estudos e projectos de execução?

Não provado, já que o Consórcio efectuou os trabalhos de levantamento topográfico do adutor referidos no quesito 323°. Convicção formada com base nos depoimentos das testemunhas CB, FA e LC.

– Quesito 314°: Nos começos de Janeiro de 1992, o Dono da Obra iniciou, de acordo com o que havia sido estabelecido em 8 de Janeiro de 1992, a piquetagem do traçado do adutor segundo a Proposta Variante-B adjudicada?

Provado. Convicção formada com base nos depoimentos das testemunhas AR e LC, bem como pelos documentos juntos pelos RR. à contestação sob os n°s 16 e 17 e pelo documento junto também pelos RR. pós-contestação sob o n.° 36.

– Quesito 315°: A piquetagem referida no quesito anterior terminou no princípio de Fevereiro de 1992?

Provado. Convicção formada com base nos depoimentos das testemunhas AR e LC, bem como pelos documentos juntos pelos RR. à contestação sob os n°s 16 e 17 e pelo documento junto também pelos RR. pós-contestação sob o n.° 36.

– Quesito 316°: Por ofício de 15 de Abril de 1992, referência 06/DG, o Consórcio foi informado pelo Dono da Obra de que o plano de trabalhos apresentado para a adução Beliche/ETA de Tavira não se encontrava detalhado de modo a possibilitar a adequada programação das expropriações a efectuar para a execução da obra, solicitando-se-lhe que fossem fornecidas informações de pormenor sobre quais os troços do adutor por onde pretendia iniciar os trabalhos e quais as datas em que tinha programado entrar no terrenos?

Provado pelo documento junto pelos RR. à contestação sob o n° 18, não infirmado pela prova testemunhal.

– Quesito 317°: Em 27 de Abril de 1992, o Dono da Obra solicitou ao Consórcio o detalhe dos programas de trabalho, o qual deveria conter referência às datas previstas para a apresentação dos projectos de execução e contar com um prazo de 15 dias para a sua aprovação pelo Dono da Obra?

Provado pelo documento junto pelos RR. à contestação sob o n° 19, não infirmado pela prova testemunhal.

– Quesito 318°: Entretanto, o Dono da Obra tinha solicitado ao Consórcio um programa de ataque da obra do adutor e a apresentação do seu traçado definitivo?

Provado pelos documentos juntos pelos RR. à contestação sob o n° 20 e na fase da instrução sob o n.° 5-E, não infirmados pela prova testemunhal.

– Quesito 319°: A partir de 5 de Maio de 1992, o assunto referido no quesito anterior ficou registado nas actas como "pendentes do Consórcio" até 17 de Junho de 1992?

Provado pelos documentos juntos pelos RR. à contestação sob o n°s 21, 22 e 23, e pelo documento junto pós-contestação também pelos RR. sob o n.° 72.

– Quesito 320°: Em 12 de Maio de 1992, o Dono da Obra insistiu com o Consórcio para que apresentasse os planos detalhados para as diversas frentes da obra, solicitando que na próxima reunião o Consórcio indicasse uma data para a respectiva entrega?

Provado pelo documento junto pelos RR. à contestação sob o n.º 21, bem como pelo documento n.º 5-E junto também por aqueles na fase de instrução, não infirmados pela prova testemunhal.

– Quesito 321º: Na reunião de 22 de Maio de 1992, o Consórcio informou que apresentaria o planeamento adequado do adutor no prazo de um mês?

Provado pelo documento junto pelos RR. à contestação sob o nº 22, não infirmado pela prova testemunhal.

– Quesito 322º: Na reunião referida no quesito anterior o Dono da Obra pediu ao Consórcio a apresentação do estudo detalhado da concepção do adutor?

Provado pelo documento junto pelos RR. à contestação sob o nº 22, não infirmado pela prova testemunhal.

– Quesito 323º: O Consórcio só entregou o levantamento topográfico entre os vértices VA e VC do adutor em 8 de Junho de 1992?

Provado pelo documento junto pelos RR. à contestação sob o nº 23, não infirmado pela prova testemunhal.

– Quesito 324º: Nessa data, o Dono da Obra pretendeu esclarecer alguns aspectos da concepção do adutor e procedeu a uma revisão da programação desse projecto, enumerando as questões mais importantes a debater?

Provado pelo documento junto pelos RR. à contestação sob o nº 23, não infirmado pela prova testemunhal.

– Quesito 325º: Ainda em 8 de Julho de 1992, o Consórcio apresentou uma alternativa à localização da EE2, tendo o Dono da Obra indicado como definitiva a localização da ETA, pelo que o Consórcio deveria estudar e propor nova localização da referida estação elevatória?

Provado pelo documento junto pelos RR. à contestação sob o nº 23, não infirmado pela prova testemunhal. No texto do quesito, onde se lê "8 de Julho" deverá ler-se "8 de Junho".

– Quesito 326°: Em 17 de Junho de 1992, o Dono da Obra assinalou que o levantamento topográfico entregue pelo Consórcio em 8 desse mês era insuficiente quanto à qualidade da informação que proporcionava, devendo, por isso, ser revisto e completado?

Provado pelo documento junto pelos RR. à contestação sob o n° 24, não infirmado pela prova testemunhal.

– Quesito 327°: O Consórcio comprometeu-se a desenhar o perfil longitudinal, planta e perfis transversais entre a EE2 e a Ribeira de Almargem até final de Setembro de 1992 e a, no mesmo prazo, ter concluídos o levantamento do local da EE1 e chaminé de equilíbrio n° 1 e o levantamento do traçado do adutor entre a chaminé de equilíbrio n° 2 e a EE1?

Provado pelo documento junto pelos RR. à contestação sob o n° 24, não infirmado pela prova testemunhal. No texto do quesito, onde se lê "mesmo prazo" deverá ler-se "finais de Junho".

– Quesito 328°: Em 9 de Julho de 1992, o Dono da Obra pediu ao Consórcio que lhe fosse enviado o planeamento detalhado do adutor para os próximos seis meses, indicando o faseamento do projecto (incluindo o projecto dos equipamentos electromecânicos) e os restantes trabalhos (incluindo fabricação de tubos)?

Provado pelo documento junto pelos RR. à contestação sob o n° 25, não infirmado pela prova testemunhal.

– Quesito 329°: Na mesma data referida no quesito anterior, o Dono da Obra pediu ao Consórcio que o Plano de Trabalhos do adutor entregue em 8 de Junho fosse rectificado no sentido de um maior detalhe?

Provado pelo documento junto pelos RR. à contestação sob o n° 25, não infirmado pela prova testemunhal.

– Quesito 330°: Em Agosto de 1992, continuava pendente a entrega pelo Consórcio do plano de trabalhos relativo a 1992 para o adutor, incluindo o faseamento do projecto, bem como da proposta técnica da Via Longitudinal do Algarve (VLA)?

Provado pelo documento junto pelos RR. pós-contestação sob o n.° 43, não infirmado pela prova testemunhal. No texto do quesito, deverá acrescentar-se a expressão "(...) do

atravessamento (...)" antes da expressão "*(...) da Via Longitudinal do Algarve (VLA)*".

– Quesito 331°: Em 9 de Outubro de 1992, o Dono da Obra apreciou e aprovou a Memória Técnica T 75.10.4/2 da EE1, apresentada pelo Consórcio em 28 de Setembro desse ano, dando-lhe instruções para confirmar com urgência a adequação dos grupos propostos?

Provado. Convicção formada com base nos documentos juntos pelos RR. pós– contestação sob os n.ºs 22 e 24, não infirmados pela prova testemunhal.

– Quesito 332°: Na sequência da entrega pelo Consórcio, em 9 de Outubro de 1992, da Memória Técnica T 75.10.4./4 da EE2, o Dono da Obra referiu ao Consórcio em 30 de Outubro de 1992 que, dado estar-se perante uma EE2 completamente diferente da que fora adjudicada, deveria ser apresentado o respectivo orçamento para aprovação superior?

Provado pelo documento junto pelos RR. pós-contestação sob o n.° 45.

– Quesito 333°: Ainda em 30 de Outubro de 1992, o Dono da Obra mencionou ao Consórcio que deviam seguir-se os estudos da EE3 e do Reservatório de Santo Estêvão ?

Provado pelo documento junto pelos RR. pós-contestação sob o n.° 45.

– Quesito 334°: Em 20 de Outubro de 1992, o Dono da Obra notificou pelo ofício n° 158/DG o Consórcio para, nos termos do artigo 139° do Decreto-Lei n.° 235/86, apresentar, no prazo de 15 dias, o plano de trabalhos que em cada um dos meses seguintes contava seguir, indicando também os meios a utilizar?

Provado pelos documentos juntos pelos RR. à contestação sob os nºs 26 e 45, não infirmados pela prova testemunhal.

– Quesito 335°: O plano de trabalhos referido no número anterior deveria nomeadamente incluir: plano actualizado das actividades do projecto; fabrico de tubos; datas em que os locais das frentes de trabalho deveriam estar disponíveis; e piquetagem da faixa de terreno a expropriar ou indemnizar?

Provado pelos documentos juntos pelos RR. à contestação sob os n° 26 e 45, não infirmados pela prova testemunhal.

– Quesito 336°: Ainda em 20 de Outubro de 1992, e pelo mesmo ofício, o Dono da Obra manifestou a sua apreensão pela situação de ausência de informação em relação à obra de adução Beliche/ETA de Tavira?

Provado pelos documentos juntos pelos RR. à contestação sob os n°s 26 e 45, não infirmados pela prova testemunhal.

– Quesito 337°: Em 26 de Novembro de 1992, o Dono da Obra insistiu com o Consórcio para que procedesse com urgência à piquetagem do terreno da faixa de trabalho do adutor?

Provados pelo documento juntos pelos RR. à contestação sob o n° 28, não infirmado pela prova testemunhal.

– Quesito 338°: Durante o período que mediou entre a adjudicação e 11 de Novembro de 1992 — data da proposta de alteração do tipo de tubo previsto na proposta adjudicada — não houve por parte do Consórcio qualquer informação clara quanto às intenções e diligências que estava a efectuar quanto ao fabrico da tubagem?

Provado. Convicção formada com base nos depoimentos das testemunhas Eng.° Faria de Almeida e LC.

– Quesito 339°: O assunto referido no quesito anterior era de fundamental relevância, tendo em conta as dificuldades e consequências que resultariam para a obra da opção pela montagem e construção de raiz de uma unidade fabril e a adopção de tecnologias para as quais o Consórcio não dispunha de experiência ou preparação?

Provado. Convicção formada com base no depoimento da testemunha LC.

– Quesito 340°: A partir de 11 de Novembro de 1992, o Consórcio deixou de dar resposta às solicitações do Dono da Obra quanto ao início dos trabalhos no terreno e à apresentação de elementos dos projectos do sistema de adução Beliche/ETA de Tavira?

Provado. Convicção formada com base no depoimento da testemunha LC.

– Quesito 341°: Apenas em Dezembro de 1992 se iniciaram os trabalhos de terraplanagem para o estaleiro central?

Provado pelo documento junto pelos RR. pós-contestação sob o n° 46, não infirmado pela prova testemunhal.

§ 3.º – Da Decisão da Causa e sua Fundamentação

– Quesito 342°: Os trabalhos referidos no quesito anterior efectuaram-se já com base num segundo planeamento do adutor enviado pelo Consórcio ao Dono da Obra a coberto do ofício n° 99/CO/92, de 9 de Novembro?

Provado pelos documentos juntos pelos RR. sob os n°s 29 da contestação e 75 pós-contestação, devendo, no entanto, entender-se a expressão "segundo planeamento do adutor" (Novembro de 1992) referida no texto do quesito como significando "3° plano", visto que em 8 Junho de 1992, logo após a primeira consignação em 7 de Maio, o Consórcio tinha feito outra proposta de plano de trabalhos ao Dono da Obra.

– Quesito 343°: A calendarização desse segundo planeamento era a seguinte: consignação — Maio de 1992; levantamento topográfico — Maio de 1992; estudos base — Julho de 1992; trabalhos — Março de 1993; fabrico de tubos — Junho de 1993; EE1 — Maio de 1993; EE2 — Dezembro de 1993; EE3 — Janeiro de 1995; túnel — Maio de 1993; tomada de água — Agosto de 1994; Reservatório — Março

Provado pelos documentos juntos pelos RR. sob os n.ºs 29--contestação e 75-pós-contestação. Com as seguintes rectificações ao texto do quesito: (1) onde se lê "segundo", leia--se "terceiro"; (2) onde se lê "trabalhos — Março de 1993", leia-se "trabalhos acessórios — Março de 1993"; (3) onde se lê "Maio de 1993", leia-se "Setembro de 1993".

– Quesito 344°: A calendarização referida no quesito anterior não foi aceite pelo Dono da Obra, porque previa a fabricação de tubos no local da obra e não respeitava os prazos contratuais de execução dos trabalhos?

Provado pelo documento junto pelos RR. à contestação sob o n° 30, não infirmado pela prova testemunhal.

– Quesito 345°: O programa definitivo e oficial dos trabalhos da adução Beliche/ETA de Tavira é o que foi apresentado pelo Consórcio em 8 de Julho de 1994 e aprovado pelo Dono da Obra em 27 desse mês?

Provado que o Programa de Trabalhos de 8 de Julho de 1994 é um programa oficial e global da obra de Adução Beliche/ETA de Tavira, e que reflecte as alterações intro-

duzidas desde Junho de 1992 no projecto da Proposta Variante-B adjudicada. Convicção formada com base nos depoimentos das testemunhas FA e LC.

1.2. Vicissitudes na execução na obra

1.2.1. Consignações

43. *Z46)* A primeira consignação dos terrenos necessários à execução dos trabalhos da obra de adução Beliche-ETA de Tavira ocorreu em 7 de Maio de 1992.

Z47) No auto dessa consignação foi exarado o seguinte: "*O representante do Consórcio adjudicatário declarou que, tendo em atenção a não disponibilização do conjunto dos locais necessários à execução dos trabalhos referentes ao Adutor Beliche/ETA de Tavira, o que afectará necessariamente o normal desenvolvimento dos trabalhos, desde já reclama da presente situação e irá apresentar, por escrito, a reclamação fundamentada no prazo legal de dez dias*".

Z47-1) Na parte final do ofício 346/PS, de 28 de Setembro de 1993, do Dono da Obra, afirma-se o seguinte: *no que toca ao plano de trabalhos do adutor, ele deverá ainda ser discriminado por troços, de modo a permitir a adequada programação das expropriações, como também já foi transmitido ao Consórcio.*

Z48) Em 16 de Novembro de 1993, o Consórcio apresentou ao Dono da Obra um plano contendo o programa das expropriações que era necessário efectuar para se realizarem os trabalhos da adução Beliche//ETA de Tavira.

Z49) Verificaram-se atrasos em relação às datas previstas na programação das expropriações necessárias à realização dos trabalhos de adução apresentada pelo Consórcio ao Dono da Obra em 16 de Novembro de 1993.

Z50) A cronologia completa das consignações (parciais) feitas na obra de adução Beliche/ETA de Tavira foi a seguinte: - em 7 de Maio de 1992, consignaram-se os terrenos necessários para a construção da EE1;

Z51) — em 1 de Outubro de 1993, consignaram-se terrenos correspondentes a 4,084 Km do 2° troço do adutor (cujo comprimento total era de 4,750 Km);

Z52) — nas datas de 13, 20, e 27 de Janeiro, 4 e 9 de Fevereiro e 19 de Outubro, todas do ano de 1994, efectuaram-se consignações das parcelas correspondentes ao 3º troço do adutor, desde o rio Seco até à Via do Infante;

Z53) — em 1994, nas datas de 1, 5, 19 e 26 de Maio, 1 de Junho e 14 de Julho, e em 1995, nas datas de 3 e 10 de Maio e de 29 de Junho, efectuaram-se consignações parciais dos terrenos correspondentes ao 4º troço do adutor, da Via do Infante à Ribeira de Almargem;

Z54) — em 5 de Maio e 14 de Julho de 1994, consignaram-se os terrenos correspondentes ao 1º troço do adutor, entre a EE1 e a chaminé de equilíbrio nº2;

Z55) — em 11 de Maio de 1995, efectuou-se a consignação de terrenos para a construção da EE2;

Z56) — em 25 de Junho e em 3 de Agosto de 1995, teve lugar a consignação dos terrenos para construção do 5º troço do adutor, entre a Ribeira de Almargem e a EE2;

Z57) — em 10 de Agosto, 19 de Outubro e 9 de Novembro de 1995, consignaram-se os terrenos para a construção do 6º troço do adutor entre a EE2 e o Reservatório de Santo Estêvão;

Z58) — em 11 de Janeiro de 1996, efectuou-se a consignação dos terrenos necessários para construção do 7º troço do adutor entre o Centro Distribuidor de Santo Estêvão e a ETA de Tavira;

Z59) — em 14 de Agosto de 1995, ocorreu a consignação dos terrenos para a construção do Reservatório de Santo Estêvão.

– Quesito 25º: O Consórcio entregou ao Dono da Obra por escrito e dentro do prazo legal de dez dias a reclamação que exarou no auto da primeira consignação parcial da obra de adução Beliche/ETA de Tavira?

Provado. Convicção formada com base nos documentos juntos pelas AA. à petição inicial sob os nº s 4 e 7 e pelo documento nº 6-E junto pelos RR. na fase de instrução.

– Quesito 26º: O INAG encontrava-se com dificuldades no que respeita às expropriações que era necessário fazer para se iniciarem os trabalhos de execução do adutor Beliche/ETA de Tavira?

Provado que o processo de expropriações se não tinha ainda iniciado, sobretudo por faltar a implantação do traçado.

Convicção formada com base nos depoimentos das testemunhas CL e LC.

– Quesito 27°: Em 28 de Setembro de 1993, o INAG solicitou ao Consórcio que detalhasse mais o Programa de Trabalhos por forma a viabilizar uma adequada programação das expropriações necessárias aos trabalhos de adução?

Provado pelo documento junto sob o n° 5 à petição inicial, não infirmado pela prova testemunhal.

– Quesito 28°: O programa de expropriações que o Consórcio entregou ao Dono da Obra, em 16 de Novembro de 1993, traduziu uma atitude de total pragmatismo e cooperação do empreiteiro com as dificuldades do INAG em matéria de expropriações?

Provado apenas que o Consórcio entregou ao Dono da Obra em 16 de Novembro de 1993 um programa de expropriações. Convicção formada com base nos depoimentos das testemunhas CB e LC.

– Quesito 29°: Em 2 de Novembro de 1993, o INAG consignou os 666 m dos terrenos que faltava consignar do 2° troço da conduta adutora?

Provado. Convicção formada com base nos documentos juntos pelas AA. sob o n° 8 à petição inicial e pelos RR. sob o n° 34 à contestação.

– Quesito 30°: O Consórcio foi, até 3 de Agosto de 1993, impedido de prosseguir os seus trabalhos relativos ao sistema de adução Beliche//ETA de Tavira devido à existência de postes e linhas da EDP?

Provado parcialmente: o Consórcio podia ter começado os trabalhos de escavação na zona da EE1, já que o poste da EDP, cuja remoção solicitou em 3 de Maio de 1993, se situava num dos extremos do terreno (documento junto pelos RR. pós-contestação sob o n.° 59), embora não os pudesse ter concluído sem a remoção daquele, dado que não lhe era exigível que utilizasse explosivos nas escavações necessárias à realização da EE1 sem a remoção do poste. Convicção formada com base nos depoimentos das testemunhas CB e LC.

– Quesito 31°: O Consórcio foi, até 3 de Setembro de 1993, impedido de prosseguir os seus trabalhos relativos ao sistema de adução Beliche/ETA de Tavira devido à existência de um poste da Telecom?

Provado parcialmente: o poste da Telecom não impediu em absoluto a prossecução dos trabalhos, embora tenha prejudicado o seu desenvolvimento normal. A remoção desse poste teve lugar em 24 de Setembro, e não em 3 de Setembro como resulta do quesito. Convicção formada com base no depoimento das testemunhas CB e LC.

– Quesito 32°: O Consórcio foi impedido de prosseguir os seus trabalhos relativos ao sistema de adução Beliche/ETA de Tavira pelo proprietário dos terrenos situados entre a EE1 e a chaminé de equilíbrio n° 2 do 1° troço da conduta adutora?

Provado pelo documento junto pelas AA. sob o n° 23 à petição inicial, não infirmado pela prova testemunhal.

– Quesito 32°-1: Os terrenos a que alude o quesito 32° eram terrenos de passagem para a obra ou terrenos necessários à implantação da mesma?

Provado que os terrenos a que se refere o quesito 32° eram terrenos necessários à implantação da obra. Convicção formada com base no depoimento da testemunha CB.

– Quesito 32°-2: Com a colaboração do Dono da Obra foi imediatamente arranjado um caminho alternativo, ainda que com aumento das distâncias e dos encargos daquele?

Provado, com o esclarecimento de que esta situação não é a mesma a que aludem os dois quesitos anteriores, mas, antes, uma situação posterior relacionada com a execução da obra provocada pelos proprietários dos mesmos terrenos. Convicção formada com base no depoimento da testemunha FB.

– Quesito 33°: O Consórcio foi impedido de prosseguir os seus trabalhos no 2° troço da conduta adutora devido à existência de uma casa e de postes eléctricos ?

Não provado que a referida "casa" (pocilga) tenha impedido o prosseguimento dos trabalhos. Provado que a existência

no local de postes eléctricos, embora não tenha impedido em absoluto a prossecução dos trabalhos, provocou alguma perturbação na mesma. Convicção formada com base nos depoimentos das testemunhas CB, LC e FB.

– Quesito 34º: O Consórcio foi, em 3 de Maio e 21 de Junho de 1995, impedido de prosseguir os seus trabalhos relativos ao sistema de adução devido à obstrução de proprietários de parcelas?

Provado que a ocorrência do dia 3 de Maio de 1995 forçou o Consórcio a uma paralisação de sete dias de trabalho; não provado que em 21 de Junho de 1995 o Consórcio tenha sido impedido de prosseguir os seus trabalhos, já que aquele acordou em diferir com o proprietário do terreno a escavação no local para momento posterior à colheita. Convicção formada com base no depoimento da testemunha FB.

– Quesito 35º:

[Este quesito foi eliminado.]

– Quesito 36º: O Consórcio foi, em 28 de Junho de 1995, impedido de prosseguir os seus trabalhos relativos à adução Beliche/ETA de Tavira pela obstrução criada por rendeiros?

Não provado, já que não se tratava de trabalhos relativos à adução Beliche/ETA de Tavira (tratava-se, isso sim, da estrada de acesso à ETA de Tavira). Convicção formada com base no depoimento da testemunha LC.

– Quesito 37º: A consignação parcial de terrenos foi feita sem total correspondência com o Programa de Trabalhos?

Provado, com o esclarecimento de que se trata do Programa de Trabalhos de 16 de Novembro de 1993. Convicção formada com base no depoimento das testemunhas CB e FA.

– Quesito 38º: A consignação parcial dos terrenos, feita ao longo de um trajecto de aproximadamente 29 Km, obrigou o Consórcio a alterar frequentemente o planeamento dos trabalhos e a afectar os seus meios humanos e mecânicos não aos locais planeados mas antes aos disponíveis?

Provado apenas que o Consórcio teve necessidade de alterar o planeamento dos trabalhos e a afectação dos seus meios

humanos e mecânicos nos casos dados como provados nas respostas aos quesitos 30°, 31°, 32°, 33° e 34°.

– Quesito 39°: O Consórcio foi obrigado a criar parques de armazenamento de tubos, já que o planeamento da sua fábrica na região de Tavira, embora previsse um armazém de capacidade adequada ao ritmo de construção previsto, era insuficiente para acumular os tubos não colocados?

Provado que os parques foram criados, com o esclarecimento de que isso não prejudica a resposta à questão de saber se a capacidade do armazém era ou não adequada. Convicção formada com base nos depoimentos das testemunhas CB, FA e LC.

– Quesito 40°: O armazenamento referido no quesito anterior provocou custos de imobilização, por um lado, e sobrecustos de carga, descarga e transporte, por outro lado, uma vez que estas manobras tiveram de ser realizadas em duplicado?

Provado. Convicção formada com base nos depoimentos das testemunhas CB, FA e LC.

– Quesito 346°: Para se iniciarem os trabalhos da adução era necessário que fossem primeiramente elaborados os respectivos projectos de execução, que estes fossem apresentados ao Dono da Obra e por ele aprovados, e, finalmente, que os mesmos fossem implantados no terreno?

Provado. Convicção formada com base nos depoimentos das testemunhas CL e LC.

– Quesito 347°: Só a partir dessa implantação seria possível identificar os terrenos necessários à execução dos trabalhos, com vista à respectiva disponibilização?

Provado. Como instrumento de ablação do direito fundamental de propriedade privada, a expropriação tem de pautar-se por critérios de rigor que não se compadecem com a sua realização sem uma prévia e precisa delimitação e marcação dos terrenos a expropriar.

– Quesito 348°: Para garantir a disponibilidade dos terrenos onde a obra de adução Beliche/ETA de Tavira iria ser executada (ao longo de um percurso de quase 30 Km de extensão) era necessário proceder a um grande número de expropriações?

Provado. Convicção formada com base nos depoimentos das testemunhas CL e LC.

– Quesito 349°: Para a correcta definição, por parte do Dono da Obra, dos imóveis a expropriar e dos valores indemnizatórios a atribuir, tornava-se imprescindível conhecer, prévia e rigorosamente, a implantação concreta da obra?

Provado. Convicção formada com base nos depoimentos das testemunhas CL e LC. V. resposta ao quesito 347°.

– Quesito 349°-1: O conhecimento rigoroso da implantação concreta da obra é feito em sede de projecto de execução?

Provado, contanto que o projecto de execução contenha todos os elementos necessários à implantação no terreno da obra a construir. Convicção formada com base nos depoimentos das testemunhas CL e LC. V. resposta ao quesito 346°.

– Quesito 350°: Em 7 de Maio de 1992, data da primeira consignação, não existiam projectos de execução mas apenas a indicação do traçado do adutor segundo o proposto na Variante-B do Consórcio?

Provado. Convicção formada com base nos depoimentos das testemunhas CL e LC, bem como no documento n.° 1-F junto pelos RR..

– Quesito 351°: Numa fase inicial, mesmo não havendo expropriação, logo que a obra fosse materializada no terreno era possível negociar com os proprietários das zonas onde o empreiteiro iria presumivelmente trabalhar o pagamento de indemnizações pela mera ocupação dos seus terrenos?

Não provado, por não ser crível que os proprietários aceitassem tais negócios que, de qualquer modo, não eram exigíveis ao empreiteiro. Convicção formada com base no depoimento da testemunha CB.

-Quesito 352°: E apenas posteriormente, se fosse caso disso, se consumando a expropriação dos correspondentes prédios?

Prejudicado pela resposta dada ao quesito anterior.

– Quesito 353°: Ficou estabelecido que a faixa de terreno necessária à execução do adutor teria uma largura variável, conforme a largura do corte do terreno para o estabelecimento da plataforma de trabalho, com o mínimo de 15 m?

Provado. Convicção formada com base nos depoimentos das testemunhas CL e LC.

– Quesito 354°: Nos locais onde a configuração do terreno pudesse ser reposta (por se tratar de terrenos essencialmente agrícolas), só se tornava necessário expropriar uma faixa de 4 m de largura ao longo do eixo da conduta, indemnizando-se os proprietários pela ocupação temporária dos restantes terrenos e pelos danos neles causados?

Provado. Convicção formada com base nos depoimentos das testemunhas CL e LC.

– Quesito 355°: Portanto, mesmo sem expropriação, logo que o Consórcio apresentasse o projecto de execução do adutor e este fosse aprovado pelo Dono da Obra, seria possível iniciar prontamente os trabalhos?

Prejudicado, pela resposta dada aos quesitos 351.° e 352.°.

– Quesito 356°: O Dono da Obra, em resposta à reclamação exarada pelo Consórcio no auto de consignação de 7 de Maio de 1992, declarou a este último: que à data, o Consórcio ainda não havia fornecido a informação de pormenor sobre quais os troços por onde pretendiam iniciar os trabalhos, nem confirmado o traçado da proposta variante — cujo projecto tão-pouco havia sido entregue; que os trabalhos poderiam iniciar-se no terreno, em muitos trechos, com base no pagamento de indemnizações aos proprietários pela ocupação dos seus prédios; que o Dono da Obra poderia tomar posse administrativa dos terrenos necessários à execução da empreitada, por virtude de se encontrar declarada a utilidade pública urgente dos terrenos necessários à execução da mesma?

Provado. Convicção formada com base no documento junto pelas AA. sob o n° 4 à petição inicial.

– Quesito 357°: Em 28 de Setembro de 1993, ainda persistia a falta, por parte do Consórcio, de fornecimento dos elementos necessários à programação das expropriações?

Não provado que em 28 de Setembro de 1993 faltasse a entrega por parte do Consórcio de todos os elementos necessários à programação das expropriações. De facto, em

Junho de 1993, o Consórcio dirigiu um *fax* ao INAG no qual referiu que tinha procedido à marcação da faixa a expropriar no troço «Chaminé de Equilíbrio n.º 2-Rio Seco» com vista à realização dos trabalhos da Adução. Por outro lado, logo em 1 de Outubro de 1993 foram efectivamente consignados cerca de 85% dos terrenos do 2ª troço do adutor, o que mostra que três dias antes não podiam faltar todos os elementos necessários à programação. Convicção formada com base no depoimento da testemunha CB.

– Quesito 358º: Em 1 de Setembro de 1993, o Consórcio propôs como subempreiteiro para os trabalhos de terraplanagem do adutor a firma Adriano, S.A.?

Provado. Convicção formada com base no depoimento da testemunha LC.

– Quesito 359º: Essa subempreitada compreendia todos os trabalhos de escavação da plataforma, da vala para assentamento da conduta, da preparação do leito de assentamento, drenagem transversal e, por último, aterro da vala?

Provado. Convicção formada com base no depoimento da testemunha LC.

– Quesito 360º: Em 10 de Setembro de 1992, através da carta nº 703/CO/93, o Consórcio comunicou ao Dono da Obra que pretendia iniciar os trabalhos do 2º troço do adutor em princípios de Outubro seguinte?

Provado. Convicção formada com base no documento junto pelos RR. sob o nº 35 à contestação.

– Quesito 361º: Da resposta dada pelo Dono da Obra ao Consórcio no documento junto com o nº 36 à contestação resulta que a programação por este estabelecida para o início das escavações nos diferentes troços do adutor não era totalmente exequível?

Provado. Resulta, na verdade, do documento junto sob o nº 36 à contestação que, da perspectiva do Dono da Obra, a programação apresentada pelo Consórcio não era exequível em dois troços.

– Quesito 362º: Retira-se do mapa de consignação de terrenos, planeamento e execução dos trabalhos, junto com o nº 37 à contestação, que: no 1º troço do adutor, expropriado em Maio de 1994, de acordo com o pedido, só se iniciaram os trabalhos em Agosto de 1994; no 3º troço, expropriado em 95% em Janeiro/Fevereiro de 1994, os trabalhos só se iniciaram em Junho de 1994; no 4º troço, expropriado em Maio de 1994, os trabalhos só se iniciaram em Janeiro de 1995; no 5º troço, expropriado em 86% em Maio/Julho de 1994, os trabalhos apenas se iniciaram em Agosto de 1995?

Provado, com as seguintes rectificações: a respeito do 4º troço, onde se lê Janeiro de 1995, leia-se Dezembro de 1994; a respeito do 5º troço, onde se lê Agosto de 1995, leia-se Junho de 1995. Convicção formada com base no documento n.º 2-F junto pelos RR..

– Quesito 363º: Em 17 de Junho de 1993, o Dono da Obra solicitou ao Consórcio a apresentação, com carácter de urgência, do traçado do adutor no atravessamento da Urbanização da Ribeira do Álamo, porquanto não tinha sido referenciada pelo projectista deste a respectiva existência?

Provado. Convicção formada com base no documentos junto pelos RR. sob o n.º 38 à contestação, não infirmados pela prova testemunhal.

– Quesito 364º: O Dono da Obra entregou ao Consórcio os elementos cartográficos relativos à Urbanização da Ribeira do Álamo, propriedade da Lupamar, Lda, recolhidos junto da Câmara Municipal de Castro Marim, solicitando-lhe que diligenciasse no sentido de verificar qual a interferência do traçado projectado para a adutora nas construções previstas?

Provado parcialmente: foram entregues apenas alguns elementos cartográficos (não todos); o Dono da Obra fez ao Consórcio a solicitação referida na parte final do quesito; o Consórcio solicitou esses elementos cartográficos junto da Câmara Municipal de Castro Marim, mas não os obteve; o Consórcio não insistiu porque estava convencido de que, tratando-se de zona *non aedificandi*, as construções não interfeririam com o traçado projectado. Convicção formada com base nos documentos juntos pós-contestação pelos RR. sob os n.ºs 50, 51, 52 e 53, bem como no documento n.º 39 junto pelos mesmos à contestação e ainda pelo depoimento da testemunha CB.

– Quesito 365°: Em 22 de Junho de 1993, o Consórcio, a coberto da sua carta n° 512/CO/93, apresentou o projecto do traçado do adutor naquele ponto?

Provado. Convicção formada com base no documento junto pós-contestação pelos RR. sob o n.° 54, não infirmado pela prova testemunhal.

– Quesito 366°: O Adutor passava paralelamente à Via Longitudinal do Algarve, e a uma distância desta que poderia interferir com a zona de respeito correspondente?

Provado. Convicção formada com base no documento junto pós-contestação pelos RR. sob o n.° 55, não infirmado pela prova testemunhal.

– Quesito 367°: Como tal, o projecto teria de ser apreciado pela Junta Autónoma de Estradas?

Provado. Convicção formada com base no depoimento da testemunha LC.

– Quesito 368°: Para a correcta localização do traçado do adutor foi pedido ao Consórcio que indicasse as coordenadas geográficas do traçado do adutor?

Provado. Convicção formada a partir do depoimento da testemunha LC.

– Quesito 369°: O Consórcio satisfez esse pedido a 15 de Junho através da carta ET/57/93?

Provado. Convicção formada com base no documento junto pós-contestação pelos RR. sob o n.° 59, não infirmado pela prova testemunhal.

– Quesito 370°: O Dono da Obra indicou ao projectista do Consórcio que deveria inteirar-se da legislação reguladora das zonas de respeito?

Provado. Convicção formada com base no depoimento da testemunha LC.

– Quesito 371°: Da acta n° 102, referente à reunião de obra de 4 de Fevereiro de 1994, extrai-se o que vem referido e transcrito no artigo 243° da contestação?

Provado. Convicção formada a partir do documento n.º 39 junto pelos RR. à contestação, não infirmado pela prova testemunhal.

– Quesito 372°: O Consórcio só apresentou uma proposta de alteração do traçado do adutor na zona da Urbanização Lupamar em 11 de Maio de 1994, isto é, mais de três meses volvidos ?

Provado. Convicção formada a partir do documento n.º 40 junto pelos RR. à contestação, não infirmado pela prova testemunhal, mas com a correcção de que não é "mais" de três meses volvidos, mas *"quase"* três meses volvidos.

– Quesito 373°: Em 19 de Maio de 1994, o Dono da Obra solicitou ao Consórcio a implantação da crista do talude de escavação para poder proceder às expropriações?

Provado. Convicção formada a partir do depoimento da testemunha LC.

– Quesito 374°: Aprovado o traçado do adutor e resolvidos os problemas com o projecto, foi reiniciado o processo expropriativo com o proprietário do terreno, a Lupamar, Lda.?

Provado. Convicção formada a partir do depoimento da testemunha LC.

– Quesito 375°: Logo que o assunto referido no quesito anterior foi solucionado, procedeu-se à consignação do terreno em causa (correspondente ao 3° troço do adutor), o que ocorreu em 19 de Outubro de 1994?

Provado. Convicção formada a partir do documento n.º 14 junto pelas AA. à petição inicial, não infirmado pela prova testemunhal.

– Quesito 376°: Para o protelamento da solução do caso "Urbanização Lupamar" contribuiu o mau relacionamento do pessoal das frentes de trabalho com os proprietários dos terrenos abrangidos?

Não provado. Os testemunhos produzidos sobre este quesito não permitem demonstrar o que nele se afirma.

– Quesito 377°: O Consórcio chegou a ter, pelo menos, seis subempreiteiros a trabalhar em terraplanagens?

Não provado que os colaboradores do Consórcio fossem subempreiteiros nem o seu exacto número. Convicção formada com base no depoimento da testemunha CB.

– Quesito 377º-1: E apenas um havia sido proposto pelo Consórcio e autorizado pelo Dono da Obra?

Provado. Convicção formada com base no depoimento da testemunha LC.

– Quesito 377º-2: Alguns dos subempreiteiros do Consórcio não tinham qualquer experiência e aptidão profissionais, sendo-lhes exigidos rendimentos incompatíveis com a sua capacidade em meios humanos e materiais?

Provado apenas que algumas das empresas colaboradoras do Consórcio não tinham aptidão profissional reconhecida. Convicção formada com base no depoimento da testemunha LC.

– Quesito 378º: Os conflitos com os proprietários de terrenos serviram frequentemente de pretexto a esses subempreiteiros para justificar o não cumprimento dos prazos que lhes eram impostos pelo Consórcio?

Não provado. Os testemunhos produzidos sobre este quesito não permitem demonstrar o que nele se afirma.

– Quesito 379º: O poste da EDP que alegadamente impediu o Consórcio de prosseguir os seus trabalhos relativos à adução Beliche//ETA de Tavira estava colocado na área necessária à implantação da EE1?

Provado. Convicção formada com base no depoimento da testemunha LC.

– Quesito 380º: Essa área tinha cerca de 2 hectares?

Provado. Convicção formada com base no depoimento da testemunha LC.

– Quesito 381º: Os trabalhos de terraplanagem dos terrenos de implantação da EE1 só se iniciaram em 11 de Agosto, ou seja, oito dias depois da retirada do poste da EDP aí situado?

Provado. Convicção formada com base no depoimento da testemunha LC.

– Quesito 382°: No que concerne ao poste da Telecom que alegadamente contendeu com o normal desenvolvimento dos trabalhos do empreiteiro, o Dono da Obra pediu a este informação detalhada dos prejuízos que desse facto teriam decorrido?

Provado. Convicção formada com base no depoimento da testemunha LC.

– Quesito 383°: Nunca o Consórcio apresentou a esse respeito qualquer resposta?

Provado. Convicção formada com base no depoimento da testemunha LC.

– Quesito 384°: A consignação da terraplanagem feita em 10 de Maio de 1995 dizia respeito a duas parcelas: uma entre os Km 8+575 e 9+000 e a outra entre o Km 9+000 e o final do troço?

Provado. Convicção formada a partir do documento junto pelas AA. sob o n° 15 à petição inicial, não infirmado pela prova testemunhal. V. resposta ao quesito n° 34.

– Quesito 385°: Relativamente à primeira parcela, o INAG já havia obtido o acordo do proprietário para o avanço dos trabalhos?

Provado. Convicção formada com base no depoimento da testemunha LC. V. resposta ao quesito n.° 34.

– Quesito 386°: Esse acordo desfez-se quando o empreiteiro pretendeu entrar na propriedade?

Provado. Convicção formada com base no depoimento da testemunha LC. V. resposta ao quesito n° 34.

– Quesito 387°: Existiam más relações do pessoal do Consórcio e seus subempreiteiros com os proprietários de terrenos?

Não provado. Os testemunhos produzidos sobre este quesito não permitem demonstrar o que nele se afirma. V. resposta ao quesito n° 34.

– Quesito 388°: Havendo embora alternativa à zona de trabalho seguinte, o subempreiteiro do Consórcio recusou-se a prosseguir?

Não provado, na medida em que, segundo a prova testemunhal, foi apenas sugerida pelo Dono da Obra uma alternativa que o subempreiteiro não considerou aceitável. V. resposta ao quesito n° 34.

– Quesito 388º-1: No tocante à parcela entre o Km 9+000 e a ribeira de Almargem, teve de ser introduzida uma alteração ao projecto, que consistiu na mudança da plataforma de trabalho de um lado do adutor para o outro?

Provado, com a especificação de que a alteração introduzida ao projecto não consistiu na mudança da plataforma de trabalho, mas, sim, na mudança da vala no espaço da plataforma. Convicção formada com base no depoimento da testemunha LC.

– Quesito 388º-2: Há muito que o Dono da Obra vinha alertando o Consórcio para a necessidade de estudar o modo de execução do trabalho nesse local, uma vez que o traçado do adutor coincidia com o caminho rural existente?

Provado. Convicção formada com base no depoimento da testemunha LC.

– Quesito 388º-3: A solução adoptada foi deslocar o eixo da conduta para fora do caminho, servindo este de plataforma de trabalho?

Provado. Convicção formada com base no depoimento da testemunha LC.

– Quesito 389º: Logo no início dos trabalhos, o Consórcio foi alertado pelo Dono da Obra para a necessidade de se identificarem os obstáculos existentes na plataforma de trabalho (postes, construções, etc.), com a antecedência necessária, para que a Fiscalização providenciasse em tempo útil no sentido da remoção desses obstáculos — em especial no que se refere às linhas de alta e média tensão, para as quais seria necessário solicitar à EDP a retirada dos postes e desvios das mesmas?

Provado. Convicção formada com base no depoimento da testemunha LC.

– Quesito 390º: Nesses casos a EDP teria de elaborar orçamento para a execução dos trabalhos, enviá-lo ao INAG para aprovação e prévio pagamento dos custos orçamentados, só depois executando os referidos trabalhos?

Provado. Convicção formada com base no depoimento da testemunha LC.

– Quesito 391º: É do conhecimento geral dos empreiteiros de obras públicas a morosidade dos procedimentos referidos no quesito anterior?

Provado. Convicção formada com base no depoimento da testemunha LC.

– Quesito 391º-1: A extensão da obra, a diversidade das condições topográficas ao longo dela, a execução e manutenção de caminhos e acessos às frentes da obra, a inclusão de, pelo menos, dois Invernos durante o prazo de execução da mesma, a manutenção de frentes de trabalho em condições de poderem receber tubos a qualquer hora, a dificuldade e vulnerabilidade do transporte dos tubos e a eventualidade de avarias no equipamento necessário à montagem dos mesmos — tornavam desrazoável não contar com o estabelecimento de stocks intermédios e estimar suficiente a capacidade de parque junto à fábrica?

Provado parcialmente: era razoável ter previsto o estabelecimento de stocks intermédios e a não suficiência da capacidade de parque junto à fábrica. Convicção formada com base em juízos de experiência e no depoimento da testemunha LC.

– Quesito 391º-2: Qualquer contingência ou situação imprevista obrigaria à paragem da frente de trabalho e à colocação em depósito provisório dos tubos em trânsito?

Não provado que toda e qualquer contingência tivesse essa consequência. Convicção formada com base nas regras da experiência.

– Quesito 392º: Para satisfazer as diversas condições de solicitação (pressão interna e solicitações permanentes e acidentais) a que a tubagem estaria sujeita ao longo da extensão do adutor, foi estabelecida pelo Consórcio uma gama de fabrico que contemplava 10 tipos diferentes de tubos?

Provado. Convicção formada com base no depoimento da testemunha LC.

– Quesito 393º: A situação referida no número anterior criou mais e maiores condicionalismos no planeamento do fabrico/montagem?

Provado. Convicção formada com base no depoimento da testemunha LC.

– Quesito 394º: O Consórcio decidiu iniciar a montagem da conduta pelo extremo mais afastado da obra em relação à localização da fábrica, e nos troços do adutor de maior dificuldade e acesso e topograficamente mais desfavoráveis (por se tratar dos terrenos mais acidentados da serra algarvia)?

Provado. Convicção formada com base no depoimento da testemunha LC.

– Quesito 395°: A colocação dos tubos iniciou-se em 30 de Maio de 1994, junto à chaminé de equilíbrio n° 2, no 2° troço?

Provado. Convicção formada com base no depoimento da testemunha LC.

– Quesito 396°: Desde o início dessa operação de colocação verificaram-se deficiências na montagem e escolha da junta tórica de borracha e também rendimentos necessariamente reduzidos?

Provado. Convicção formada com base no depoimento da testemunha LC.

– Quesito 397°: A situação referida no quesito anterior obrigou à retirada de tubos assentes e à sua ulterior recolocação?

Provado. Convicção formada com base no depoimento da testemunha LC.

– Quesito 398°: Dos 746 tubos colocados no 2° troço foram removidos e recolocados 198, ou seja, 26,5% de tubos que foram originariamente mal montados?

Provado, com o esclarecimento de que os 26,5% referidos no quesito não respeitam a todo o adutor, mas apenas ao troço em causa (que tinha cerca de 1,2 km). Convicção formada com base no depoimento da testemunha LC.

– Quesito 399°: Só em finais de Novembro de 1994 o Consórcio abriu uma nova frente de montagem de tubos?

Provado. Convicção formada com base no depoimento da testemunha LC.

– Quesito 400°: Pode-se retirar do registo constante do artigo 310° da contestação que essa nova frente funcionou sempre de forma muito irregular?

Provado. Convicção formada com base no depoimento da testemunha LC.

– Quesito 401º: E que só em Março e Abril de 1995 existiram com permanência duas frentes de trabalho?
Provado. Convicção formada com base no depoimento da testemunha LC.

– Quesito 402º: Desde o início dos trabalhos o Dono da Obra fez sentir ao Consórcio a necessidade de abrir com urgência uma segunda frente de trabalhos perto da fábrica com condições favoráveis à obtenção de altos rendimentos?
Provado. Convicção formada com base no depoimento da testemunha LC.

1.2.2. O túnel da Gafa

44. *Z60)* Em Dezembro de 1991, logo após a adjudicação, o Dono da Obra (DGRN) solicitou, informalmente, ao Consórcio que estudasse e comparasse, do ponto de vista técnico e económico, a solução adjudicada, de execução do adutor integralmente em tubos de betão pré--esforçado com alma de aço, com uma solução alternativa, de realização do adutor parcialmente (cerca de 13 Km) em túnel (conhecido como o "túnel da Gafa") entre a albufeira de Beliche e as proximidades da ribeira de Almargem.

Z61) A hipótese do "túnel da Gafa" representava uma concepção geral da obra completamente diferente da contratada entre o Dono da Obra e o Consórcio.

Z62) A execução de uma obra subterrânea como o "túnel da Gafa", com cerca de 13 Km de comprimento, determinava escolhas de meios humanos e de meios mecânicos muito diferentes das requeridas pela realização do adutor integralmente por conduta.

Z63) A hipótese do "túnel da Gafa" já tinha sido objecto de um parecer geológico-geotécnico realizado pela Hidroprojecto, que o havia entregue, em Dezembro de 1986, à Direcção-Geral dos Recursos e Aproveitamentos Hidráulicos, no âmbito do projecto de "Abastecimento de Água no Sotavento Algarvio — Adução Beliche/Tavira — Túnel da Gafa".

Z64) Em 28 de Fevereiro de 1992, o Consórcio enviou ao Dono da Obra esse estudo técnico-económico, através da sua carta 169/DIED/92.

Z65) Uma obra com as características da do "túnel da Gafa" tinha, pela sua especificidade, de recorrer a uma lista de preços novos diferente da que foi apresentada a concurso.

Z66) No seu estudo de 28 de Fevereiro de 1992, o Consórcio incluiu essa nova lista de preços.

Z67) Ainda no estudo referido no artigo anterior, concluía-se que, a valores constantes, a solução do "túnel da Gafa" exigia um investimento total de 12.175.460 contos contra os 13.247.010 contos exigidos para a execução da solução-base posta a concurso.

Z68) Foi, no entanto, feito pelo Consórcio um estudo a valores actualizados, no qual se concluiu que os grandes investimentos iniciais previstos para a solução "túnel da Gafa" penalizavam financeiramente esta, no confronto com os custos da solução-base, em cerca de 8%.

Z69) No estudo do Consórcio conclui-se igualmente que a solução do "túnel da Gafa" tinha como principais vantagens: deixava o túnel desde logo equipado para transportar um caudal de 25 m3/s, ou seja, o caudal total previsto para o projecto geral; acarretava fracos impactos ambientais e uma integração paisagística sem problemas; oferecia maior segurança de funcionamento do sistema.

Z70) Entre Dezembro 1991 e Julho de 1992, existiu a possibilidade séria de a decisão do Dono da Obra sobre o modo de execução do adutor Beliche/ETA de Tavira recair sobre a solução denominada "túnel da Gafa".

Z71) Em 24 de Agosto de 1992, a DGRN informou o Consórcio de que optava pela solução adjudicada em detrimento da solução técnica alternativa estudada do "Túnel da Gafa.

– Quesito 41º: O prazo de tempo que decorreu entre a solicitação do estudo da solução "túnel da Gafa" — Dezembro de 1991 — e a entrega do mesmo — 28 de Fevereiro de 1992 — revela a necessidade que o Consórcio sentiu de ver levantadas as indeterminações que impediam o início dos trabalhos do sistema adutor?

Provado parcialmente: o Consórcio elaborou e apresentou o estudo da solução Gafa num prazo curto e inferior àquele que lhe tinha sido atribuído. Convicção formada com base no depoimento das testemunhas SR e CB.

– Quesito 42º:

[Este quesito foi eliminado.]

– Quesito 43º: O Consórcio não podia sem a decisão do INAG sobre a hipótese do "túnel da Gafa" tomar posição sobre os seguintes aspectos: projecto a desenvolver; investimentos a concretizar; equipa técnica a escolher; recursos humanos a mobilizar; e, por último, equipamentos a utilizar?

Provado. Convicção formada com base nos depoimentos das testemunhas AL, CB e SR.

– Quesito 44º: A incerteza sobre a decisão a tomar pelo Dono da Obra sobre a solução do "túnel da Gafa" impediu o Consórcio, até conhecer essa decisão, de desenvolver e executar o projecto posto a concurso?

Provado parcialmente: a incerteza sobre a decisão a tomar pelo Dono da Obra sobre a solução Túnel da Gafa explica, segundo critérios de razoabilidade, que o Consórcio, até conhecer essa decisão, não tenha desenvolvido e executado o projecto adjudicado, a não ser em aspectos marginais. Convicção formada com base nos depoimentos das testemunhas AL, CB e SR, bem como na apreciação dos documentos 3-F e 4-F juntos pelos RR. na fase de instrução.

– Quesito 45º: O Dono da Obra reconheceu que a falta de decisão sobre a solução do "túnel da Gafa" justificava uma posição de expectativa por parte do Consórcio?

Provado. Convicção formada a partir do documento junto pelas AA. sob o nº 32 à petição inicial, não infirmado pela prova testemunhal.

– Quesito 46º: Seria um atentado aos interesses do Estado e dos contribuintes desenvolver os trabalhos programados inicialmente, para, mais tarde, os mesmos terem de vir a ser abandonados e desperdiçados caso o Dono da Obra optasse pela execução do "túnel da Gafa"?

Provado parcialmente: é razoável supor que se as obras se iniciassem segundo uma concepção e, mais tarde, o Dono da Obra optasse por outra concepção, os interesses do Estado e dos contribuintes seriam significativamente afectados.

– Quesito 403º: Em 7 de Maio de 1992, data da primeira consignação parcial da obra de adução Beliche/ETA de Tavira, o Consórcio não formulou qualquer reserva quanto ao facto de não haver ainda uma decisão final do Dono da Obra sobre a solução alternativa do "túnel da Gafa"?

Provado. Convicção formada com base nos depoimentos das testemunhas CB e LC.

– Quesito 403º-1: Nunca o Dono da Obra deu qualquer indicação ao Consórcio no sentido da suspensão provisória dos trabalhos até à decisão final sobre a solução Túnel da Gafa?

Provado. Convicção formada com base no depoimento da testemunha LC.

– Quesito 403º-2: O Consórcio poderia ter iniciado os trabalhos da adução pela parte da obra comum às duas soluções, visto que subsistiam cerca de 10 km em conduta que eram comuns à solução adjudicada e à alternativa estudada?

Não provado: não era razoável, à luz da experiência comum, ainda que fosse possível no plano físico, que o Consórcio iniciasse os trabalhos da última parte da obra de adução Beliche/ETA de Tavira sem serem conhecidas as características da primeira parte da mesma obra, até porque, sendo patente para o Consórcio a incerteza e indefinição que existiam no âmbito do Estado sobre o Túnel da Gafa, o Dono da Obra não pode agora pretender que naquela altura esperava que o Consórcio iniciasse no terreno a execução da Proposta Variante-B como se tudo estivesse definido.

– Quesito 404º: Durante o período do estudo da alternativa em túnel por parte do Dono da Obra, foram feitos ao Consórcio vários pedidos de indicação do estado de elaboração dos projectos de execução da obra e planeamentos de trabalhos?

Provado. Convicção formada com base no depoimento da testemunha LC, bem como nos documentos juntos pelos RR. à contestação sob os n.ºs 18, 19, 21 e 40.

– Quesito 405º: Em 10 de Novembro de 1992, na sua carta nº 105//CO/92, o Consórcio apresentou, pela primeira vez, como uma das justificações para o atraso dos trabalhos, a falta de decisão sobre a variante túnel, nos termos referidos na transcrição constante do artigo 327º da contestação?

Provado. Convicção formada com base no documento junto pelos RR. à contestação sob o n° 45, não infirmado pela prova testemunhal.

– Quesito 406°: Em 20 de Novembro, o Dono da Obra respondeu à carta do Consórcio referida no quesito anterior nos termos da transcrição constante do artigo 328° da contestação?

Provado. Convicção formada com base no documento junto pelos RR. à contestação sob o n° 46, não infirmado pela prova testemunhal.

1.2.3. Principais alterações introduzidas ao projecto da variante-B

45. *Z72)* A dimensão e complexidade do projecto da obra de adução Beliche/ETA de Tavira exigiam da parte do Dono da Obra a apreciação, comentário e procura de soluções de modo a atingir da maneira mais vantajosa, tanto do ponto de vista técnico como económico, os objectivos previstos para o empreendimento.

Z73) Após a adjudicação, o Dono da Obra solicitou ao Consórcio Odeleite o desenvolvimento de vários projectos, dos quais resultou uma série de alterações em relação ao projecto definido pelo empreiteiro na sua Variante-B. Essas alterações foram as seguintes: — *alteração do traçado do túnel Beliche-EE1*; com o alteamento da cota da soleira de entrada reduziram-se as quantidades de escavações necessárias e o comprimento total do túnel (que passou de cerca de 615 m para cerca de 328 m); por outro lado, a orientação do túnel aproximou-se do encontro direito da barragem de Beliche; doutra banda, o recobrimento médio ponderado passou dos 32 m para 25,2 m; finalmente, o túnel passou a ser totalmente revestido.

Z74) — *introdução de filtros nas derivações para rega*; os quais, implicando perdas de pressão na água superiores às previstas na Proposta Variante-B, obrigaram ao aumento da altura necessária de elevação de água na EE1 e, consequentemente, também ao aumento da potência das bombas a integrar nela.

Z75) — *substituição dos grupos de bombas da Scan-Pump, por grupos de bombas da marca Worthington com motores Siemens*, o que implicou, por um lado, alterações profundas em termos de "lay-out" e de arranjos exteriores da EE1 (particularmente no que toca às dimensões das naves dos grupos e do edifício de exploração), e, por outro lado, aumentos significativos nos diâmetros das condutas de aspiração.

Z76) — introdução do telecomando do sistema adutor;

Z77) — dimensionamento, por exigência da EDP, *de uma plataforma adicional para a subestação eléctrica da EE1;*

Z78) — inclusão, também por exigência da EDP, *de filtros nas harmónicas da EE1 para melhoria e segurança da rede pública;*

Z79) — alteração da localização da ETA de Tavira, com implicações em termos altimétricos, de implantação e de adaptação de todas as obras e equipamentos a jusante da EE2, inclusive.

Z80) As alterações ao projecto apresentado na Proposta Variante-B do Consórcio referidas nos artigos anteriores obrigaram o projectista deste, a empresa Prosistemas, a situar-se ao nível de desenvolvimento de projecto correspondente à fase que a Portaria de 7 de Fevereiro de 1972 qualifica como "programa-base" e, a partir daí, a refazê-lo na sua maior parte.

Z81) O Consórcio executou alguns trabalhos novos que não estavam previstos no projecto por ele apresentado na sua Proposta Variante-B; foram eles: a construção da EE3, por um lado, e uma conduta de água de ligação desta à ETA de Tavira, por outro.

Z82) As alterações introduzidas à Proposta Variante-B conduziram a soluções mais vantajosas para o Dono da Obra quer do ponto de vista das soluções técnicas encontradas quer do da minimização dos custos de exploração da rede.

– Quesito 47°: A Proposta Variante-B do Consórcio previa a introdução de uma torre de tomada de água na albufeira do Beliche?

Provado que a Proposta Variante-B previa uma torre de tomada de água como uma de duas soluções alternativas à solução do emboquilhamento directo prevista na solução base posta a concurso — a outra solução alternativa era a designada "testa porticada" (documento n.º 12 junto pelos RR. à contestação, pp. 14 a 16). Só entre Novembro de 1992 e Fevereiro de 1993 o Dono da Obra optou pela realização da torre de tomada de água. Convicção formada com base no depoimento da testemunha SR e nos documentos juntos pelos RR. sob os n.ºs 12 à contestação, 23 pós-contestação e 1-G.

§ 3.º – Da Decisão da Causa e sua Fundamentação   91

– Quesito 48º: A Proposta Variante-B do Consórcio previa a execução do adutor entre a EE2 e o Reservatório de Santo Estêvão?

Não provado. A Proposta Variante-B não previa a continuação de um adutor de D=2,500m entre a EE2 e o Reservatório de Santo Estêvão, mas apenas a construção de um «pequeno adutor» de D=1,500m entre a EE2 e um reservatório terminal. Convicção formada com base na ponderação global da prova produzida, designadamente no depoimento da testemunha SR e nos documentos juntos pelos RR. sob os n.ºs 12 à contestação e 23 pós-contestação.

– Quesito 49º: A Proposta Variante-B do Consórcio previa a introdução do Reservatório de Santo Estêvão como órgão da parte terminal do sistema de adução Beliche/ETA de Tavira?

Não provado. Estava previsto um pequeno reservatório colinar (de cerca de 20.000m3) com funções de comando para o sistema de rega, bem diferente do grande reservatório terminal (de cerca de 150.000m3) que veio a ser executado em local diverso. Convicção formada com base no depoimento da testemunha SR.

– Quesito 50º: As alterações verificadas ao definido na Proposta Variante-B do Consórcio tiveram por objectivo corrigir defeitos básicos do projecto inicialmente posto a concurso?

Provado parcialmente. Além de alterações destinadas a corrigir defeitos básicos do projecto inicialmente posto a concurso, também houve alterações destinadas a corrigir insuficiências da Proposta Variante-B e, bem assim, alterações ditadas pela necessidade de resolver questões novas impostas pelo Dono da Obra ou surgidas do diálogo entre as partes. Convicção formada com base nos depoimentos das testemunhas SR e LC.

– Quesito 407º: Dizia-se no ponto 6 do volume 1. Vb. (Tomo I — "Peças Escritas — Descrição e Análise Crítica do Projecto Patenteado") da proposta do Consórcio, sob a epígrafe «Estudos e projectos a elaborar após adjudicação da obra e respectiva metodologia», o referido e transcrito no artigo 343º da contestação?

Provado. Convicção formada com base no documento junto pelos RR. à contestação sob o nº 11, não infirmado pela prova testemunhal.

– Quesito 408º: Decorre do trecho da proposta do Consórcio transcrito no artigo da contestação indicado no quesito anterior que este não ignorava a necessidade de elaboração de variados estudos e, naturalmente, dos projectos de execução das diversas componentes da obra indispensáveis à satisfação dos objectivos do contrato?

Provado, sem prejuízo de se ter provado também que os estudos referidos neste quesito eram apenas os destinados à elaboração dos projectos de execução da Proposta Variante-B e não os estudos que vieram a ser necessários em consequência das alterações à Proposta Variante-B acordadas entre as partes. Convicção formada com base nos depoimento das testemunhas LC e CB, bem como no documento junto pelos RR. sob o n.º 11, pp. 71-75.

– Quesito 409º: Também na Memória Descritiva da sua proposta o Consórcio reconheceu que, face à impossibilidade de estudar, na fase de concurso, com o cuidado e pormenor requeridos, a concepção geral da obra apresentada, esta teria necessidade de mais e circunstanciada pormenorização e definição após a adjudicação?

Provado, com o esclarecimento dado no quesito anterior. Convicção formada com base no documento junto pelos RR. à contestação sob os n.ºs 11 (p. 24) e 12 (pp. 18, 32, 42 e 43).

– Quesito 410º: Isso veio a ser feito através de Memórias Técnicas individualizadas para os principais órgãos da Adução (as Estações Elevatórias, o Adutor e o Reservatório Terminal)?

Provado parcialmente. Em parte, as Memórias Técnicas corresponderam à necessidade de concretização de aspectos requeridos pela execução da Proposta Variante-B — representando, nessa medida, estudos que desde o início já se sabia que teriam de ser feitos. Noutra parte, porém, as Memórias Técnicas corresponderam à necessidade de estudar em pormenor novas soluções determinadas pelo Dono da Obra em consequência de reuniões efectuadas com o Consórcio (designadamente no segundo semestre de 1992).

§ 3.º – Da Decisão da Causa e sua Fundamentação   93

Convicção formada com base nos depoimentos das testemunhas CB, SR e LC.

– Quesito 411º: A primeira peça do projecto que o Consórcio apresentou para caracterizar e pormenorizar a concepção geral da obra foi elaborada em Setembro de 1992 e apresentada em 28 do mesmo mês?

Provado. Convicção formada com base no documento junto pelos RR. pós-contestação sob o n.º 23, não infirmado pela prova testemunhal — embora do documento não resulte que a apresentação tenha tido lugar no dia 28 de Setembro.

– Quesito 412º: Só passados dez meses sobre a adjudicação (Dezembro de 1991) e quatro meses depois da consignação da obra de adução (Maio de 1992) é que foram apresentados pelo Consórcio os primeiros elementos significativos e essenciais do projecto?

Provado. Convicção formada com base nos depoimentos das testemunhas CB, SR e LC.

– Quesito 413º: Anteriormente a Setembro de 1992, só haviam sido presentes ao Dono da Obra estudos e soluções para a execução de elementos parcelares do traçado do adutor, como sejam as travessias da VLA e um primeiro estudo do troço do adutor entre as ribeiras de Almargem e Séqua?

Provado. Convicção formada com base nos depoimentos das testemunhas CB, SR e LC.

– Quesito 413º-1: A principal alteração à concepção geral da obra constante da Proposta Variante-B adjudicada diz respeito ao esquema final do adutor: da EE2 acabou por sair uma única conduta, com D=2500mm, para o Reservatório de Santo Estêvão, deste partindo uma outra conduta, com D=1200mm, para a ETA de Tavira, ao passo que na concepção inicial da EE2 saíam dois colectores — um, de D=2500mm, para o referido reservatório, e outro, de D=1200mm, para a ETA de Tavira?

Não provado. As principais alterações à concepção geral da obra constante da Proposta Variante-B consistiram: por um lado, na mudança de localização e cota da ETA; por outro, na mudança de localização, capacidade e função do Reservatório de Santo Estêvão. Além disso, verifica-se ainda que da EE2 acabou por sair uma única conduta, com D=2.500m, para o Reservatório de Santo Estêvão, deste partindo uma

outra conduta, com D=1200m, para a ETA de Tavira, ao passo que, na concepção da Variante-B, da EE2 saía um colector de D=1.500m para um reservatório e, daquele mesmo colector de D=1.500m, saía um outro, de D=1.200, para a ETA de Tavira. Convicção formada com base no depoimento da testemunha SR.

– Quesito 414°: Na proposta de Programa de Trabalhos que o Consórcio elaborou em Outubro de 1992 incluíam-se os seguintes elementos da obra de adução: Tomada de Água no Beliche; Reservatório de Santo Estêvão; Adutor EE2-Reservatório de Santo Estêvão; Adutor EE2-ETA de Tavira; e, por último, Sistema de Controlo e Supervisão?

Provado. Convicção formada com base no documento junto pós-contestação pelos RR. sob o n.° 75, não infirmado pela prova testemunhal.

– Quesito 415°: As obras referidas no quesito anterior não estavam consideradas no valor contratual global da empreitada?

Provado. Convicção formada com base nos depoimentos das testemunhas CB e LC.

– Quesito 416°: De uma análise sumária do orçamento do Consórcio para os trabalhos previstos na sua Proposta Variante-B pode-se concluir que as obras a que se referem os dois quesitos anteriores foram aí deliberadamente omitidas para diminuir o valor dessa Proposta e, em consequência, provocar o aumento significativo dos trabalhos a mais necessários à realização da empreitada?

Não provado, com o esclarecimento de que deveria ter sido prevista a ligação à ETA de Tavira. Convicção formada com base nos depoimentos das testemunhas CB e LC.

– Quesitos 417° a 420°: Designadamente, verifica-se:

– que as quantidades de trabalhos para a realização dos movimentos de terras e obras de betão para instalação do adutor consideradas pelo Consórcio na sua variante foram, em comparação com as previstas no concurso, as que vêm referidas na alínea a) do artigo 367° da contestação?

– que essas quantidades representam, a preços médios contratuais, uma redução de cerca de 287.616 contos ao valor da proposta, a preços de Junho de 1991?

– que no capítulo 3.4 — Adutora — Acabamentos de Edifícios, da lista de preços da proposta, a diminuição das quantidades de trabalho entre a proposta base, no valor global de 216.570 contos, e a variante traduz-se numa redução desta última em cerca de 155.652 contos (também a preços de Junho de 1991)?

– que no Capítulo 3.5 — Adutora — Rede de Água e Esgotos, a redução é de 50% em relação ao valor da proposta base?

Provado apenas que as quantidades de trabalhos da Proposta Variante-B eram, em alguns aspectos, inferiores às da solução base posta a concurso. Todavia, em face da prova produzida, não é possível quantificar com rigor essa diferença; por outro lado, as comparações feitas nestes quesitos não são relevantes para o fim tido em vista, já que as soluções comparadas (solução base e Proposta Variante-B) eram estruturalmente diferentes em aspectos fundamentais (por exemplo, a Proposta Variante-B continha menos duas Estações Elevatórias do que a Solução Base). Convicção formada com base nos depoimentos das testemunhas CB e LC, bem como nos documentos juntos pelas AA. em 15 de Abril de 1998 e nos documentos 2-G a 5-G juntos pelos RR..

1.2.4. O túnel Beliche/EE1 e respectivo traçado

46. *Z83)* Na reunião de 16 de Julho de 1992, o Consórcio solicitou ao Dono da Obra as coordenadas da boca de entrada do Túnel Beliche-EE1.

Z84) Em 20 de Agosto de 1992, a DGRN esclareceu que não existia nenhuma definição precisa das coordenadas da boca de entrada do túnel Beliche-EE1 e, por outro lado, preconizou que a questão devia ser apreciada no local de execução dos trabalhos, em reconhecimento a efectuar com a colaboração do projectista do Consórcio.

Z85) Em 21 de Agosto de 1992, foi feito o reconhecimento do local do emboquilhamento de montante do túnel e da localização da torre de tomada de água, na albufeira do Beliche.

Z86) Em 5 de Novembro de 1992, o Consórcio entregou para apreciação a Memória Técnica T75.10.4/6 relativa ao túnel Beliche/EE1, ficando a mesma a aguardar aprovação do Dono da Obra.

Z87) Em 23 de Abril de 1993, o Consórcio apresentou ao Dono da Obra o Estudo Prévio 03/TAB/T75.06.2 relativo à tomada de água do Beliche e ao respectivo acesso.

Z88) Na carta 454/CO/93, de 22 de Maio de 1993, e face à urgência sentida em iniciar os trabalhos, o Consórcio escreveu ao Dono da Obra: *"Parece-nos que, nesta altura dos trabalhos, quando o Dono da Obra e Consórcio pretendem dar início, com urgência, aos trabalhos do adutor, não podemos, por cada trabalho, e neste caso trabalhos extracontratuais, proceder a análises exaustivas de todas as soluções e processos construtivos, sob pena de comprometermos, irremediavelmente, a conclusão da obra no seu todo".*

Z89) No ofício nº 207/PS, de 30 de Maio de 1993, o INAG informou o Consórcio que passaria a consultar a Hidroprojecto, como sua assessora, para *"verificação do projecto e assistência técnica às obras"*, acrescentando também que *"não (estava) em causa a seriedade do trabalho realizado"* pelo Consórcio mas as *"suas implicações"*.

Z90) Em 26 de Julho de 1993, através do ofício 260/PS, o Dono da Obra declarou ao Consórcio que optava pela solução de localização da torre de tomada de água preconizada na nota técnica da Hidroprojecto, facto que, implicando uma redução do comprimento do túnel de 615 m para 328 m, determinava também que se deveria abandonar o traçado definido no Projecto de Execução do túnel Beliche-EE1 apresentado pelo empreiteiro.

Z91) Em 15 de Outubro de 1993, juntamente com a apreciação técnica das soluções do projectista do Consórcio, a Prosistemas, o Dono da Obra comunicou ao empreiteiro que se iria iniciar muito em breve uma campanha de sondagens.

Z92) Em 3 de Novembro de 1993, através do ofício nº 411/PS, o INAG declarou ao Consórcio que, por um lado, tinha em curso um programa de prospecção mecânica cujos resultados deveriam estar disponíveis durante a primeira quinzena de Dezembro desse mesmo ano e que, por outro lado, já se pronunciara sobre a tomada de água na albufeira do Beliche, *"estando agora o Consórcio a detalhar a solução A de acordo com a orientação traçada na reunião de 16/10/1993"*.

Z93) Em 13 de Abril de 1994, através da carta 309/CO/94, o Consórcio anunciou ao INAG a sua intenção de iniciar os trabalhos de escavação subterrânea do túnel Beliche-EE1 a partir do dia 18 de Abril desse ano.

§ 3.º – Da Decisão da Causa e sua Fundamentação   97

Z94) Em 6 de Junho de 1994, através do oficio 132/FISC/94, o INAG aprovou o projecto estrutural da tomada de água do Beliche.

Z95) Em 25 de Julho de 1994, através do oficio 204/FISC/94, o INAG fixou os preços do equipamento electromecânico da torre de tomada de água.

Z96) Em 3 de Agosto de 1994, o Consórcio aceitou os preços fixados pelo INAG, referindo, contudo, na sua carta 739/CO/94, que o fazia tendo em vista *"o desbloqueamento desta situação que a manter-se irá comprometer irremediavelmente a conclusão da torre de tomada de água, situação que o Consórcio pretende evitar"*.

Z97) Em 31 de Março de 1995, através do oficio 120/FISC/95, o INAG aprovou desenhos relativos à blindagem do troço final do túnel Beliche-EE1.

Z98) O Dono da Obra definiu nos documentos do concurso três zonas geotécnicas predominantes em toda a empreitada: a zona ZG1, correspondente ao ambiente geotécnico de escavação mais difícil e onerosa; a zona ZG2, correspondente a um ambiente geotécnico de dificuldade intermédia; e, finalmente, a zona ZG3, correspondente ao ambiente geotécnico mais favorável à escavação em túnel, devido, essencialmente, a uma menor fracturação e alteração do maciço rochoso.

Z99) Num túnel executado predominantemente na zona geotécnica ZG3, seriam de esperar tempos de auto-sustentação superiores a 6 meses, e que poderiam mesmo ir até vários anos.

Z100) Por seu turno, num túnel executado com valores significativos das zonas geotécnicas ZG1 e ZG2, haveria que admitir tempos de auto-sustentação inferiores a uma semana.

Z101) As quantidades de trabalho e as quantidades de materiais utilizados na construção de um túnel variam significativamente de acordo com a realidade geotécnica encontrada.

– Quesito 51º: Dos volumes de betão indicados nas quantidades de trabalho referidas no Caderno de Encargos para a execução do túnel Beliche-EE1 decorria que este seria apenas parcialmente revestido e que o maciço rochoso a escavar era de boa qualidade?

Provado parcialmente: o túnel seria apenas parcialmente revestido e, predominantemente, de boa qualidade. Convicção formada com base nos depoimentos das testemunhas CB, LC e AC.

– Quesito 52º: O Consórcio apresentou a memória descritiva e os processos construtivos do túnel Beliche-EE1, por um lado, e elaborou os preços correspondentes, por outro, convicto de que os pressupostos referidos no número anterior correspondiam minimamente ao trabalho a executar?

> **Provado parcialmente. O Consórcio baseou-se nos dados fornecidos pelo Dono da Obra (os únicos dados concretos e objectivos de que dispunha no momento), mas sabia que, em casos deste tipo, pode haver surpresas, e que os dados constantes do Caderno de Encargos eram, provavelmente, incompletos (cfr. documento n.º 6 junto pelos RR. à contestação); o Consórcio sabia, outrossim, que os dados do Dono da Obra se baseavam apenas numa observação visual da superfície do terreno e não num estudo geológico em profundidade (documento junto pelos RR. à contestação sob o n.º 11, pp. 24 e 78). Finalmente, está provado pela Proposta Variante-B que o Consórcio apresentou nela preços diferentes para ZG1, ZG2 e ZG3.**

– Quesito 53º: A realidade geotécnica que o Consórcio havia previsto encontrar na execução do túnel Beliche-EE1 em face das quantidades de trabalho indicadas nos documentos do concurso e a realidade geotécnica que efectivamente encontrou correspondem, para as zonas ZG1, ZG2 e ZG3, aos vários valores percentuais indicados no gráfico representado no artigo 239.1.5 da petição inicial?

> **Provado parcialmente. Os dados constantes do gráfico representado no artigo 239.1.5. da petição inicial são rigorosos. Mas o critério que serviu de base à elaboração desse gráfico não é o mais relevante. O critério mais relevante é o da comparação entre as quantidades de trabalhos previstas na Proposta Variante-B (ligeiramente diferentes das apresentadas nos documentos do concurso) para o túnel que aí se previa realizar (615 m) e as quantidades reais medidas e facturadas pelo Consórcio no túnel que veio a ser efectivamente executado (328 m). Com base nele, os números correctos são os seguintes: ZG1 (previsto 10%, real 9%); ZG2 (previsto 22%, real 34%); ZG3 (previsto 68%, real 57%). Ao fazer estas comparações deve, pois, ter-se em conta que o túnel executado foi consideravelmente mais curto do que o túnel**

previsto, sendo que aumentaram as quantidades percentuais de ZG2 e diminuíram as de ZG3. Convicção formada com base no depoimento da testemunha LC.

– Quesito 54°: Do confronto entre os valores indicados para a realidade prevista e para a que foi executada resulta que é nesta última que se registam as percentagens mais elevadas das zonas geotécnicas desfavoráveis (ZG1 e ZG2)?

Provado parcialmente. Segundo o melhor critério referido na resposta ao quesito anterior, na realidade que foi executada a percentagem de ZG2 foi mais elevada do que a prevista — o mesmo não acontecendo, porém, com a de ZG1, que diminuiu.

– Quesito 55°: Na configuração do túnel Beliche-EE1 prevista no projecto do concurso observava-se um túnel predominantemente executado em zona ZG3 e com uma única descontinuidade?

Provado. Convicção formada com base no depoimento da testemunha CB, bem como no documento junto pós-contestação pelos RR. sob o n.° 112.

– Quesito 56°: Na configuração do túnel Beliche-EE1 que veio a ser decidida pelo Dono da Obra observava-se um túnel heterogéneo e com várias descontinuidades?

Provado, com o esclarecimento de que em vez de uma falha existiam duas. Convicção formada com base nos depoimentos das testemunhas CB e LC.

– Quesito 57°: A modificação do traçado do túnel decidida pelo Dono da Obra, motivando interrupções para proceder à realização de operações de entivação em frequência superior às que haviam sido previstas pelo Consórcio ante os documentos do concurso, conduziu também, e por conseguinte, ao abrandamento dos trabalhos das escavações?

Provado parcialmente. A modificação do traçado do túnel motivou interrupções para proceder a operações de entivação com frequência superior às que o Consórcio previra em face dos documentos do concurso, mas o túnel efectivamente executado foi mais curto e rectilíneo do que o previsto na Proposta Variante-B. V. resposta aos quesitos 53.° e 54.°.

– Quesito 58º: As diferenças entre as quantidades de materiais previstas pelo Consórcio para execução do túnel Beliche-EE1 resultante do projecto posto a concurso e as quantidades efectivamente empregues no traçado que acabou por ser executado correspondem aos valores indicados no gráfico representado no artigo 239.2.2 da petição inicial?

Provado parcialmente: as quantidades de materiais necessárias à execução do túnel aumentaram significativamente, embora não esteja provado que o aumento tenha sido exactamente o referido no quadro da petição inicial para que remete este quesito (designadamente, quanto a costelas metálicas para entivação, não foi superior a 932%), e com o esclarecimento de que a comparação em causa é dificultada pelo facto de o segundo túnel ser não só mais curto do que o primeiro como também totalmente revestido. Convicção formada com base nos depoimentos das testemunhas CB e LC.".

– Quesito 59º: Desses valores resulta também a enorme diferença entre o que se previu e o que se executou?

V. resposta ao quesito anterior.

– Quesito 60º: O Dono da Obra não tinha previsto para o túnel Beliche-EE1 constante do projecto posto a concurso a realização de injecções de consolidação?

Provado, com o esclarecimento de que a cláusula 42.1.1.4.7. do Caderno de Encargos se referia a eventuais injecções de consolidação, mas tinha natureza genérica; por outro lado, quanto ao túnel Beliche/EE1, não havia nenhuma referência específica a injecções de consolidação (por falta do estudo geológico necessário), sendo certo que, em relação a outra obra da mesma empreitada (barragem de Odeleite), existia uma referência específica a esse tipo de injecções com base no necessário estudo geológico. Convicção formada com base no depoimento da testemunha CB.

– Quesito 61º: O Consórcio suportou com o túnel Beliche-EE1 efectivamente executado os custos adicionais descritos no Anexo nº 13 à sua petição inicial?

V. resposta aos quesitos 202º e seguintes.

§ 3.º – Da Decisão da Causa e sua Fundamentação   101

– Quesito 421.º: No que toca às coordenadas da boca de entrada do túnel Beliche-EE1, o Consórcio sabia perfeitamente que o traçado previsto na sua Variante-B era diferente do traçado da solução base — e portanto da sua responsabilidade quanto à definição pretendida?

Provado, nos termos do documento junto pelos RR. pós--contestação sob o n.º 76, não infirmado pela prova testemunhal.

– Quesito 422.º: e, por outro lado, também não ignorava que, tanto para uma como para outra solução, o nível de desenvolvimento dos estudos não fora levado até ao pormenor da definição das coordenadas do respectivo traçado?

Provado, com o esclarecimento de que houve, na altura, um pedido do Consórcio de definição pormenorizada das coordenadas da boca de entrada do túnel. Convicção formada com base no depoimento da testemunha LC.

– Quesito 423.º: Na Memória Técnica T75.10.4/6, relativa ao túnel Beliche/EE1, que, em 5 de Novembro de 1992, o Consórcio entregou ao Dono da Obra para apreciação, propunha-se uma alternativa ao traçado inicial constante da Proposta Variante-B?

Provado pelo documento junto pelos RR. pós-contestação sob o n.º 78, não infirmado pela prova testemunhal.

– Quesito 424º: Essa alternativa consistia em o túnel ter mais 50 m de desenvolvimento e incluir cerca de 300 m de extensão em curva?

Provado pelo documento junto pelos RR. pós-contestação sob o n.º 78, não infirmado pela prova testemunhal.

– Quesito 425º: Em 10 de Novembro de 1992, através do ofício nº 39/PS, o Dono da Obra deu conhecimento ao Consórcio da aprovação da nova solução de traçado proposto, para prosseguimento dos estudos a nível de projecto de execução, referindo, no entanto, que aquela Memória Técnica não abordava ainda o problema da tomada de água na albufeira do Beliche e seus equipamentos?

Provado pelo documento junto pelos RR. na contestação sob o n.º 48, não infirmado pela prova testemunhal.

– Quesito 426º: Recordava-se também que se tratava de uma estrutura fundamental de qualquer circuito hidráulico, devendo, por isso, o

Consórcio "*proceder rapidamente à elaboração do projecto desta infraestrutura e sua orçamentação*" e, por outro lado, mencionava-se que "*o projecto deverá ser precedido de um Estudo Prévio justificativo das opções propostas*"?

Provado pelo documento junto pelos RR. na contestação sob o n.º 48, não infirmado pela prova testemunhal.

– Quesito 427º: Em 11 de Dezembro de 1992 deu-se início à troca de informações com vista a definir o tipo de tomada de água a construir no Beliche?

Provado, com a precisão de que a data correcta é 11 de Novembro de 1992. Convicção formada com base no depoimento da testemunha LC.

– Quesitos 428º e 429º: Em reunião realizada em 15 de Fevereiro de 1993, com a presença dos projectistas do Consórcio, foi apresentada a solução que se pretendia propor para a tomada de água? Essa solução mereceu a aprovação de princípio do Dono da Obra?

Provados. Convicção formada com base nos documentos juntos pelos RR. à contestação sob o n.º 49 e na fase de instrução sob o n.º 1-G, não infirmados pela prova testemunhal.

– Quesito 430º: Em 22 de Fevereiro de 1993, o Consórcio fez a entrega do relatório geológico e geotécnico do túnel Beliche-EE1?

Provado. Convicção formada com base no documento junto pelos RR. à contestação sob o n.º 50, não infirmado pela prova testemunhal.

– Quesito 431º: Esse estudo foi apreciado pelo Dono da Obra na reunião de 15 de Abril de 1993, tendo este recomendado a realização de um programa complementar de prospecção, dado que o previsto pelo Consórcio não era de molde a fornecer os elementos necessários ao projecto de execução do túnel?

Provado. Convicção formada com base no documento junto pelos RR. à contestação sob o n.º 50, não infirmado pela prova testemunhal.

– Quesito 432º: Em 8 de Abril de 1993, o Dono da Obra solicitou que lhe fosse apresentada a solução técnica para a execução da ensecadeira na albufeira do Beliche e a estimativa orçamental para os trabalhos a mais na tomada de água e no emboquilhamento de jusante do túnel?

Provado. Convicção formada com base no documento junto pelos RR. à contestação sob o n.º 51, não infirmado pela prova testemunhal.

– Quesito 433º: Em 11 de Maio de 1993, como apreciação preliminar do Estudo Prévio 03/TAB/T75.06.2 relativo à tomada de água do Beliche (e ao respectivo acesso) e do estudo da ensecadeira, referia-se, no ofício nº 141/PS do Dono da Obra, o referido e transcrito no artigo 391º da contestação?

Provado. Convicção formada com base no documento junto pelos RR. à contestação sob o n.º 52, não infirmado pela prova testemunhal.

– Quesito 434º: Em 6 de Maio de 1993, o Consórcio entregou o Programa de Trabalhos da Tomada de Água e do túnel Beliche-EE1 ?

Provado, nos termos dos documentos juntos pelos RR. à contestação sob o n.º 53 e pós-contestação sob o n.º 79, não infirmados pela prova testemunhal.

– Quesito 435º: Nesse programa estabeleceu-se o calendário referido no artigo 392º da contestação?

Provado parcialmente (v. documento junto pelos RR. pós--contestação sob o n.º 79), com o esclarecimento de que as datas correctas são as seguintes: *revestimento do túnel* **— 1 de Março de 1994 a 31 de Maio de 1994;** *escavação da tomada de água* **— 1 de Março de 1994 a 31 de Março de 1994;** *equipamento da tomada de água* **— 15 de Setembro de 1994 a 15 de Novembro de 1994;** *ensecadeira* **— 15 de Outubro de 1993 a 31 de Dezembro de 1993.**

– Quesito 436º: Em 20 de Maio de 1993, foi discutido com a presença do projectista do Consórcio, o Estudo Prévio da tomada de água, tendo-se acordado fazer a avaliação de algumas soluções alternativas para a estrutura e geometria da torre sugeridas pelo Dono da Obra?

Provado. Convicção formada com base no documento junto pelos RR. à contestação sob o n.º 54, não infirmado pela prova testemunhal.

– Quesito 437º: Em 3 de Junho de 1993, o Consórcio informou o Dono da Obra que continuava a estudar a solução para a execução da ensecadeira?

Provado. Convicção formada com base no documento junto pelos RR. à contestação sob o n.º 55, não infirmado pela prova testemunhal.

– Quesito 438°: Em 7 de Junho de 1993, através do ofício n° 170/PS, o Dono da Obra insistiu na necessidade de avaliar comparativamente com outras soluções o custo estimado para a Tomada de Água proposta pelo Consórcio (310.000 contos)?

Provado. Convicção formada com base no documento junto pelos RR. à contestação sob o n.º 56, não infirmado pela prova testemunhal.

– Quesito 439°: Em Julho de 1993, o Consórcio entregou o projecto de execução do túnel Beliche-EE1 de acordo com o traçado que anteriormente havia sido proposto e aprovado na Memória Técnica T75.10.4/6?

Provado. Convicção formada com base no documento junto pelos RR. sob o n.º 1-I, não infirmado pela prova testemunhal.

– Quesito 440°: Entretanto, o Dono da Obra, com o apoio da Hidroprojecto, desenvolveu um estudo de solução que representava não só uma significativa redução dos custos globais daqueles dois elementos da obra como também um importante contributo para a garantia dos prazos de execução até então previstos?

Provado. Convicção formada com base nos documentos juntos pelos RR. sob os n.ºs 80 pós-contestação e 1-H, não infirmados pela prova testemunhal.

– Quesito 441°: Tinha-se em atenção na solução da Hidroprojecto a necessidade imperiosa de limitar o período de tempo de manutenção do nível da albufeira à cota estipulada contratualmente (32,5 m) durante a execução dos trabalhos na albufeira, traduzindo-se na redução do seu custo em cerca de 350.000 contos e ainda numa possível diminuição do prazo de execução da obra?

Provado. Convicção formada com base no documento junto pelos RR. pós-contestação sob o n.º 80 (p. 6), bem como com base no documento n.º 1-H, não infirmados pela prova testemunhal, com a rectificação de que o valor da redução do custo não é de 350.000 contos mas sim de 372.500 contos.

– Quesito 442º: Os valores que resultam da comparação da solução do Consórcio e da Hidroprojecto são os referidos no artigo 399º da contestação?

Provado. Convicção formada com base no documento junto pelos RR. pós-contestação sob o n.º 80, não infirmado pela prova testemunhal.

– Quesito 442º-1: Na reunião realizada no dia 26 de Julho de 1993 para discutir o projecto da Tomada de Água foi decidido adoptar, para prosseguimento dos estudos, a solução de localização preconizada pela Hidroprojecto, a qual já era do conhecimento do Consórcio?

Provado nos termos do documento junto pelos RR. pós--contestação sob o n.º 81, não infirmado pela prova testemunhal.

– Quesito 442º-2: Nas reuniões seguintes o Dono da Obra solicitou ao Consórcio informações sobre o andamento dos projectos da Tomada de Água?

Provado. Convicção formada com base no documento junto pelos RR. pós-contestação sob o n.º 60 pós-contestação, não infirmado pela prova testemunhal.

– Quesito 443º: Em 26 de Agosto de 1993, foi entregue pelo Consórcio a estimativa orçamental da ensecadeira, de acordo com o novo posicionamento da tomada de água, a qual veio a confirmar as previsões de custo realizadas para apoiar a decisão tomada sobre a solução do projecto?

Provado nos termos dos documentos juntos pelos RR. sob os n.ºs 82 e 83 pós-contestação e, bem assim, no documento (também junto pelos RR.) n.º 2-H, com o esclarecimento de que o custo estimado não foi de 45.000 contos, mas sim de 69.115 contos; de qualquer modo, este valor ficou claramente abaixo do valor estimado na solução inicial do Consórcio (215.000 contos).

– Quesito 444º: Em 9 de Setembro de 1993, o Consórcio entregou uma planta da zona da tomada de água, com a localização do túnel e da torre de tomada de água?

Provado nos termos dos documentos juntos pelos RR. sob o n.º 84 pós-contestação e n.º 3-H.

– Quesito 445°: Na reunião de 16 de Setembro de 1993, foi entregue ao Consórcio o relatório da prospecção geofísica do novo traçado do túnel?

Provado nos termos do documento junto pelos RR. sob o n.º 85 pós-contestação, com a rectificação de que a data correcta é 17 de Setembro de 1993.

– Quesito 446°: O referido relatório, em conjunto com os dados resultantes de estudos anteriores, era suficiente para fazer a revisão e actualização do projecto de execução do túnel segundo o novo traçado e com base no projecto anteriormente elaborado e apresentado pelo Consórcio?

Provado. Convicção formada com base no documento junto pelos RR. sob o n.º 4-H, não infirmado pela prova testemunhal.

– Quesito 447°: Em 24 de Setembro de 1993, o Consórcio enviou ao Dono da Obra um conjunto de desenhos onde propunha uma implantação para a tomada de água — incluindo ensecadeira e traçado do túnel — substancialmente diferente da que havia sido decidida anteriormente?

Provado, nos termos dos documentos juntos pelos RR. sob o n.º 87 pós-contestação e sob o n.º 2-I, não infirmados pela prova testemunhal.

– Quesito 448°: Os desenhos referidos no quesito anterior não foram acompanhados de qualquer nota explicativa dos motivos pelos quais fora abandonada a solução que estava acordada?

Provado, nos termos dos documentos juntos pelos RR. sob o n.º 87 pós-contestação e sob o n.º 2-I, não infirmados pela prova testemunhal.

– Quesito 449°: Em 14 de Outubro de 1993, o Dono da Obra informou o Consórcio que a albufeira de Beliche já se encontrava à cota de 32,5 m?

Provado nos termos dos documentos juntos pelos RR. pós-contestação sob os n.ºs 89 e 204, não infirmados pela prova testemunhal.

– Quesito 450°: Entretanto, decorriam os trabalhos na EE1, incluindo o emboquilhamento de jusante do túnel Beliche-EE1?

Provado. Convicção formada com base no depoimento da testemunha LC.

– Quesito 451°: O emboquilhamento referido no quesito anterior era a única frente de trabalho possível nesta fase, por constituir condição de arranque da escavação subterrânea do mesmo?

Provado. Convicção formada com base no depoimento da testemunha LC.

– Quesito 452°: Por conseguinte, os trabalhos de escavação do túnel Beliche-EE1 não eram, por natureza, afectados pela falta de projecto de execução aprovado antes de aqueles outros trabalhos estarem concluídos?

Provado parcialmente. Confirma-se que o início dos trabalhos de escavação do túnel não era afectado por falta de projecto de execução aprovado; porém, a conclusão desses trabalhos já podia ser afectada por essa falta. Convicção formada com base no depoimento da testemunha LC.

– Quesito 453°: Em 19 de Outubro de 1993, o Dono da Obra, através do seu ofício n° 386/PS, fez a apreciação da proposta de implantação e geometria da tomada de água do Consórcio, não concordando com o posicionamento proposto para a mesma?

Provado. Convicção formada com base no documento junto pelos RR. na contestação sob o n.° 57, não infirmado pela prova testemunhal.

– Quesito 454°: Na reunião de 21 de Outubro de 1993, o Consórcio solicitou ao Dono da Obra a indicação das coordenadas do centro da tomada de água e da ensecadeira?

Provado. Convicção formada com base no documento junto pelos RR. na contestação sob o n.° 58, não infirmado pela prova testemunhal.

– Quesito 455°: A este pedido o Dono da Obra respondeu com o ofício n° 391/PS, de 25 de Outubro de 1993, recordando os últimos desenvolvimentos do assunto e marcando uma reunião para a análise exaustiva dos problemas que se colocavam à implantação da tomada de água, localização e perfil da ensecadeira e emboquilhamento de montante do túnel?

Provado. Convicção formada com base no documento junto pelos RR. na contestação sob o n.º 59, não infirmado pela prova testemunhal.

– Quesito 456º: O emboquilhamento de montante do túnel ainda não tinha sido estudado pelo Consórcio?

Provado. Convicção formada com base no documento junto pelos RR. na contestação sob o n.º 59, com o esclarecimento de que a expressão "*não tinha estudado*" deve ler-se como significando "*não tinha sido tratado*".

– Quesito 457º: Na reunião realizada em 26 de Outubro de 1993, foram decididas a implantação da tomada de água, a definição das cotas do canal de aproximação, soleira e aberturas, e as condições-base com vista à posição definitiva da ensecadeira?

Provado, nos termos do documento junto pelos RR. pós--contestação sob o n.º 90, não infirmado pela prova testemunhal.

– Quesito 458º: Entretanto, já tinham sido iniciados os trabalhos para os acessos à base da tomada de água e local de construção da ensecadeira?

Provado, com o esclarecimento de que o início dos trabalhos referidos terá ocorrido em começos de Novembro. Convicção formada com base no depoimento da testemunha LC.

– Quesito 459º: Em 11 de Novembro de 1993, foi entregue ao Consórcio Nota Técnica sobre o reconhecimento geológico-geotécnico de superfície e prospecção geofísica do túnel?

Provado. Convicção formada com base no documento junto pelos RR. na contestação sob o n.º 60, não infirmado pela prova testemunhal.

– Quesito 460º: Em 12 de Novembro de 1993, o Consórcio entregou os desenhos de implantação da ensecadeira e tomada de água?

Provado, nos termos do documento junto pelos RR. pós--contestação sob o n.º 91, não infirmado pela prova testemunhal.

– Quesito 461°: Em 2 de Dezembro de 1993, o Consórcio anunciou ao Dono da Obra que o aterro da ensecadeira estava concluído até à cota 33,5 m, a partir da qual se iria executar a cortina de impermeabilização?

Provado, nos termos do documento junto pelos RR. pós--contestação sob o n.° 92, não infirmado pela prova testemunhal.

– Quesito 462°: Em 9 de Dezembro de 1993, o Consórcio apresentou uma revisão do anterior desenho relativo ao emboquilhamento de jusante do túnel?

Provado. Convicção formada com base no documento junto pelos RR. na contestação sob o n.° 61, não infirmado pela prova testemunhal.

– Quesito 463°: Em 13 de Dezembro de 1993, o Consórcio entregou a Nota Técnica 03.TAB/T75.06.4/1 relativa ao equipamento da tomada de água?

Provado. Convicção formada com base no documento junto pelos RR. pós-contestação sob o n.° 93, com o esclarecimento de que a data correcta é 10 de Dezembro e não 13 de Dezembro.

– Quesito 464°: Em 27 de Dezembro de 1993, o INAG comentou o documento referido no quesito anterior?

Provado, nos termos do documento junto pelos RR. pós--contestação sob o n.° 94, não infirmado pela prova testemunhal.

– Quesito 465°: Em 6 de Janeiro de 1994, foram entregues pelo Dono da Obra mais desenhos com novas revisões do projecto do emboquilhamento de jusante?

Não provado. Quem entregou, em 6 de Janeiro de 1994, cinco exemplares de desenhos com novas revisões do projecto de emboquilhamento de jusante do túnel Beliche/EE1 foi o Consórcio e não o Dono da Obra (cfr. documento junto pelos RR. pós-contestação sob o n.° 95).

– Quesito 466°: Em 20 de Janeiro de 1994, foi completado pelo Dono da Obra e entregue ao Consórcio o relatório das sondagens do traçado do túnel Beliche-EE1?

Provado nos termos do documento junto pelos RR. pós--contestação sob o n.º 96 (cfr. ponto 6.1.), não infirmado pela prova testemunhal.

– Quesito 467º: Em 10 de Fevereiro de 1994, o Consórcio indicou as datas em que contava entregar os seguintes projectos: emboquilhamento do túnel — 16 de Fevereiro; tomada de água — 28 de Fevereiro?

Provado. Convicção formada com base no documento junto pelos RR. na contestação sob o n.º 62, não infirmado pela prova testemunhal.

– Quesito 468º: Em 24 de Fevereiro de 1994, o Consórcio, por um lado, informou que o alteamento da ensecadeira até à cota de 36 m terminara em 19 de Fevereiro de 1994 e, por outro lado, indicou como início das escavações da zona da tomada de água o dia de 7 de Março de 1994, solicitando ao INAG aprovação do projecto de escavações?

Provado nos termos do documento junto pelos RR. pós--contestação sob o n.º 97, não infirmado pela prova testemunhal.

– Quesito 469º: O Dono da Obra aprovou esse plano de escavações?

Provado nos termos do documento junto pelos RR. pós--contestação sob o n.º 97, com o esclarecimento de que a aprovação dada pelo INAG foi uma "aprovação de princípio", reservando-se este o direito de se pronunciar sobre os sustimentos a aplicar à medida que os trabalhos fossem evoluindo.

– Quesito 470º: O Consórcio entregou o projecto de execução da tomada de água em 7 de Março de 1994, tendo as escavações do emboquilhamento de montante do túnel Beliche-EE1 e da torre de tomada de água sido iniciadas em 28 de Março de 1994?

Provado nos termos dos documentos juntos pelos RR. pós--contestação sob o n.ºs 98 e 99, não infirmados pela prova testemunhal.

– Quesito 471º:

[Este quesito foi eliminado.]

– Quesito 472º: Essas escavações no túnel só começaram no dia 29 de Abril?

Provado. Convicção formada com base no documento junto pelos RR. pós-contestação sob o n.º 100.

– Quesito 473º: Só a partir de 18 de Abril de 1994 é que o Consórcio podia iniciar a escavação do túnel Beliche-EE1 e nessa altura dispunha já de todos os elementos de projecto cujo fornecimento e aprovação cabiam ao Dono da Obra?

Provado. Convicção formada com base no depoimento da testemunha LC.

– Quesito 474º: Em 28 de Abril de 1994, o Dono da Obra aprovou o desenho das escavações da torre da tomada de água, depois de rectificações nos cálculos estruturais apresentados?

Provado, nos termos dos documentos juntos pelos RR. pós-contestação sob os n.ºs 101, 102 e 103, não infirmados pela prova testemunhal.

– Quesito 475º: Em 5 de Maio de 1994, o Dono da Obra aprovou a solução para os órgãos de manobra da tomada de água, tendo sido iniciadas as betonagens na respectiva sapata em 9 de Junho seguinte?

Provado, nos termos dos documentos juntos pelos RR. pós-contestação sob o n.ºs 104 e 105, não infirmados pela prova testemunhal.

– Quesito 476º: A execução do deslize da torre começou em 22 de Agosto de 1994 e terminou em 1 de Setembro desse ano?

Provado, nos termos dos documentos juntos pelos RR. pós-contestação sob o n.ºs 106 e 107, não infirmados pela prova testemunhal.

– Quesito 477º: Em 11 de Outubro de 1994, foi terminada a escavação subterrânea do túnel, começando-se com a regularização da soleira e acertos na secção?

Provado, nos termos do documento junto pós-contestação pelos RR. sob o n.º 108, bem como com base no depoimento da testemunha LC.

– Quesito 478 º: A montagem das peças fixas da tomada de água iniciou-se em 25 de Outubro de 1994?

Provado, nos termos do documento junto pelos RR. pós--contestação sob o n.º 109, não infirmado pela prova testemunhal.

– Quesito 479º: Em finais de Janeiro de 1995, estavam terminadas as obras na tomada de água necessárias a possibilitar o enchimento da albufeira do Beliche?

Provado. Convicção formada com base no mapa junto pelos RR. pós-contestação sob o n.º 110, não infirmado pela prova testemunhal.

– Quesito 480º: Respeitaram-se assim as datas previstas no programa de trabalhos do Consórcio de Julho de 1994?

Provado. Convicção formada com base no documento junto pelos RR. à contestação sob o n.º 31, não infirmado pela prova testemunhal.

– Quesito 481º: O gráfico de barras apresentado como documento nº 63 junto à contestação representa: o programa parcelar apresentado pelo Consórcio para o conjunto de obras «Túnel/Tomada de água//Ensecadeira», em Maio de 1993; o programa definitivo de trabalhos para a solução executada; e, por último, o desenvolvimento real dos trabalhos?

Provado. Convicção formada com base nos documentos juntos pelos RR. na contestação sob o n.ºs 31 e 63, bem como no documento também junto pelos RR. pós-contestação sob o n.º 79, não infirmados pela prova testemunhal.

– Quesito 482º: Da documentação técnica da solução-base posta a concurso constava um desenho (Des. TBE-01-Planta) com a localização aproximada do traçado do túnel a partir do local previsto para a EE1 até à albufeira do Beliche?

Provado, nos termos do documento junto pelos RR. pós--contestação sob o n.º 77, não infirmado pela prova testemunhal.

– Quesito 483º: Esse traçado, com um desenvolvimento aproximado de 615 m, compreendia uma curva em planta acentuada?

Provado, nos termos do documento junto pelos RR. pós--contestação sob o n.º 77, não infirmado pela prova testemunhal.

- Quesito 484°: No referido desenho TBE-01-Planta remetia-se, em notas 1) e 2), para outros desenhos da documentação apresentada, a saber: para o desenho TOB-11 do Túnel Odeleite-Beliche com vista à definição das nomenclaturas gráficas inscritas no desenho TBE-01; e, por outro lado, para os desenhos TOB-03 a TOB-10 para a definição das secções e métodos executivos previstos para a abertura do túnel?

Provado. Convicção formada com base nos documentos juntos pelos RR. pós-contestação sob os n.°s 77 e 111, não infirmados pela prova testemunhal.

- Quesito 485°: No desenho TBE-02 — Túnel Beliche-EE1 — Perfil, representava-se o perfil longitudinal do túnel com informações sobre a litologia, zonamento técnico, o tipo de secção a executar e o método executivo previsto?

Provado. Convicção formada com base no documento junto pelos RR. pós-contestação sob o n.° 112, não infirmado pela prova testemunhal.

- Quesito 486°: Na análise que fez do projecto apresentado a concurso o Consórcio reconheceu que o valor das informações fornecidas pelos desenhos referidos nos quesitos anteriores resultava de um conhecimento e caracterização muito superficiais do maciço rochoso a atravessar?

Provado, com o esclarecimento de que o conhecimento e a caracterização do maciço rochoso se baseavam numa observação feita à superfície e não em profundidade (cfr. resposta ao quesito 52°). Convicção formada com base nos depoimentos das testemunhas LC e CB.

- Quesito 487°: Essas informações tornaram-se ainda mais imprecisas em relação ao traçado que o Consórcio adoptou na sua Proposta Variante-B?

Provado, com o esclarecimento de que tal facto resultou de o traçado da Proposta Variante-B ser diferente do traçado da solução posta a concurso. Convicção formada com base nos depoimentos das testemunhas LC e CB.

- Quesito 488°: Constava do desenho TBE-02 — Perfil do Túnel — a indicação de que seria utilizada uma secção T4-T5, com possibilidade, portanto, de emprego de tirantes de aço 0 1" ou pregagens *Swellex* com 2,5 m de comprimento e espaçamento de 2 m, colocação de duas camadas de betão projectado e secção final de revestimento em betão N25, moldado?

Provado. Convicção formada com base nos depoimentos das testemunhas Eng.º Cerqueira Bastos e LC e nos documentos juntos pelos RR. pós-contestação sob os n.ºs 111 e 112. Devem fazer-se as seguintes precisões: na segunda linha do quesito, a seguir a "(...) *possibilidade* (...)" deve acrescentar-se «*(no caso de T4)*»; na última linha, onde se lê "N25" deverá ler-se "B25".

– Quesito 489º: O referido no quesito anterior significa que, embora o terreno de execução do túnel Beliche-EE1 fosse caracterizado em situação geotécnica ZG3, não poderia corresponder à situação optimista prevista pelo Consórcio?

Provado parcialmente. Sem necessidade de definir se a previsão do Consórcio era optimista ou não, o que se passou foi o que consta da resposta dada no quesito 52º. Convicção formada com base nos depoimentos das testemunhas CB e LC.

– Quesito 490º: O método construtivo para o túnel Beliche-EE1 impunha: — que a escavação fosse executada com fogo cuidadoso (com definição do avanço por pega de fogo a definir pelo Dono de Obra durante o acompanhamento da obra); — aplicação imediata, e antes de retirado o escombro, de uma primeira camada de betão projectado; — a aplicação de betão projectado nas zonas ocultas pelo escombro retirado; a aplicação de uma 2ª camada de betão projectado até atingir a espessura final no trecho precedente ao avanço actual; a colocação de tirantes ou pregagens de acordo com o definido para cada secção, sendo para o tipo T4 com tirantes de 2,5 m de comprimento e espaçamento de 2 m; a execução de betão moldado na soleira do túnel, em extensão adequada; a execução do betão moldado nas hasteais e abóbada do túnel?

Provado, com o esclarecimento que se trata do método predominantemente utilizado em ZG1. Convicção formada com base no depoimento da testemunha LC.

– Quesito 491º: A partir da solução do túnel Beliche-EE1 que foi objecto de projecto de execução do Consórcio era possível estimar quantidades de trabalho fundamentadas em estudo geológico-geotécnico com a caracterização dos terrenos a escavar, indicações quanto aos processos de execução e a definição do sustimento provisório?

Provado. Convicção formada com base no documento junto pelos RR. pós-contestação sob o n.º 113, não infirmado pela prova testemunhal.

– Quesito 492º: Na Memória Descritiva e Justificativa do projecto de execução do túnel, elaborado pelo Consórcio, o zonamento geotécnico do maciço rochoso a escavar era feito em três zonas, de modo idêntico ao previsto na lista de preços do concurso, fazendo-se para cada uma dessas zonas a caracterização do terreno e indicando-se os processos de escavação previsíveis e os suportes iniciais?

Provado. Convicção formada com base nos vários testemunhos prestados e, bem assim, nos documentos juntos pelos RR. sob os n.ºs 1-I e 113 pós-contestação.

– Quesito 493º: No documento mencionado no quesito anterior, definia-se para a zona ZG1 o referido no artigo 452º da contestação?

Provado. Convicção formada com base nos vários testemunhos prestados e, bem assim, no documento 1-I dos RR..

– Quesito 494º: O Consórcio entregou a execução da escavação do túnel a um subempreiteiro que, por sua vez, contratou com um terceiro a direcção dos trabalhos e o fornecimento de mão de obra?

Provado. Convicção formada com base no depoimento da testemunha LC.

– Quesito 495º: Toda a escavação subterrânea foi efectuada com recurso a explosivos, com pegas de fogo (operações de avanço na perfuração com recurso a explosivos) de 3 m de comprimento; a perfuração foi efectuada com *Jumbo* de um braço e *Boomer*; o esquema construtivo proposto para a execução da solução final, constante da Memória Descritiva e Justificativa apresentada em 6 de Maio de 1993, não foi alterado para o troço final aprovado; mantiveram-se os mesmos processos, esquema de fogo, comprimentos de pegas, etc.; e, finalmente, nem sequer a recomendação do próprio estudo geotécnico do Consórcio quanto aos meios e avanços a praticar na escavação do terreno ZG1 em zonas de falhas foi alterada?

Não provado apenas no que se refere ao terreno ZG1 em zona de falhas. Convicção formada com base no depoimento da testemunha CB e LC e no documento 1-I (quanto à recomendação).

– Quesito 496º: Um dos aspectos ponderados aquando da decisão sobre a nova solução foi a viabilidade de se manter o projecto de execução que o Consórcio elaborou para o traçado inicial, tanto no que diz respeito à solução estrutural como às características geotécnicas esperáveis?

Provado, com o esclarecimento de que o traçado de que se fala é o da alternativa B à Proposta Variante-B (terceiro traçado). Convicção formada com base no depoimento da testemunha LC.

– Quesito 497º: A conclusão a que se chegou foi que não seriam de esperar características mais gravosas para a execução do túnel do que as previstas no estudo do Consórcio?

Provado. Convicção formada com base no documento junto pelos RR. pós-contestação sob o nº 114, não infirmado pela prova testemunhal.

– Quesito 497º-1: Do procedimento do Consórcio descrito no quesito 495º resultaram significativas sobreescavações por excesso de carga, volumes desmontados e períodos de auto-sustentação largamente ultrapassados?

Provado. Convicção formada com base no depoimento da testemunha LC e no documento junto pelos RR. sob o n.º 5-H. Por outro lado, onde se refere "largamente ultrapassados" deverá ler-se "por vezes ultrapassados".

– Quesito 497º-2: Houve pouco cuidado do Consórcio no controlo geométrico da secção a escavar, do que resultaram, em particular, grandes diferenças na rasante, com necessidade de acertos e, posteriormente, volumes significativos de betão?

Não provado. Da prova testemunhal e documental (documentos 5-H a 7-H juntos pelos RR. na fase da instrução) produzida a este respeito não resultou que os aspectos indicados se devessem — salvo pontualmente — a pouco cuidado do Consórcio.

§ 3.º – Da Decisão da Causa e sua Fundamentação   117

– Quesito 497º-3: Houve necessidade de optar por meios de sustimento mais gravosos, em locais onde as características do terreno normalmente não o exigiriam, em resultado da instabilidade provocada no maciço rochoso pelos processos utilizados pelo Consórcio?

Provado parcialmente: deverá suprimir-se a expressão "*em resultado da instabilidade provocada no maciço rochoso pelos processos utilizados pelo Consórcio*", por não ter ficado demonstrada a causa da necessidade de optar por meios de sustimento mais gravosos. Convicção formada com base no depoimento da testemunha LC.

– Quesito 498º: A preparação e regularização da soleira do túnel e acertos nos hasteais e tecto decorreu de 15 de Outubro de 1994 a 15 de Novembro desse ano?

Provado. Convicção formada com base no depoimento da testemunha LC, bem como no documento junto pelos RR. pós-contestação sob o n.º 108.

– Quesito 499º: Esse período de tempo confirma a falta de cuidado que houve no decorrer das escavações com o controlo da secção do túnel por parte do Consórcio?

Não provado. Da prova produzida não resulta que a razão da demora tenha sido a falta de cuidado do Consórcio.

– Quesito 499º-1: No projecto de execução do Consórcio já se previa para as injecções de colagem 200Kg de cimento + 40 Kg de areia por metro linear de túnel, e para as injecções de consolidação, 50 Kg por furo?

Provado. Convicção formada com base no documento junto pós-contestação pelos RR. sob o n.º 113.

1.2.5. A EE1

47. *Z102)* Em 9 de Outubro de 1992, o Dono da Obra aprovou a Memória Técnica T75.10.4/2A relativa à concepção geral da EE1.

Z102-1) Em 9 de Outubro de 1992, o Dono da Obra referiu que o Consórcio deveria: 1) confirmar urgentemente a adequação dos grupos propostos às novas condições de funcionamento; 2) apresentar os cálculos hidráulicos detalhados do circuito hidráulico desde a tomada de água até à chaminé de equilíbrio nº 2 e definir as pressões de serviço; 3) apresentar o estudo dos transmitentes hidráulicos, confirmando as dimensões das duas chaminés de equilíbrio, a necessidade dos balões hidropneumáticos e as pressões máximas instaladas nas condutas.

Z103) Em 5 de Abril de 1993, o INAG, através do ofício nº 102/PS, solicitou ao Consórcio informações sobre a solução de equipar os quatro grupos grandes de bombas da EE1 com motores de rotor em curto circuito.

Z104) Em 25 de Maio de 1993, o Dono da Obra aprovou a proposta do Consórcio de adopção dos motores referidos no artigo anterior.

Z105) Em 3 de Setembro de 1993, o INAG, através do ofício 325/PS, comunicou ao Consórcio que o novo "lay-out" da EE1 estava aprovado condicionalmente.

Z106) Em 15 de Novembro de 1993, através do ofício 443/S, o INAG comunicou ao Consórcio que afinal nenhum novo "lay-out" estava aprovado.

Z107) Em 13 de Dezembro de 1993, o INAG informou o Consórcio que era sua intenção aprovar o "lay-out" da EE1 até ao Natal.

Z108) Em 10 de Fevereiro de 1994, em reunião de obra, o INAG aprovou o projecto relativo à Laje de Fundo.

Z109) Em 6 de Maio de 1994, o INAG comunicou ao Consórcio que se encontravam aprovados os maciços da tubagem de compressão e de aspiração.

Z110) Também em 6 de Maio de 1994, o Consórcio apresentou ao INAG a sua proposta para os filtros das harmónicas e compensação do factor de potência para a subestação eléctrica da EE1.

Z111) Em 16 de Maio de 1994, o INAG aprovou parcelarmente os desenhos da EE1.

Z112) Em 2 de Agosto de 1994, o INAG aprovou a planta de fundações do edifício de exploração da EE1.

Z113) Em 12 de Dezembro de 1994, após aprovação técnica condicionada das várias alterações ao projecto orientadas pelo Dono de Obra, foram, pelo ofício 376/OB, fixados os preços da EE1.

Z114) Em 25 de Janeiro de 1995, através do ofício 021/FISC/95, o INAG comunicou ao Consórcio que o projecto eléctrico da Subestação da EE1 fôra aprovado pela EDP.

Z115) Em 31 de Março de 1995, o INAG aprovou e definiu os acabamentos gerais da EE1.

– Quesito 500°: No ponto 4.3.3. do vol. 1B da sua proposta — Descrição e Análise Crítica do Projecto Patenteado — o Consórcio referiu o que se transcreve no artigo 476° da contestação?

Provado. Convicção formada com base no documento junto pelos RR. à contestação sob o n° 11 (ponto n.° 4.3.3), não infirmado pela prova testemunhal. Cumpre, porém, esclarecer que os trechos transcritos no artigo da contestação para que remete este quesito se referem ao projecto-base e não especificamente à Proposta Variante-B.

– Quesito 501°: E no ponto 4.3.3.1. do documento referido no artigo anterior o Consórcio mencionou o que se transcreve no artigo 477° da contestação?

Provado, com o esclarecimento referido na resposta ao quesito anterior. Convicção formada com base no documento junto pelos RR. à contestação sob o n° 11 (ponto n.° 4.3.3.1), não infirmado pela prova testemunhal.

– Quesito 502°: Por sua vez, no ponto n° 7.1 (considerações gerais sobre a EE1) do Volume 1.Va, Tomo I, p.32, da sua proposta, o Consórcio, ao descrever a solução preconizada na Proposta Variante-B adjudicada, escreveu o que se transcreve no artigo 478° da contestação?

Provado. Convicção formada com base no documento junto pelos RR. à contestação sob o n° 12 (ponto n.° 7.1), não infirmado pela prova testemunhal.

– Quesito 503°: Resulta dos trechos transcritos nos citados artigos da contestação não só a importância da EE1 no conjunto de todo o sistema do empreendimento, como também o reconhecimento, por parte do Consórcio, do escasso grau de desenvolvimento dos estudos da solução considerada na solução-base do concurso?

Provado, com os esclarecimentos referidos nas respostas aos quesitos 500° e 501°.

– Quesito 503º-1: Só em Setembro de 1992, apresentou o Consórcio o primeiro documento do estudo da EE1, relativo à sua concepção geral — a Memória Técnica T75.10.472A?

Provado, com o esclarecimento de que embora esta Memória Técnica fosse, em qualquer caso, provavelmente necessária, nesta altura do desenvolvimento do projecto o problema principal sobre que se debruçou (a Memória Técnica) foi o do estudo das alterações tornadas necessárias pela decisão de introduzir um sistema de filtragens no projecto de rega (a qual terá sido motivada principalmente pela experiência negativa que tinha ocorrido na Cova da Beira). O facto de o Consórcio só ter apresentado este documento em 7 de Setembro de 1992 ficou a dever-se, em larga medida, à circunstância de só em Maio desse ano ter sido decidido, por proposta do Consórcio aceite pelo Dono da Obra, introduzir o sistema de filtragem. Convicção formada com base nos depoimentos das testemunhas SR e LC, bem como nos documentos juntos pelos RR. pós-contestação sob os n.ºs 23 e 72.

– Quesito 504º: Na sua concepção geral da EE1 (Memória Técnica T75.10.4/2A), o Consórcio referiu o que se transcreve no artigo 483º da contestação?

Provado, com o esclarecimento de que o trecho transcrito no artigo 483º da contestação se insere num documento (o junto pelos RR. pós-contestação sob o n.º 23 — Memória Técnica T75.10.4/2A, p. 1) que procura dar resposta à decisão tomada em Maio de introduzir o sistema de filtragem.

– Quesito 505º: No documento mencionado no artigo anterior o Consórcio referiu ainda o que se transcreve no artigo 485º da contestação?

Provado. Convicção formada com base no documento junto pelos RR. à contestação sob o n.º 12 (pp. 32, 33 e 34), não infirmado pela prova testemunhal.

– Quesito 506º: Decorre das transcrições da Memória Técnica do Consórcio constantes dos artigos da contestação indicados nos quesitos anteriores que o próprio Consórcio entendia, a respeito da EE1, como indispensáveis o estudo e desenvolvimento de soluções técnicas e a elaboração dos correspondentes estudos económicos, com vista a permitir ao Dono da Obra tomar a decisão mais conveniente?

Provado parcialmente: é certo que o Consórcio anunciava como indispensáveis na Proposta Variante-B certos estudos técnicos e económicos que permitissem aperfeiçoar o projecto, mas ficou provado que, sobrepondo-se à necessidade de fazer esses estudos, sobreveio, a partir de Maio de 1992, a necessidade mais complexa de corresponder à decisão de introduzir o sistema de filtragem nas derivações para a rede de rega.

– Quesito 507°: Em 9 de Outubro de 1992, data da aprovação da Memória Técnica T75.10.4/2A, o Dono da Obra referiu que os estudos de projecto da EE1 deveriam prosseguir de acordo com o proposto?

Provado. Convicção formada com base no documento junto pós-contestação pelos RR. sob o n.º 116, não infirmado pela prova testemunhal.

– Quesito 508°:

[Este quesito foi eliminado.]

– Quesito 509°: Em 20 de Outubro de 1992, o Consórcio informou, sem justificar, que os grupos indicados continuavam a ser adequados ao sistema proposto?

Provado parcialmente: em 20 de Outubro foi prestada a indicação referida — não justificada nesse documento — mas entendendo-se que a justificação já tinha sido dada na Memória Técnica T75.10.4/2A. Convicção formada com base no documento pós-contestação junto pelos RR. sob o n.º 117, bem como no depoimento da testemunha SR.

– Quesito 510°: Em 10 de Novembro de 1992, o Consórcio respondeu ao Dono da Obra dizendo que os estudos e cálculos que lhe haviam sido pedidos seriam apresentados com o projecto de execução?

Provado, com o esclarecimento de que os estudos e cálculos referidos se reportavam à nova configuração do sistema e não à da Proposta Variante-B. Convicção formada com base no documento junto pelos RR. pós-contestação sob o n.º 118, bem como no depoimento da testemunha SR.

– Quesito 511°: Em 21 de Dezembro de 1992, o Consórcio, em resposta à apreciação do Dono da Obra sobre aquela Memória Técnica, acabou por apresentar um documento complementar à M75.10.4/2A?

Provado. Convicção formada com base no documento junto pelos RR. pós-contestação sob o n.º 119, não infirmado pela prova testemunhal.

– Quesito 512º: Relativamente à adequação dos grupos das bombas às novas condições de funcionamento, a conclusão a que se chegava no documento referido no quesito anterior era que, para se manterem os grupos propostos na Variante-B, seria necessário admitir certas restrições ao esquema de funcionamento dos grupos?

Provado. Convicção formada com base no documento junto pelos RR. pós-contestação sob o n.º 119, não infirmado pela prova testemunhal.

– Quesito 513º: Em 23 de Março de 1993, o Dono da Obra solicitou ao Consórcio que indicasse a data em que pensava entregar, para apreciação, os resultados das condutas para os grupos electrobombas, bem como o estudo comparativo das soluções para a respectiva subestação?

Provado. Convicção formada com base no documento junto pelos RR. à contestação sob o n.º 64, não infirmado pela prova testemunhal. No texto do quesito, onde se lê «condutas», leia-se «consultas».

– Quesito 514º: Também em 23 de Março de 1993, o Consórcio apresentou a Nota Técnica referente aos grupos de velocidade variável, solução que o Dono da Obra entendeu dever analisar e apreciar?

Provado. Convicção formada com base no documento junto pelos RR. pós-contestação sob o n.º 120, não infirmado pela prova testemunhal.

– Quesito 515º: Em 28 de Abril de 1993, pelo ofício 119/PS, o Dono da Obra solicitou esclarecimentos sobre a proposta apresentada pelo Consórcio, em 26 de Abril, relativa à solução de equipar os quatro grandes grupos de bombas da EE1 com motores de rotor em curto circuito?

Provado. Convicção formada com base nos documentos juntos pelos RR. à contestação sob os n.ºs 65 e 66 e no documento junto também pelos RR. na fase da instrução sob o n.º 1-J, não infirmados pela prova testemunhal.

– Quesito 516º: O Consórcio respondeu a esse pedido em 17 de Maio seguinte, confirmando que a mais valia se referia não apenas aos 4 mas aos 6 grupos a instalar na EE1 e apresentando estimativa de custo para o equipamento de filtragem de harmónicas e de correcção do factor de potência para a solução adjudicada (120.345 contos)?

Provado. Convicção formada com base no documento junto pelos RR. à contestação sob o n.º 67, não infirmado pela prova testemunhal.

– Quesito 517º: A variante do Consórcio era omissa quanto aos equipamentos referidos no quesito anterior?

Provado. Convicção formada com base nos depoimentos das testemunhas SR e LC.

– Quesito 517º-1: Sem tais equipamentos, a estação elevatória em apreço não poderia ser licenciada?

Provado. Convicção formada com base no depoimento da testemunha LC.

– Quesito 517º-2: Da solução alternativa, com regulação por conversão de frequência, resultaria uma economia, no que se refere aos equipamentos de filtragem de harmónicas e à correcção do factor de potência, no valor de 78225 contos relativamente à solução adjudicada?

Provado, com o esclarecimento de que do documento junto pelos RR. à contestação sob o n.º 67 se extrai que a economia que o Consórcio indicou resultar da solução alternativa em relação à solução adjudicada não era de 78.225 contos mas, sim, de 42.120 contos.

– Quesito 518º: Em 30 de Julho de 1993, o Consórcio apresentou a Memória Técnica T75.20.4./07 relativa à revisão do "lay-out" da EE1, que resultava da adopção de equipamentos hidromecânicos, electromecânicos e instalações eléctricas diferentes dos que haviam sido objecto da Proposta Variante-B e, bem assim, dos atravancamentos e características funcionais dos grupos electrobombas e equipamentos electromecânicos?

Provado. Convicção formada com base no documento junto pelos RR. pós-contestação sob o n.º 121, p. 1, não infirmado pela prova testemunhal.

– Quesito 519º: Em 16 de Agosto de 1993, através do ofício 293/PS, o INAG solicitou a realização de uma reunião para discussão do "lay--out" proposto pelo Consórcio e esclarecimento de questões relacionadas com a disposição adoptada para os grupos e respectivos ramais de aspiração e compressão?

Provado. Convicção formada com base no documento junto pelos RR. à contestação sob o n.º 69, não infirmado pela prova testemunhal.

– Quesito 520º: Na reunião referida no número anterior deveriam comparecer os projectistas do Consórcio e o representante do fornecedor das bombas?

Provado. Convicção formada com base no documento junto pelos RR. à contestação sob o n.º 69, não infirmado pela prova testemunhal.

– Quesito 521º: Em 18 de Agosto de 1993, pelo oficio 301/PS foi solicitada pelo Dono da Obra proposta definitiva dos equipamentos para a filtragem das harmónicas e compensação do factor de potência, uma vez que já estava tomada a decisão de encomendar grupos de velocidade variável para a EE1, utilizando accionamento por conversor de frequência com motores de rotor em curto circuito?

Provado. Convicção formada com base no documento junto pelos RR. à contestação sob o n.º 70, não infirmado pela prova testemunhal.

– Quesito 522º: Em 3 de Setembro de 1993, efectuou-se a reunião que o INAG havia solicitado em 16 de Agosto anterior?

Provado. Convicção formada com base no documento junto pelos RR. à contestação sob o n.º 71, não infirmado pela prova testemunhal.

– Quesito 523º: Na data referida no quesito anterior, foi comunicada ao Consórcio a aprovação do "lay-out" apresentado na Memória Técnica T75.20.4/07, de Julho de 1993, desde que o Consórcio, o seu projectista e o fornecedor de equipamento garantissem a observância das prescrições referidas na transcrição constante do artigo 502º da contestação?

Provado. Convicção formada com base no documento junto pelos RR. à contestação sob o n.º 71, não infirmado pela prova testemunhal.

– Quesito 524º: Em 30 de Setembro de 1993, através da carta 791/CO/93, o Consórcio, por um lado, respondeu esclarecendo as situações referidas e informando da entrega para breve dos desenhos com as dimensões das bombas e nota de cálculo das tubagens e, por outro lado, para conhecimento do Dono da Obra, enviou cópia do fax recebido do fabricante das bombas com recomendações para o "lay-out" da EE1?

Provado. Convicção formada com base no documento junto pelos RR. à contestação sob o n.º 72, não infirmado pela prova testemunhal.

– Quesito 524º-1: Entretanto, os trabalhos de construção civil prosseguiam com elementos aprovados em avulso pelo Dono da Obra, tendo como base o «lay-out» de Julho de 1993, já aprovado?

Provado. Convicção formada com base na prova testemunhal produzida.

– Quesito 525º: Em face das recomendações do fabricante das bombas, podia-se concluir pela necessidade de alterar as dimensões da estação elevatória, eventualidade para a qual o Dono da Obra chamou a atenção do Consórcio, relembrando que a obra prosseguia e que aquele facto poderia trazer eventuais prejuízos e atrasos ao respectivo desenvolvimento?

Provado. Convicção formada com base no documento junto pelos RR. à contestação sob o n.º 73, não infirmado pela prova testemunhal.

– Quesito 526º: Na reunião realizada no dia 29 de Outubro de 1993, o Consórcio apresentou dois desenhos de definição do "lay-out" da EE1, em planta e cortes à escala 1:100, com a indicação de "provisório"?

Provado. Convicção formada com base nos documentos juntos pós-contestação pelos RR. sob os n.ºs 122, 124 e 125, não infirmados pela prova testemunhal.

– Quesito 527º: O "lay-out" referido no quesito anterior diferia substancialmente do apresentado em Julho de 1993, já que: eram agora contempladas as preocupações manifestadas pelo fabricante dos equipamentos; já se considerava a adução para a rega e alimentação da ETA do Beliche, com picagem na conduta de aspiração dos grupos; e eram igualmente consideradas as exigências de espaço para os equipamentos e acessórios, de regulação de tensão e outros para que a EE1 pudesse funcionar como central de comando de todo o sistema adutor?

Provado, com o esclarecimento que a área da EE1 aumentou 100m2. Convicção formada com base nos documentos juntos pós-contestação pelos RR. sob os n.ºs 122, 124 e 125, não infirmados pela prova testemunhal.

– Quesito 528º: Perante a situação descrita no artigo anterior, o Dono da Obra advertiu o Consórcio de que as alterações introduzidas ou outras a considerar no "lay-out" só poderiam ser aprovadas se devidamente esclarecidas e fundamentadas, até porque, em resultado delas, estariam em causa mais valias de dezenas de milhares de contos?

Provado. Convicção formada com base nos documentos juntos pós-contestação pelos RR. sob os n.ºs 122, 124 e 125, não infirmados pela prova testemunhal.

– Quesito 529º: Em 10 de Novembro de 1993, o Consórcio forneceu as informações que o Dono da Obra havia solicitado, afirmando que o seu fornecimento pressupunha que o "lay-out" entregue em 4 de Novembro se encontrava tecnicamente aprovado?

Provado, com o esclarecimento de que quem fez a declaração constante da parte final deste quesito foi o Consórcio e não o Dono da Obra. Convicção formada com base no documento junto pelos RR. pós-contestação sob o n.º 123.

– Quesito 530º: O "lay-out" a que se refere o quesito anterior era constituído apenas pelos desenhos já referidos nos quesitos anteriores, por dois desenhos das escavações da EE1 (plantas e perfis) e por outros dois com a definição de formas da nave dos grupos (planta e secções), com a representação, nestes últimos, do eixo das tubagens?

Provado. Convicção formada com base no documento junto pelos RR. pós-contestação sob o n.º 122, não infirmado pela prova testemunhal.

– Quesito 530º-1: O Consórcio, entre Julho e Outubro de 1993, desenvolveu à margem do Dono da Obra um novo «lay-out» da EE1?

Provado. Convicção formada com base no depoimento da testemunha LC.

– Quesito 530º-2: Durante esse período, o Consórcio não respondia ou dava respostas evasivas às questões colocadas pelo Dono da Obra relativas ao «lay-out» de Julho de 1993?

Provado. Convicção formada com base no depoimento da testemunha LC.

– Quesito 531°: Em 16 de Novembro de 1993, foi efectuada uma reunião com o Consórcio e os seus projectistas para cabal esclarecimento de questões relativas ao "lay-out" da EE1?

Provado. Convicção formada com base no documento junto pelos RR. sob o n.° 2-J na fase da instrução, não infirmado pela prova testemunhal.

– Quesito 532°: Nessa reunião ficou determinado que o Consórcio deveria entregar, com a máxima urgência, a versão definitiva do "lay--out" da EE1, com esclarecimento e justificação para as soluções propostas por este em 29 de Outubro de 1993?

Convicção formada com base nos testemunhos prestados e no documento junto pelos RR. na fase da instrução sob o n.° 2-J.

– Quesito 533°: Em 24 de Novembro de 1993, foi apresentada a Memória Técnica T75.20.4./07A, com segunda revisão do "lay-out da EE1, que substituía o documento com o mesmo título apresentado pelo Consórcio em Julho de 1993?

Provado. Convicção formada com base nos documentos juntos pelos RR. pós-contestação sob o n.°s 126 e 128, não infirmados pela prova testemunhal.

– Quesito 534°: O Dono da Obra foi excluído, entre Julho e Novembro de 1993, das reuniões que o fornecedor das bombas promoveu com o projectista do Consórcio e o fabricante das bombas para discutir alterações ao "lay-out" da EE1 datado de Julho de 1993?

Provado, com o esclarecimento de que a expressão *"excluído"* deverá entender-se como significando *"não tendo sido chamado a participar"*. Convicção formada com base no depoimento da testemunha SR.

– Quesito 535°: Em Janeiro de 1994, foi finalizado o projecto de execução da EE1, desenvolvido pelo Consórcio com base no "lay-out" de Novembro de 1993?

Provado. Convicção formada com base no documento junto pelos RR. sob o n.° 3-J, não infirmado pela prova testemunhal.

– Quesito 535°-1: Na introdução da Memória Descritiva e Justificativa da Memória técnica T75.20.4/07A escreveu-se o que se encontra transcrito no artigo 518° da contestação?

Provado. Convicção formada com base no documento junto pelos RR. sob o n.° 3-J na fase da instrução, não infirmado pela prova testemunhal.

– Quesito 536°: Em 26 de Janeiro de 1994, foram entregues pelo Dono da Obra ao Consórcio os comentários à MT75.20.4/07A nos quais se concluía que não fora atingido um projecto técnico-económico aceitável, pedindo-se a reconsideração quanto à necessidade dos sobrecustos na tubagem e acessórios resultantes da revisão do "lay-out"?

Provado, com o esclarecimento de que a data correcta é 28 de Janeiro e não 26 de Janeiro. Convicção formada com base no documento junto pelos RR. à contestação sob o n.° 74, não infirmado pela prova testemunhal.

– Quesito 537°: O desenvolvimento dos projectos decorreu a partir daqui sem problemas significativos?

Provado. Convicção formada com base nos depoimentos das testemunhas SR e LC.

1.2.6. A EE2

48. *Z116)* Em 27 de Agosto de 1992, foi feito o reconhecimento do local de implantação alternativa da EE2.

Z117) Em 9 de Outubro de 1992, o Consórcio apresentou a Memória Técnica T75.10.4/4 com a concepção geral da EE2.

Z118) (eliminada)

Z119) Em 3 de Novembro de 1993, o INAG, através do ofício n° 411/PS, teceu comentários ao projecto da EE2.

Z120) Em 26 de Janeiro de 1994, o Consórcio, através da sua carta 64/CO/94, chamou a atenção do INAG para os inevitáveis atrasos que a situação de indefinição relativa à EE2 acarretaria nos projectos e estudos em curso.

Z121) Em 5 de Abril de 1994, o INAG, através do ofício n° 158/PS, enviou ao Consórcio os comentários e a apreciação que fazia sobre os seguintes documentos por este apresentados: projecto-base da EE2; estudo prévio do Centro Distribuidor de Santo Estêvão; e, por último, condições técnicas para os equipamentos da EE2.

Z122) Em 11 de Maio de 1994, o Consórcio enviou ao INAG a Memória Técnica T75.30.04/08, através da qual pretendeu dar um contributo para a definição das obras terminais do sistema de adução: a EE2 e o Centro de Distribuição de Santo Estêvão.

Z123) (eliminada)

Z124) Em 11 de Outubro de 1994, o Consórcio, correspondendo a uma solicitação do INAG, enviou a este possíveis cenários dos custos de exploração da EE2.

Z125) Em 12 de Outubro de 1994, o Consórcio, através da carta nº 1024/CO/94, insistiu com o Dono da Obra para acelerar a apreciação dos projectos dos grupos de bombas da EE2 e da EE3 — tendo também referido, que de acordo com o programa de trabalhos estabelecido, os mesmos já deveriam estar aprovados.

Z126) Em 24 de Outubro de 1994, o INAG aprovou tecnicamente os grupos de bombas da EE2, ficando essa aprovação técnica condicionada à aprovação superior dos preços.

Z127) (eliminada)

Z128) Em 3 de Março de 1995, o INAG aprovou os preços das electrobombas da EE2.

Z129) Em 24 de Março de 1995, o INAG aceitou a proposta técnica do Consórcio de alteração da voltagem de 6 KV para 400 V.

Z130) Em 12 de Junho de 1995, foi aprovado globalmente o projecto de execução da EE2.

Z131) Em 14 de Junho de 1995, foi aprovada a proposta de mais--valias do equipamento da EE2.

– Quesito 62º: A Memória Técnica da EE2 foi aprovada em 22 de Outubro de 1992?

Provado parcialmente. Em 29 de Outubro de 1992 (e não em 22 desse mês como refere o quesito), o Dono da Obra apreciou globalmente a Memória Técnica relativa à nova concepção geral da EE2 e aprovou apenas alguns aspectos

da mesma. Convicção formada com base no documento junto pelos RR. à contestação sob o n.º 75, não infirmado pela prova testemunhal.

– Quesito 63º: Os comentários feitos pelo INAG em 3 de Novembro de 1993 geraram indefinições no que toca ao projecto da EE2?

Não provado. Da prova testemunhal e documental produzida (cfr. documento junto pelas AA. sob o n.º 62 à petição inicial) não resultou que os comentários feitos pelo Dono da Obra em 3 de Novembro de 1993 tenham sido génese de indefinições. Estas já existiam e provinham basicamente do carácter não completo neste ponto do projecto da Proposta Variante-B: designadamente, o problema da implantação aí proposta para a EE2 — a Norte da Via Longitudinal do Algarve (VLA) —, o que originava um duplo atravessamento desta, e o problema da não definição total dos adutores para a rega e para a ETA de Tavira.

– Quesito 63º-1: Em 21 de Julho de 1994, o Consórcio chamou a atenção do Dono da Obra para a necessidade de se cumprir o programa de «apreciação de projectos, enviado anteriormente, sob pena de se registarem fortes condicionamentos ao andamento dos trabalhos»?

Provado. O Consórcio chamou a atenção do Dono da Obra para a necessidade de se cumprir "o programa de apreciação de projectos enviado anteriormente, sob pena de se verificarem fortes condicionamentos ao andamento dos trabalhos" (cfr. documento junto à petição inicial sob o n.º 66). Esclarece-se, no entanto, que a frase redigida entre aspas no quesito 63º-1, não consta, *qua tale*, do documento referido.

– Quesito 538º: Na Concepção Geral do Sistema, constante do vol. 1.Va — Tomo I — Peças Escritas, do projecto Variante-B apresentado a concurso e adjudicado, referiu-se o constante da transcrição inserta no artigo 526º da contestação?

Provado. Convicção formada com base no documento junto pelos RR. à contestação sob o n.º 12, pp. 6 e 8, não infirmado pela prova testemunhal.

– Quesito 539º: Do que se refere na transcrição mencionada no quesito anterior resulta que o Consórcio considerou para a parte terminal do adutor e derivações correspondentes aos subsectores D4.2 e D4.3 da rega, e para a ETA de Tavira, um esquema que incluía a adopção de um reservatório de extremidade, alimentado por conduta elevatória, a partir da EE2?

Provado. Convicção formada com base nos depoimentos das testemunhas SR e LC.

– Quesito 540°: O Consórcio reconheceu que a concepção geral do sistema global do Aproveitamento apresentada na Proposta Variante-B deveria ser devidamente aprofundada e pormenorizada?

Provado que o Consórcio reconhecia que alguns aspectos da concepção geral da parte final do sistema Adutor constante da Proposta Variante-B careciam de concretização. Convicção formada com base no depoimento da testemunha SR, bem como no documento junto pelos RR. à contestação sob o n.º 11.

– Quesito 541°: Esse aprofundamento já se justificava pela razão de que nenhum dos órgãos que compunham o terminal da adução (adutor EE2 — Reservatório; adutor EE2 — ETA de Tavira; reservatório), com excepção da EE2, tinha sido incluído no valor da proposta do Consórcio, nem existiam quaisquer elementos de estimativa do seu custo?

Provado. Convicção formada com base no depoimento da testemunha SR, bem como no documento junto pelos RR. sob o n.º 5-J.

– Quesito 542°: Relativamente à EE2, considerava-se na descrição da concepção geral do sistema da solução adjudicada o que se transcreve no artigo 530° da contestação?

Provado. Convicção formada com base no documento junto pelos RR. à contestação sob o n.º 12, p. 41, não infirmado pela prova testemunhal.

– Quesito 543°: Relativamente ao equipamento, considerava-se na descrição da concepção geral do sistema da solução adjudicada o que se transcreve no artigo 531° da contestação?

Provado. Convicção formada com base no documento junto pelos RR. à contestação sob o n.º 12, p. 41, não infirmado pela prova testemunhal.

– Quesito 544°: Devido à alteração da localização — e, por arrastamento, também da posição altimétrica — da ETA de Tavira, a solução Variante B ficou prejudicada, dado que a referida ETA passou a ficar a uma cota superior à do reservatório de extremidade?

Provado. Convicção formada com base no depoimento das testemunhas SR e LC e, bem assim, com base no documento junto pelos RR. sob o n.º 129 pós-contestação.

– Quesito 545°: Em 27 de Agosto de 1992, determinou-se, na visita ao local de implantação da EE2 indicado pelo Consórcio, que a solução preconizada deveria ser formalmente apresentada, incluindo a que respeitava o traçado anteriormente previsto para o adutor EE2 — ETA de Tavira?

Provado. Convicção formada com base no documento junto pelos RR. pós-contestação sob o n.º 130, não infirmado pela prova testemunhal. Esclareça-se, porém, que a data do documento é 27 de Agosto e que a data da ida ao local da EE2 é 21 de Agosto.

– Quesito 546°: Na data referida no quesito anterior, pediu-se ainda ao Consórcio para materializar no terreno os dois traçados daquele adutor para ser possível um reconhecimento no local?

Provado, com o esclarecimento referido no quesito anterior. Convicção formada com base no documento junto pelos RR. pós-contestação sob o n.º 130, não infirmado pela prova testemunhal.

– Quesito 547°: A Memória Técnica T75.10.4/4, com a concepção geral da EE2, entregue pelo Consórcio em 9 de Outubro de 1992, foi aprovada em 30 desse mesmo mês nos termos constantes do documento nesta data entregue ao Consórcio?

Provado parcialmente: foram aprovados apenas alguns aspectos da Memória Técnica T75.10.4/4, sendo que a data da aprovação da mesma é 29 de Outubro e não 30 de Outubro. Convicção formada com base no documento junto pelos RR. à contestação sob o n.º 75, não infirmado pela prova testemunhal. V. resposta ao quesito 62.º.

– Quesito 548°: Nesse documento de 30 de Outubro de 1992 referiam-se as razões das reservas e dúvidas do Dono da Obra em face das indefinições relativas ao reservatório terminal e quanto ao traçado do adutor EE2 — ETA de Tavira, onde se previam dois atravessamentos da Via Longitudinal do Algarve?

Provado, com o esclarecimento efectuado na resposta ao quesito 547°. Convicção formada com base no documento junto pelos RR. à contestação sob o n.° 75 (p. 1), não infirmado pela prova testemunhal.

– Quesito 549°: No mesmo documento referia-se ainda que, uma vez que estava confirmada a situação da ETA de Tavira, aceitava-se a localização da EE2 e os elementos referentes e apresentados para o reservatório e para a EE3 e, por outro lado, que, quanto à concepção da EE2, considerava-se justificada a criação de dois escalões de bombagens distintos — um para o reservatório e outro para a ETA de Tavira?

Provado, com o esclarecimento efectuado na resposta ao quesito 547°. Convicção formada com base no documento junto pelos RR. à contestação sob o n.° 75 (p. 2), não infirmado pela prova testemunhal.

– Quesito 550°: Questionavam-se igualmente as perdas de carga previstas para o adutor EE2 — ETA de Tavira e EE2 — Santo Estêvão: no caso do primeiro, por se ter considerado um comprimento de adutor superior à realidade; e, quanto ao segundo, por se ter considerado na adução um caudal de 8,5 m3/s, quando só se justificaria a adopção do diâmetro 2500 milímetros proposto para este adutor na perspectiva da adução do caudal máximo do projecto inicial, de 10, 43 m3/s, pelo que os estudos deveriam prosseguir com a clarificação dos aspectos referidos?

Provado, com o esclarecimento efectuado na resposta ao quesito 547°. Convicção formada com base no documento junto pelos RR. à contestação sob o n.° 75 (p. 2), não infirmado pela prova testemunhal.

– Quesito 551°: Ainda no mesmo documento de 30 de Outubro de 1992, fazia-se notar que, sendo a EE2 diferente daquela que fora adjudicada, a sua aprovação estaria condicionada à apresentação pelo Consórcio do respectivo orçamento e à sua aprovação superior?

Provado, com o esclarecimento efectuado na resposta ao quesito 547°. Convicção formada com base no documento junto pelos RR. à contestação sob o n.° 75 (p. 3, *in fine*), não infirmado pela prova testemunhal.

– Quesito 552°: Por outro lado, mencionou-se ainda que os estudos deveriam também prosseguir com o desenvolvimento da concepção geral da EE3 e do Reservatório, bem como com a orçamentação destas infraestruturas e dos adutores EE2 — Santo Estevão e EE2 — ETA de Tavira, uma vez que era necessário equacionar globalmente todas as questões referentes a esta parte da obra?

Provado, com o esclarecimento efectuado na resposta ao quesito 547°. Convicção formada com base no documento junto pelos RR. à contestação sob o n.° 75 (p. 4), não infirmado pela prova testemunhal.

– Quesito 553°: Era, portanto, claro que o desenvolvimento dos estudos não era ainda suficiente para definir, apreciar e aprovar o esquema da concepção e funcionamento do terminal da adução entre a EE2 (esta incluída), o reservatório de Santo Estevão e a ETA de Tavira?

Provado apenas que o Consórcio tinha de prestar alguns esclarecimentos para que o Dono da Obra pudesse aprovar na sua totalidade a Memória Técnica por aquele apresentada em 9 de Outubro de 1992. Convicção formada com base no depoimento da testemunha CB.

– Quesito 554°: e que, por outro lado, na posse dos mesmos estudos, era ainda necessário estimar os respectivos custos, uma vez que não existia qualquer base orçamental de apoio à apreciação e avaliação das obras a executar?

Provado. Convicção formada com base no documento junto pelos RR. à contestação sob o n.° 75, não infirmado pela prova testemunhal.

– Quesito 555°: Em 16 de Junho de 1993, o Consórcio apresentou o Projecto Base da EE2 e, em 30 de Junho seguinte, o Estudo Prévio do Centro Distribuidor de Santo Estevão?

Provado. Convicção formada com base nos documentos juntos pós-contestação pelos RR. sob os n.°s 131 e 132 e, bem assim, no documento junto também por aqueles na fase da instrução sob o n.° 5-J, não infirmados pela prova testemunhal.

– Quesito 556°: Em 24 de Setembro de 1993, em reunião efectuada com o Consórcio e seus projectistas, foram discutidos diversos aspectos relacionados com os documentos entregues, tendo o Dono da Obra reiterado que, para apreciação dos equipamentos entretanto propostos para a EE2, era imprescindível a apresentação da respectiva proposta financeira?

Provado. Convicção formada com base no depoimento da testemunha LC.

– Quesito 557°: Em 26 de Outubro de 1993, o Consórcio apresentou a proposta financeira relativa ao fornecimento e montagem do equipamento electromecânico da EE2?

Provado. Convicção formada com base no documento junto pelos RR. pós-contestação sob o n.° 133, não infirmado pela prova testemunhal.

– Quesito 558°: Só em 26 de Janeiro de 1994, o Consórcio respondeu a questões colocadas pelo Dono da Obra em 4 de Novembro de 1993 relativas ao funcionamento da EE2 e sua conjugação com o funcionamento da ETA de Tavira?

Provado. Convicção formada com base nos documentos juntos pelos RR. sob o n.° 76 à contestação e sob o n.° 134 pós-contestação.

– Quesito 559°: Nos seus comentários de 5 de Abril de 1994, o Dono da Obra referiu que, pela primeira vez, era possível a quantificação, de forma satisfatória, do valor dos trabalhos omissos na proposta adjudicada?

Provado. Convicção formada com base no documento junto pelos RR. à contestação sob o n.° 77 (p. 1, do *Anexo*), não infirmado pela prova testemunhal.

– Quesito 560°: Esse valor atingia o montante global de 2,1 milhões de contos, mais IVA?

Provado. Convicção formada com base no documento junto pelos RR. à contestação sob o n.° 77 (p. 2), não infirmado pela prova testemunhal, com o esclarecimento de que o valor correcto é 2,2 milhões de contos (mais IVA).

– Quesito 561°: Semelhante soma só por si justificava os cuidados devidos no tratamento deste assunto e a procura de soluções alternativas com vista à realização de economias?

Provado. Convicção formada com base no depoimento da testemunha LC.

– Quesito 562º: Na solução que o Consórcio tinha apresentado no Projecto Base da EE2 e no Estudo Prévio do Centro Distribuidor de Santo Estevão previam-se dois escalões de bombagem na EE2: um para Santo Estevão, com a adução de um caudal máximo de 8,4 m3/s e com os grupos sujeitos a condições de baixo rendimento; e outro para a ETA de Tavira, com adução máxima de 2,2 m3/s?

Provado. Convicção formada com base no documento junto pelos RR. pós-contestação sob o n.º 171, não infirmado pela prova testemunhal.

– Quesito 563º: O primeiro escalão de bombagem projectado pelo Consórcio para a EE2 não cumpria os objectivos do concurso?

Provado, com o esclarecimento de que o primeiro escalão de bombagem projectado não cumpria os objectivos iniciais do concurso, que eram de um caudal de 10,4 m3/s. Convicção formada com base no documento junto pelos RR. pós-contestação sob o n.º 135 (p. 5), não infirmado pela prova testemunhal.

– Quesito 564º: No decorrer das discussões havidas, surgiram ajustamentos à configuração deste troço final da adução, das quais resultou como mais vantajosa, sob os pontos de vista técnico e económico, para além de cumprir os termos de referência do concurso, a que o Consórcio apresentou em finais de Maio de 1994 na Memória Técnica T75.30.04.09, e que considerava: — o adutor até à EE2 sem alterações; — a EE2 com o único escalão de bombagem para Santo Estêvão; — a criação em Santo Estêvão de uma estação elevatória para alimentação da ETA de Tavira a partir do Reservatório, com redução do comprimento deste adutor em relação às anteriores soluções?

Provado. Convicção formada com base no documento junto pelos RR. pós-contestação sob o n.º 135 pós-contestação, não infirmado pela prova testemunhal.

– Quesito 565º: Esta solução alternativa resultou, conforme se referia na introdução daquela Memória Técnica, do que vem referido e transcrito no artigo 549º da contestação?

Provado. Convicção formada com base no documento junto pelos RR. pós-contestação sob o n.º 135, anexo IV, não infirmado pela prova testemunhal.

– Quesito 566º: Daí resulta que o próprio Consórcio entendia como justificada a avaliação e análise das soluções consideradas com vista à obtenção da mais vantajosa para o funcionamento do sistema, por um lado, e que, por outro, havia da sua parte a consciência da existência de várias entidades envolvidas no empreendimento, cuja contribuição e opinião cumpria ter em conta?

Provado. Convicção formada com base no documento junto pelos RR. pós-contestação sob o n.º 135, anexo IV, não infirmado pela prova testemunhal.

– Quesito 567º: A Memória Técnica T75.30.04/09 terminava enumerando as vantagens técnicas e económicas da solução final encontrada, conforme se refere no trecho transcrito no artigo 551º da contestação?

Provado. Convicção formada com base no documento junto pelos RR. pós-contestação sob o n.º 135 (*Anexo* IV, p. 10), não infirmado pela prova testemunhal.

– Quesito 568º: Sob o ponto de vista técnico, esta solução era superior à anteriormente definida?

Provado. Convicção formada com base no documento junto pelos RR. pós-contestação sob o n.º 135, não infirmado pela prova testemunhal.

– Quesito 569º: E, sob o ponto de vista económico, era previsível alguma redução no seu custo?

Provado. Convicção formada com base no documento junto pelos RR. pós-contestação sob o n.º 135, não infirmado pela prova testemunhal.

– Quesito 570º: Em 1 de Junho de 1994, o Dono da Obra submeteu à consideração superior as soluções de concepção das infraestruturas da parte terminal da adução?

Provado. Convicção formada com base no documento junto pelos RR. pós-contestação sob o n.º 135, não infirmado pela prova testemunhal.

– Quesito 571º: A solução que veio a ser aprovada em 14 de Junho de 1994 correspondia ao esquema que previa a elevação do caudal de 10,4 m3/s até ao Reservatório de Santo Estêvão, derivando deste, por sobreelevação, um caudal de 2,2 m3/s até à ETA de Tavira?

Provado. Convicção formada com base no documento junto pelos RR. pós-contestação sob o n.º 135, não infirmado pela prova testemunhal.

– Quesito 572º: Tal solução satisfazia as condições do concurso, já que permitia a condução contínua de 10,4 m3/s até à secção terminal do adutor?

Provado. Convicção formada com base no documento junto pelos RR. pós-contestação sob o n.º 135, não infirmado pela prova testemunhal.

– Quesito 573º: A rega de cerca de 1 090 hectares situados a cotas mais elevadas exigia uma elevação adicional, que era conseguida à custa de uma terceira estação elevatória (EE3), que bombeava directamente do reservatório?

Provado. Convicção formada com base no documento junto pelos RR. pós-contestação sob o n.º 135, não infirmado pela prova testemunhal.

– Quesito 574º: Em 5 de Julho de 1994, foi efectuada uma reunião para abordagem de aspectos técnicos relativos à solução adoptada, tendo ficado estabelecidos programas de trabalho para o desenvolvimento dos projectos ainda em falta, relacionados com a parte terminal do adutor?

Provado. Convicção formada com base nos documentos juntos pelos RR. pós-contestação sob os n.ºs 137 e 138, não infirmados pela prova testemunhal.

– Quesito 574º-1: Estavam omissos na Proposta Variante-B 3 Km de adutor de D=2.500 mm, a EE3, o Reservatório de Santo Estêvão e o adutor EE2-ETA de Tavira, cujos preços totais, a preços de Junho de 1991 e sem IVA, podiam ser estimados em 1.600.000 contos?

Provado. Convicção formada com base no documento junto pelos RR. pós-contestação sob o n.º 135 (p. 3), não infirmado pela prova testemunhal.

– Quesito 575º: Decorria do programa proposto pelo Consórcio o referido na transcrição constante do artigo 559º da contestação?

Provado. Convicção formada com base no documento junto pelos RR. pós-contestação sob o n.º 139 (de 8 de Julho de 1994), não infirmado pela prova testemunhal.

– Quesito 576º: No desenvolvimento da solução aprovada, o Consórcio apresentou uma proposta para o fornecimento e montagem dos grupos electrobombas das estações elevatórias EE2 e EE3?

Provado. Convicção formada com base no documento junto pelos RR. pós-contestação sob o n.º 140, não infirmado pela prova testemunhal.

– Quesito 577º: Em 14 de Setembro seguinte, foram enviados os comentários do Consórcio à proposta de fornecimento dos grupos da EE2 e EE3, marcando-se uma reunião para discussão do assunto?

Provado que houve comentários enviados nessa data, mas com o esclarecimento de que são do Dono da Obra e não do Consórcio como se lê no texto do quesito (cfr. artigo 561.º da contestação). Convicção formada com base no depoimento da testemunha LC.

– Quesito 578º: Essa reunião realizou-se em 16 de Setembro de 1994?

Provado. Convicção formada com base no documento junto pelos RR. à contestação sob o n.º 78, não infirmado pela prova testemunhal.

– Quesito 579º: Na reunião referida no quesito anterior foram definidas as seguintes posições: — decidida a solução a adoptar sobre os grupos electrobombas da EE2; — o Consórcio só apresentou uma solução para os grupos da EE3, condicionando assim a apreciação quanto ao mérito da proposta, pois era necessário apresentar justificação quanto ao rendimento das bombas e quanto às condições de funcionamento destas; — o Consórcio deveria reanalisar a sua proposta de preço; — foram aprovados os diagramas lineares das estações, por já estarem apreciados os esclarecimentos e garantias prestados?

Provado. Convicção formada com base no documento junto pelos RR. à contestação sob o n.º 78, não infirmado pela prova testemunhal. V. resposta ao quesito 577.º.

– Quesito 580º: Entre 7 e 20 de Outubro de 1994, o Consórcio apresentou esclarecimentos técnicos relativos à sua proposta dos grupos das EE2 e EE3?

Provado. Convicção formada com base no documento junto pelos RR. pós-contestação sob o n.º 142, não infirmado pela prova testemunhal.

– Quesito 581º: Na reunião de 14 de Outubro de 1994, foram discutidos os esclarecimentos enviados pelo Consórcio, tendo-se referido: — que o Consórcio iria apresentar dois esquiços de "lay-out" da EE2 para as duas soluções em confronto, com estimativa da diferença de custos e correcção do estudo económico que havia apresentado; — que o INAG não considerava esclarecida a questão da potência efectiva e alturas manométricas de elevação com os grupos KSB, devendo o Consórcio esclarecer esse ponto; — que as propostas financeiras apresentadas com preços referidos a Junho de 1991 deveriam ser justificadas, tendo em atenção as discrepâncias que se verificavam nas reduções efectuadas em relação às anteriores propostas?

Provado. Convicção formada com base no documento junto pelos RR. pós-contestação sob o n.º 143, não infirmado pela prova testemunhal.

– Quesito 582º: Em 28 de Novembro de 1994, o Consórcio apresentou proposta reformulada para o fornecimento e montagem dos grupos electrobombas das EE2 e EE3 e, bem assim, a análise comparativa entre os grupos propostos inicialmente e os que foram adoptados?

Provado. Convicção formada com base nos documentos juntos pelos RR. pós-contestação sob os n.ºs 144 e 145, não infirmados pela prova testemunhal.

– Quesito 583º: Em 15 de Dezembro de 1994, o Consórcio apresentou os "lay-out" das estações EE2 e EE3, com, respectivamente, as Memórias Técnicas T75.30.04/13 e T75.35.04.14, referindo não ter conseguido por parte dos fabricantes dos equipamentos informações mais completas que lhe possibilitassem evoluir mais naqueles elementos do projecto e fazendo o ponto da situação do programa dos projectos com o atraso de dois meses em relação ao previsto; e incluía naquele programa o desenvolvimento de todos os trabalhos das estações EE2 e EE3?

Provado. Convicção formada com base nos documentos juntos pelos RR. pós-contestação sob os n.ºs 146, 147 (MT.T75.35.04/13) e 148 (MT.T75.35.04/14), não infirmados pela prova testemunhal.

– Quesito 584°: Como datas fundamentais, ressaltavam as seguintes: Estação Elevatória EE2 — aprovação do "lay-out" pelo INAG de 13 de Dezembro a 26 de Dezembro de 1994; entrega do projecto de execução de 27 de Dezembro 1994 a 24 de Março de 1995; fornecimento e montagem do equipamento mecânico de 1 de Julho de 1995 a 1 de Março de 1996; fornecimento e montagem das instalações eléctricas de 1 de Novembro de 1995 a 1 de Abril de 1996; e ensaios de 1 Março a 1 de Maio de 1996?

Provado. Convicção formada com base nos documentos juntos pelos RR. pós-contestação sob os n.ºs 146, 147 e 148, não infirmados pela prova testemunhal.

– Quesito 585°: Estação Elevatória EE3 — aprovação do "lay-out" pelo INAG de 13 de Dezembro a 26 de Dezembro de 1994; entrega do projecto de execução de 27 de Dezembro de 1994 a 24 Março de 1995; fornecimento e montagem do equipamento mecânico de 1 de Agosto de 1995 a 1 de Abril de 1996; fornecimento e montagem das instalações eléctricas de 1 de Novembro de 1995 a 1 de Abril de 1996; e ensaios de 1 Abril a 1 de Maio de 1996?

Provado. Convicção formada com base nos documentos juntos pelos RR. pós-contestação sob os n.ºs 146, 147 e 148, não infirmados pela prova testemunhal.

– Quesito 586°: Em 22 de Dezembro de 1992, o INAG apresentou os seus comentários aos "lay-out" das estações EE2 e EE3?

Provado que, em 22 de Dezembro de 1994 (e não «22 de Dezembro 1992», como por erro material se lê no quesito), o INAG apresentou os seus comentários aos "lay-out" das estações EE2 e EE3. Convicção formada com base nos documentos juntos pelos RR. à contestação sob os n.ºs 79 e 80.

– Quesito 587°: Relativamente à EE3 o Dono da Obra referiu ser conveniente uma reunião com todos os intervenientes, incluindo o fornecedor das bombas, para clarificar alguns pontos?

Provado. Convicção formada com base no documento junto pelos RR. à contestação sob o n.º 80, não infirmado pela prova testemunhal.

– Quesito 588°: O Consórcio só respondeu à apreciação da proposta dos preços das bombas da EE3 por parte do INAG em 1 de Fevereiro de 1995?

Provado. Convicção formada com base no documento junto pelos RR. pós-contestação sob o n.º 149, não infirmado pela prova testemunhal.

– Quesito 589º: Em 25 de Fevereiro de 1995, o Consórcio entregou a proposta de preço para o equipamento electromecânico e instalações eléctricas da EE2?

Provado. Convicção formada com base no documento junto pelos RR. pós-contestação sob o n.º 150, não infirmado pela prova testemunhal.

– Quesito 590º: Em 1 de Março de 1995, o Consórcio enviou novos preços para as bombas da EE2 ainda em discussão, através da carta nº 301/CO/95?

Provado, com o esclarecimento de que se trata de preços para a EE3. Convicção formada com base nos documentos juntos pelos RR. pós-contestação sob os n.ºs 151 e 152, não infirmados pela prova testemunhal.

– Quesito 591º: Em 6 de Março de 1995, o Consórcio enviou ao Dono da Obra a Memória Técnica T75.30.4/17, referente à implantação da EE2?

Provado. Convicção formada com base no depoimento da testemunha LC.

– Quesito 592º: Em 29 de Março de 1995, o Consórcio enviou ao Dono da Obra desenhos de formas e de drenagem das fundações da EE2?

Provado. Convicção formada com base no documento junto pelos RR. pós-contestação sob o n.º 153, não infirmado pela prova testemunhal.

– Quesito 593º: Em 3 de Abril de 1995, esses desenhos foram comentados pelo Dono da Obra?

Provado. Convicção formada com base no documento junto pelos RR. pós-contestação sob o n.º 154, não infirmado pela prova testemunhal.

– Quesito 594º: Em 17 de Março de 1995, o Consórcio apresentou uma nova proposta para o equipamento electromecânico e instalações eléctricas da EE2, anulando a anterior, de 25 de Fevereiro de 1995?

Provado. Convicção formada com base no documento junto pelos RR. pós-contestação sob o n.º 155, não infirmado pela prova testemunhal.

– Quesito 595º: Em 28 de Março de 1995, o Consórcio propôs os preços para os motores eléctricos dos grupos da EE2, após a opção por motores de baixa tensão?

Provado. Convicção formada com base no documento junto pelos RR. pós-contestação sob o n.º 156, não infirmado pela prova testemunhal.

– Quesito 596º: Em 30 de Março de 1995, o Consórcio apresentou os esclarecimentos à sua proposta de preço dos equipamentos, nos moldes solicitados pelo INAG em 3 de Março de 1995?

Provado. Convicção formada com base no documento junto pelos RR. pós-contestação sob o n.º 157, não infirmado pela prova testemunhal.

– Quesito 597º: Na mesma data, o Consórcio apresentou, através da carta nº 440/CO/95, nova proposta para os equipamentos e instalações eléctricas, anulando a anterior de 17 de Março de 1995?

Provado, com o esclarecimento de que onde se lê "anulando" se deve ler "alterando". Convicção formada com base no documento junto pelos RR. pós-contestação sob o n.º 158, não infirmado pela prova testemunhal.

– Quesito 598º: Só em 25 de Abril de 1995, o Consórcio respondeu aos comentários do INAG à Memória Técnica sobre a implantação da EE2, de 3 de Abril, e aos comentários ao "lay-out" da EE2, transmitidos pelo ofício nº 452/FISC/94, de 22 de Dezembro de 1994?

Provado. Convicção formada com base nos documentos juntos pelos RR. pós-contestação sob os n.ºs 159 (25 de Abril de 1995) e 160 (22 de Dezembro de 1994), não infirmados pela prova testemunhal.

– Quesito 599º: Em 10 de Maio de 1995, foi entregue pelo Consórcio o Projecto de Execução da EE2?

Provado. Convicção formada com base no documento junto pelos RR. pós-contestação sob o n.º 161, não infirmado pela prova testemunhal.

– Quesito 600º: Aprovada a planta de escavações da EE2, os terrenos necessários foram disponibilizados em 11 de Maio de 1995?

Provado. Convicção formada com base no documento junto pelos RR. pós-contestação sob o n.º 162, não infirmado pela prova testemunhal.

– Quesito 601º: Os trabalhos de terraplanagem iniciaram-se em 5 de Junho seguinte?

Provado. Convicção formada com base no documento junto pelos RR. pós-contestação sob o n.º 163, não infirmado pela prova testemunhal.

– Quesito 602º: O valor das mais valias para os equipamentos electromecânicos da EE2 relativamente aos trabalhos contratuais era de 43%?

Provado. Convicção formada com base no documento junto pelos RR. à contestação sob o n.º 78, não infirmado pela prova testemunhal.

– Quesito 603º: E, no que respeita aos grupos, havia uma menos valia de cerca de 26% em relação ao valor contratual?

Provado. Convicção formada com base no depoimento da testemunha LC.

– Quesito 604º: Os trabalhos de construção civil, caboucos e estrutura na EE2, iniciaram-se em 13 de Julho de 1995?

Provado, com o esclarecimento de que os trabalhos de construção civil, caboucos e estrutura na EE2 se iniciaram em 18 (e não em 13) de Julho de 1995. Convicção formada com base no documento junto pelos RR. pós-contestação sob o n.º 164, não infirmado pela prova testemunhal.

1.2.7. A EE3

49. *Z132)* Em 28 de Outubro de 1994, o Consórcio, na sequência da aprovação pelo INAG, em 24 do mesmo mês, da proposta técnica dos grupos de electrobombas da EE3, apresentou os preços correspondentes.

Z133) Em 3 de Março de 1995, o INAG aprovou a proposta de preços das electrobombas da EE3 apresentada pelo Consórcio.

– Quesito 605°: A concepção geral da EE3 derivou da solução alternativa conjunta para a estrutura terminal do sistema adutor, adoptada com base na Memória Técnica T75.30.04/9 do Consórcio?

Provado. Convicção formada com base no documento junto pelos RR. pós-contestação sob o n.° 74, não infirmado pela prova testemunhal.

– Quesito 606°: Em 20 de Dezembro de 1994, o Dono da Obra aceitou os preços propostos pelo Consórcio para as electrobombas da EE3 — com excepção dos relativos às bombas para o caudal de 0,55 m3/s, para os quais pediu reanálise, por os considerar exagerados?

Provado. Convicção formada com base nos documentos juntos pelos RR. pós-contestação sob o n.° 165 e na fase da instrução sob o n.° 1-L, não infirmados pela prova testemunhal.

– Quesito 607°: Em 1 de Fevereiro de 1995, o Consórcio respondeu às questões que o Dono da Obra lhe havia colocado na apreciação da proposta de preço dos grupos?

Provado. Convicção formada com base no documento junto pelos RR. na fase da instrução sob o n.° 2-L, não infirmado pela prova testemunhal.

– Quesito 608°: E, em 1 de Março seguinte, apresentou uma proposta reformulada?

Provado. Convicção formada com base no documento junto pelos RR. na fase da instrução sob o n.° 3-L, não infirmado pela prova testemunhal.

– Quesito 609°: Entretanto, em 22 de Dezembro de 1994, o Dono da Obra havia apresentado os seus comentários ao "lay-out" da EE3, respeitando os prazos que haviam sido fixados?

Provado que o INAG, em 22 de Dezembro de 1994, apreciou o *lay-out* da EE3, respeitando, assim, o prazo fixado para o efeito. Efectivamente, do documento junto pelos RR. à contestação sob o n.° 31 decorre que o Dono da Obra tinha 13 dias (de 20 de Outubro até 2 de Novembro de 1994) para aprovar o *lay-out* da EE3. Todavia, como a entrega deste só ocorreu em 12 de Dezembro de 1994, o Dono da Obra tinha prazo até 26 deste mês para a aprovação do *lay-out*.

– Quesito 610°: O Consórcio só fez a entrega do Projecto de Execução da EE3 em 4 de Agosto de 1995 (completando-o com novos desenhos em 11 de Agosto seguinte)?

Provado. Convicção formada com base nos documentos juntos pelos RR. pós-contestação sob os n.ºs 166 e 167, não infirmados pela prova testemunhal.

– Quesito 611°: A data limite prevista para o efeito era 26 de Dezembro de 1994?

Não provado: 26 de Dezembro de 1994 era a data limite para o Dono da Obra aprovar o *lay-out* da EE3. A data limite para o Consórcio fazer a entrega do projecto de execução da EE3 era 24 de Março de 1995 (V. resposta ao quesito 585°). Do depoimento da testemunha LC resultou, no entanto, que o facto de o Consórcio ter entregue o projecto de execução da EE3 apenas em Agosto de 1995 não teve especiais consequências.

– Quesito 612°: O Dono da Obra apresentou os seus comentários ao projecto de execução da EE3 em 7 de Setembro de 1995, tendo o mesmo sido aprovado na generalidade?

Provado. Convicção formada com base no documento junto pelos RR. pós-contestação sob o n.° 168, não infirmado pela prova testemunhal.

– Quesito 613°: Em 15 de Dezembro de 1995, o Consórcio apresentou uma proposta de preço para as instalações eléctricas e equipamento electromecânico da EE3 — sem apresentar, todavia, a respectiva proposta técnica, desenhos e especificações, o que o INAG referiu no ofício 5/OB/96, de 11 de Janeiro de 1996?

Provado. Convicção formada com base nos documentos juntos pelos RR. sob o n.° 170 pós-contestação e na fase da instrução sob o n.° 4-L, não infirmados pela prova testemunhal.

– Quesito 614°: As obras respeitantes à EE3 iniciaram-se com o conjunto das obras do Reservatório de Santo Estêvão?

Provado. Convicção formada com base no documento junto pelos RR. na fase da instrução sob o n.° 5-L, não infirmado pela prova testemunhal.

1.2.8. O Reservatório de Santo Estêvão

50. *Z134)* Em 4 de Outubro de 1994, o Consórcio propôs um programa de prospecção para o estudo da caracterização geológico--geotécnica do Reservatório de Santo Estêvão.

Z135) Em 29 de Março de 1995, o Consórcio enviou, com a carta 21/CO/CET/95, o projecto de execução do Resevatório de Santo Estêvão.

Z136) Em 18 de Abril de 1995, através do ofício n° 68/OB, o INAG, comentando o projecto de execução do Consórcio, sugeriu a este que propusesse uma nova implantação para o Reservatório de Santo Estêvão.

Z137) Em 28 de Junho de 1995, o Consórcio, através da carta 722/CO/95, propôs ao INAG uma estimativa orçamental dos trabalhos a realizar no Reservatório de Santo Estêvão.

– Quesito 615°: O Estudo Prévio do Centro Distribuidor de Santo Estêvão foi apresentado pelo Consórcio em 20 de Junho de 1993, de acordo com o esquema inicial proposto para o terminal da adução?

Provado. Convicção formada com base no documento junto pelos RR. pós-contestação sob o n.° 171, não infirmado pela prova testemunhal, com o esclarecimento de que no esquema inicial do concurso se não previa um reservatório do tipo do que veio a ser executado.

– Quesito 616°: O Dono da Obra comentou em 10 de Outubro de 1994 o programa de prospecção geológica-geotécnica para o Reservatório, apresentado pelo Consórcio em 4 de Outubro do mesmo mês?

Provado. Convicção formada com base nos documentos juntos pelos RR. pós-contestação sob os n.°s 172 e 173, não infirmados pela prova testemunhal.

– Quesito 617°: Na reunião efectuada em 15 de Novembro de 1994 com os projectistas do Consórcio, foi apresentada e discutida a solução em estudo, tendo-se chegado a soluções de consenso e definido as que seriam de reter para desenvolvimento?

Provado. Convicção formada com base no documento junto pelos RR. pós-contestação sob o n.° 174, não infirmado pela prova testemunhal.

– Quesito 618º: Em reunião realizada em 27 de Abril de 1995 foram esclarecidos assuntos relacionados com o projecto, daí resultando o Aditamento T75.15.4/1 do Consórcio, com a apresentação de novos desenhos e a justificação de questões ainda por esclarecer?

Provado. Convicção formada com base nos documentos juntos pelos RR. pós-contestação sob os n.ºs 175 e 176, não infirmados pela prova testemunhal.

– Quesito 619º: Em 24 de Julho de 1995, o Consórcio apresentou especificações do equipamento hidromecânico, iniciando a apresentação de desenhos de definição dos mesmos em 28 de Agosto seguinte?

Provado. Convicção formada com base no documento junto pelos RR. pós-contestação sob o n.º 177, não infirmado pela prova testemunhal.

– Quesito 620º: Em 6 de Maio de 1995 fora, entretanto, realizada a implantação da área de terreno a ocupar pela obra, com vista à realização das expropriações necessárias; e o Consórcio entregou esta importante parte da obra a um subempreiteiro?

Provado. Convicção formada com base no documento junto pelos RR. pós-contestação sob o n.º 178 (p.2), não infirmado pela prova testemunhal.

– Quesito 621º: O Dono da Obra manteve o Consórcio sempre informado do andamento das expropriações?

Provado. Convicção formada com base nos documentos juntos pelos RR. pós-contestação sob os n.ºs 178 (p.1) e 179 (p. 6), não infirmados pela prova testemunhal.

– Quesito 622º: Em 8 de Junho de 1995, o Consórcio solicitou ao Dono da Obra a entrega dos terrenos para iniciar a obra do Reservatório de Santo Estêvão?

Provado. Convicção formada com base no documento junto pelos RR. pós-contestação sob o n.º 180, não infirmado pela prova testemunhal.

– Quesito 623º: Em 29 de Junho de 1995 faltava apenas expropriar uma parcela que representava 7% da área necessária à obra, correspondente, porém, a uma zona onde não estavam previstos trabalhos especiais, sendo ainda que o aterro a efectuar, por ser de pequena altura, não representava zona prioritária de trabalho?

§ 3.º – Da Decisão da Causa e sua Fundamentação

Provado que no auto de consignação de 21 de Agosto de 1995 (documento junto pós-contestação pelos RR. sob o n.º 179) se refere que a partir de 24 de Junho de 1995 apenas faltava expropriar a parcela n.º 1, a qual representaria cerca de 10% da área total de implantação do Reservatório de Santo Estêvão (documento junto pós-contestação pelos RR. sob o n.º 182).

– Quesito 624º: Era, pois, possível iniciar, desde logo, os trabalhos do Reservatório de Santo Estêvão ?

Provado, com o esclarecimento de que só uma obra de entre as necessárias é que não podia ser iniciada. Convicção formada com base no depoimento da testemunha LC, bem como no documento junto pelos RR. pós-contestação sob o n.º 182.

– Quesito 625º: Não o entendeu assim o Consórcio, afirmando que só iniciaria os trabalhos com os terrenos todos libertos?

Provado. Convicção formada com base no documento junto pelos RR. pós-contestação sob o n.º 184, não infirmado pela prova testemunhal.

– Quesito 626º: A consignação da obra foi feita em 21 de Agosto de 1995, com a entrega de todos os terrenos necessários à mesma?

Provado. Convicção formada com base no documento junto pelos RR. pós-contestação sob o n.º 181, não infirmado pela prova testemunhal. Rectifica-se o erro material da alínea Z59) da Especificação, onde se deve ler «21 de Agosto» e não «14 de Agosto».

– Quesito 627º: Mesmo assim, o subempreiteiro do Consórcio só iniciou os trabalhos em 18 de Setembro seguinte?

Provado que a *Adriano, S.A.*, subempreiteiro do Consórcio, só iniciou os trabalhos no dia 20 de Setembro. Convicção formada com base no documento junto pelos RR. pós-contestação sob o n.º 187.

– Quesito 627º-1: Na estimativa orçamental referida na alínea Z137) da Especificação, incluíam-se preços para trabalhos não previstos no contrato?

Provado. Convicção formada com base nos depoimentos das testemunhas CB e LC.

– Quesito 628°: Em 19 de Julho de 1995, o Consórcio apresentou novo orçamento, reformulando o anterior, e a definição do material a empregar no revestimento do Reservatório de Santo Estêvão?

Provado. Convicção formada com base no documento junto pelos RR. pós-contestação sob o n.° 186, não infirmado pela prova testemunhal.

– Quesito 629°: Em 25 de Julho de 1995, foi feita a aprovação da estimativa orçamental dos trabalhos apresentada pelo Consórcio, incluindo o equipamento hidromecânico?

Provado. Convicção formada com base no documento junto pelos RR. à contestação sob o n.° 83, não infirmado pela prova testemunhal.

– Quesito 630°: A implantação da obra foi realizada em 6 de Maio de 1995, conforme se referiu; e logo em 24 de Abril — passados, portanto, apenas um mês e dezoito dias — estava liberta 93% da área total necessária?

Provado, com a rectificação de que onde se lê 24 de Abril deverá ler-se 24 de Junho. V. resposta ao quesito 623° (a parcela representava cerca de 10% da área total, e não 7%). Convicção formada com base no documento junto pelos RR. pós-contestação sob o n.° 181, não infirmado pela prova testemunhal.

– Quesito 631°: Era desse modo possível ao Consórcio ter iniciado os trabalhos no início de Julho de 1995?

Provado, nos termos das respostas aos quesitos 623° e 624°.

– Quesito 632°: Todavia, o Consórcio não só não o fez, como apenas começou os trabalhos cerca de um mês após a reclamada consignação total dos terrenos?

Provado, nos termos da resposta ao quesito 627°.

– Quesito 633°: Perdeu, pois, o Consórcio cerca de três meses de trabalho, com risco agravado de comprometer a possibilidade de terminar os trabalhos mais susceptíveis em termos de condições climatéricas (os aterros) antes do Inverno seguinte?

Provado apenas que a obra começou com cerca de dois meses e meio de atraso. Convicção formada com base no depoimento da testemunha LC.

– Quesito 634°: Em 20 de Setembro de 1995, o Consórcio apresentou um programa de trabalhos onde previu a conclusão da obra em 30 de Abril de 1996?

Provado, com o esclarecimento de que a data do documento é 19 e não 20 de Setembro. Convicção formada com base no documento junto pelos RR. pós-contestação sob o n.° 183, não infirmado pela prova testemunhal.

– Quesito 635°: No programa referido no quesito anterior previa-se o início das terraplanagens em 18 de Setembro de 1995, o arranque das obras de betão em 9 de Outubro de 1995, o início dos aterros em 13 de Novembro de 1995 e o seu acabamento em 8 de Março de 1996?

Provado. Convicção formada com base no documento junto pelos RR. pós-contestação sob o n.° 183, não infirmado pela prova testemunhal.

– Quesito 636°: No presente, não está ainda totalmente concluído o Reservatório de Santo Estêvão?

Provado que em Abril de 1997, data de entrega da contestação, ainda não se havia concluído o Reservatório de Santo Estêvão, o que só veio a suceder em Junho de 1997. Convicção formada com base no documento junto pelos RR. pós-contestação sob o n.° 187, não infirmado pela prova testemunhal.

2. Breves considerações sobre a execução do contrato de empreitada n.° 171/DSA

51. Da leitura do vasto relato antecedente retira-se, com meridiana clareza, que parte significativa do objecto do contrato de empreitada n.° 171/DSA apenas foi determinada após 9 de Dezembro de 1991, e à medida que os trabalhos se iam desenvolvendo.

Mas tal leitura permite ainda verificar um outro aspecto: que o *modo* como ambas as partes procederam a essa determinação escapa àquilo que é típico nas empreitadas de obras públicas.

Senão vejamos.

52. Numa empreitada de obras públicas tradicional, isto é, assente no "processo de elaboração do projecto seguido de concurso para a sua execução", e tal como na generalidade dos contratos administrativos de colaboração (cfr. o artigo 180.º, alínea *b)*, do Código do Procedimento Administrativo — doravante CPA), a Administração, depois de definir com rigor o objecto do contrato, "não se limita a escolher o empreiteiro e a confiar-lhe o encargo de executar certo projecto, vigiando depois os trabalhos" (cfr. MARCELLO CAETANO, *Empreitadas de Obras Públicas: I — Direitos do empreiteiro no caso de atraso nos prazos contratuais por culpa do dono da obra, ob. cit.,* p. 393-394).

Na verdade, a Administração, aí, como contrapartida dos riscos que assume, vai mais longe: "dirige superiormente os trabalhos, orienta o empreiteiro e exige que este se conforme constantemente com as suas ordens e decisões mesmo quando excedam o âmbito da previsão contratual" (MARCELLO CAETANO, *ob. cit*, p. 395).

E fá-lo através de agentes que formam o que a lei denomina a «Fiscalização» da empreitada (cfr. artigos 156.º e segs. do RJEOP/86). Tais agentes, de facto, com vista a "vigiar e verificar o exacto cumprimento do projecto e suas alterações, do contrato, do caderno de encargos e do plano de trabalhos em vigor" (cf. artigo 157.º, n.º 1, do RJEOP/86), "dirigem efectivamente os trabalhos, pautando dia a dia a conduta do empreiteiro e interpretando as cláusulas contratuais" (MARCELLO CAETANO, *ob. cit*, p. 395). O empreiteiro actua, pois, "em regime de prestação de serviços: coloca a sua organização, o seu pessoal, os seus meios técnicos e a sua experiência ao dispor da Administração para execução de certa obra, mas sob as ordens e direcção da entidade com quem contratou" (MARCELLO CAETANO, *ob. cit.*, p. 393-394).

Numa empreitada tradicional, a Administração, em suma, dirige a actividade do seu colaborador *executivo*, e dirige-a mediante a emanação de ordens, avisos e notificações, por escrito (cfr. artigo 159.º do RJEOP/86), às quais aquele deve obediência, contanto se confinem nos limites do objecto inicial ou posterior (ou seja, definido por acordo ou por via do exercício do poder de modificação unilateral) do contrato.

Esta concepção — de que a "Administração dirige os trabalhos que o empreiteiro executa" — tem, aliás, raízes profundas na legislação portuguesa (cf. as referências de MARCELLO CAETANO, *ob. cit.*, pp. 394-395, à anterior legislação portuguesa), e é também "admitida pacificamente no Direito dos países estrangeiros" (cfr., por exemplo, em Itália, ANTONIO CIANFLONE, *L'Appalto di Opere Pubbliche*, 9ª ed., Milão, 1993, pp. 431 e segs.; em França, LAUBADÈRE / MODERNE / DELVOLVÉ, *Traité des Contrats Administratifs*, I, Paris, 2ª ed., 1983; e, em Espanha, SUAY RINCÓN, *La Ejecución del Contrato de Obra Publica*, in *Comentario a la Ley de Contratos de las Administraciones Publicas,* Madrid, 1996, p. 666.).

Neste tipo de empreitadas, porque o empreiteiro é um colaborador em regime de prestação de serviços e não em regime de trabalho subordinado, o grande problema teórico--jurídico que se coloca é o da determinação das fronteiras entre a ingerência da Administração e a autonomia do empreiteiro. Há, por outras palavras, que procurar e precisar os critérios para que o empreiteiro, colaborador íntimo (MARCELLO CAETANO, *ob. cit*, p. 397) do dono da obra na execução desta, não se converta num *nudus minister* da Administração (SUAY RINCÓN, *ob. cit.*, p. 666). Como claramente explica a este propósito ANTONIO CIANFLONE (*ob. cit.*, pp. 434-435):

"A ingerência que a Administração exerce na execução da obra, embora sendo particularmente intensa e penetrante, não deve, todavia, ser tal que anule toda a função do empreiteiro e portanto aquele núcleo essencial da sua autonomia sem o qual não pode existir empreitada nem responsabilidade do empreiteiro pela regular e tempestiva execução da obra. Precisamente o ponto de encontro da ingerência da Administração e da autonomia do empreiteiro, e daí a determinação do limite para além do qual não deve exercer-se a primeira e deve pelo contrário poder manifestar-se a segunda, constitui o ponto crucial de toda a teoria da empreitada, especialmente desde que mesmo entre os particulares, pela dimensão das obras que também eles constroem, se instituiu uma forma de ingerência na execução que, modelada sobre o exemplo da que é exercida pela Administração, vai para além da simples fiscalização e do puro controle. O problema que surge a este respeito é um problema de limites".

O que importa aqui e agora reter é que, na empreitada de obras públicas tradicional, o procedimento de execução da obra é, tipicamente, um procedimento unilateral e formalmente conformado pela Administração, cabendo essencialmente ao empreiteiro, dentro de certos limites, desempenhar um papel *executivo* e de destinatário das ordens, avisos e notificações escritas daquela.

53. Diversamente se passam, porém, as coisas naquelas empreitadas (de concepção-construção e similares) em que a Administração, sobre contratar com o empreiteiro a execução da obra, pactua também com ele a sua participação *criativa*, embora com base num plano preliminar, na definição da obra a construir e isto, o que não é de somenos, enquanto a obra se vai realizando.

Naturalmente, neste tipo de empreitadas, a Administração, esperando também que o empreiteiro-projectista colabore *criativamente* na determinação do que *vai* ser feito, não está (logo) em posição de determinar unilateral e formalmente àquele o *modo* como quer que o trabalho seja feito.

Aquilo a que se assiste é, antes, a uma negociação contínua do procedimento de execução do contrato, quer dizer, a Administração vai, pouco a pouco, à medida que os trabalhos progridem, acordando com o seu colaborador, de forma dinâmica e em permanente dialéctica, as soluções que, no seu critério, melhor servirão o interesse público a que a obra se destina. Nesse sentido, e além do mais, ela estuda as soluções propostas pelo seu colaborador, ajuda-o a superar dúvidas e hesitações surgidas na elaboração dos projectos, e sugere-lhe mesmo que equacione e pondere determinadas soluções, aceitando muitas vezes as ideias e propostas do empreiteiro.

Não surpreende, por outro lado, que desta estreita e concertada colaboração, sem paralelo com o que sucede numa empreitada de pura construção, resulte, também, algo que não tem *simile* numa empreitada desse tipo — uma grande informalidade nas relações entre as partes. Efectivamente, a necessidade de definir, muitas vezes com urgência, aquilo que se tem de fazer exige que as partes disponham de uma agilidade de actuação que, naturalmente, se coaduna mal com o formalismo que impregna a execução de uma empreitada tradicional.

Modelação concertada do objecto do contrato, por um lado, e informalidade de actuação, por outro, são, pois, notas características da execução de uma empreitada de concepção--construção ou similar.

54. Ora, e como decorre do que se expôs, foi isso que amplamente sucedeu na execução do contrato de empreitada n.º 171/Dsa.

Por um lado, o projecto posto a concurso (e, consequentemente, a Variante B, que foi adjudicada) era bastante vago, impreciso e incompleto. Daí a estrita necessidade de numerosas e profundas alterações que tiveram de ser introduzidas já na fase da execução da obra — as quais produziram, pelo menos, duas consequências importantes: modificaram substancialmente o objecto do contrato, e desorganizaram significativamente a produção programada pelo Consórcio para uma obra inicialmente bem diversa. Por conseguinte, a obra que o Consórcio teve que executar foi substancialmente diferente da que fôra projectada e da contratada.

Por outro lado, resultando do contrato de empreitada n.º 171/DsA para o Consórcio o encargo de realizar um importante trabalho de projecto e concepção, que se foi intensificando à medida que o tempo ia decorrendo, verificou-se, de facto, na execução do contrato referido, por um lado, uma ampla concertação entre as partes quanto à definição da obra a realizar e, por outro lado, uma grande dose de informalidade no modo como se procedia a tal definição. São exemplos ilustrativos disso, entre tantos outros que se poderiam aqui indicar: a solicitação do Dono da Obra, em Dezembro de 1991, para que o Consórcio estudasse a viabilidade de uma solução alternativa denominada "Túnel da Gafa"; a questão da introdução nos filtros nas derivações para a rede de rega — informalmente sugerida pelo Consórcio ao Dono da Obra em Maio de 1992, e decidida pelo Dono da Obra em Junho de 1992; o modo como se efectuou a definição do tipo de bombagem da EE1; a definição de certos aspectos do traçado do túnel Beliche-EE1 (incluindo a definição e características da torre de tomada de água na albufeira do Beliche).

Ora, as profundas alterações introduzidas no decurso de execução da obra, por um lado, e a concertação e a informalidade que marcaram a execução do contrato de empreitada n.º 171/DsA, por outro, se são compreensíveis teoricamente atenta a natureza *sui generis* daquele contrato, não podem deixar de relevar para efeitos de se apurar o modo exacto como as coisas se passaram e, portanto, para o Tribunal decidir como se devem repartir as responsabilidades das partes naquelas situações em que o Consórcio, alegando prejuízos ou sobrecustos, formula contra o Dono da Obra várias pretensões indemnizatórias.

XV. Decisão sobre as pretensões indemnizatórias das Autoras

1. Sequência

55. As questões respeitantes ao fundo da causa serão julgadas pela seguinte ordem:
(i) "Estaleiros e acessos";
(ii) "Reposição do preço unitário dos tubos de betão";
(iii) "Reposição do equilíbrio das prestações contratuais".

2. "Estaleiros e Acessos"

α — *Matéria de facto*

56. Nesta sede, estão provados os seguintes factos:

O) A Lista de Preços Unitários, sob o item 6, incluía verbas globais relativas a "Estaleiros e Acessos".
P) Na Cláusula 42.6.1.5. da Parte B2 do Caderno de Encargos referia-se que seriam "*pagas por preço global todas as despesas com o estabelecimento, montagem, conservação, desmontagem e demolição dos estaleiros e obras ou trabalhos auxiliares, provisórios ou não, mobilização e desmobilização de equipamentos da obra e estaleiros e com a execução e conservação dos acessos às diferentes frentes de trabalho*".

Q) A Proposta Variante-B do Consórcio, que foi a proposta adjudicada, apresentou, no referido item 6, sob a rubrica "Estaleiro e acessos", o valor de Esc. 2.077.605.000$00, o qual veio a ser actualizado, a valores de Junho de 1991, e ainda antes da celebração do contrato, para Esc. 2.422.487.430$00.

R) O Dono da Obra considerou, ao apreciar a proposta do Consórcio, não a distribuição do preço global da mesma pelos vários preços unitários mas, antes, o preço global da proposta em si mesma e as soluções técnicas apresentadas.

S) Os trabalhos a mais foram pagos pelo Dono da Obra de acordo com as Listas de Preços Unitários constantes da proposta adjudicada.

– Quesito 1.º: A verba de Esc. 2.077.605.000$00, que veio a ser actualizada, a valores de Junho de 1991, antes da celebração do contrato, fixando-se em Esc. 2.422.487.430$00, apresentada na proposta do Consórcio para o *item* 6, "Estaleiros e Acessos", da Lista de Preços Unitários, excedia o montante efectivamente necessário para a execução dessas obras?

Provado, mas com os seguintes esclarecimentos: (1) a resposta afirmativa pressupõe um conceito restrito de «estaleiros e acessos» (montagem, conservação e desmontagem); (2) na Proposta Variante-B (e na proposta base) não se descrevia, salvo no que toca à barragem de Odeleite e à ETA de Tavira, o que integraria os «estaleiros e acessos» da obra global. Convicção formada com base nos depoimentos das testemunhas CB, GR e LC.

– Quesito 2.º: Esse valor foi apresentado pelo Consórcio com o objectivo de assim obter do Dono da Obra um primeiro financiamento da empreitada mais elevado do que obteria caso a referida verba correspondesse apenas ao custo necessário para a execução das obras de estaleiros e de acessos?

Provado. Convicção formada com base nos depoimentos das testemunhas CB e GR.

– Quesito 3.º: No fluxo de pagamentos contratualmente previsto, a verba relativa a "Estaleiros e Acessos" era entregue pelo Dono da Obra ao Consórcio antes do início efectivo dos trabalhos referidos na alínea K) da Especificação?

Provado. Convicção formada com base nos depoimentos das testemunhas CB e GR.

– Quesito 4.º: O Dono da Obra sabia que o valor referente a "Estaleiros e Acessos", constante da proposta do Consórcio, ultrapassava, em cerca de 90% da verba referida no quesito 1º, o montante que seria efectivamente necessário para a realização daquelas obras?

Provado parcialmente: o Dono da Obra não sabia que o montante em causa ultrapassava, em cerca de 90%, a verba referida no quesito 1.º; sabia, ou devia saber, contudo, que aquele valor ultrapassava em montante indeterminado o que em circunstâncias normais seria necessário para a realização das obras de estaleiros e acessos em sentido restrito. Convicção formada com base nos depoimentos das testemunhas CB e GR.

– Quesito 5.º: E uma pessoa familiarizada com uma obra deste tipo sabê-lo-ia?

Provado parcialmente: uma pessoa familiarizada com uma obra deste tipo saberia que a verba indicada pelo Consórcio referente a "Estaleiros e Acessos" ultrapassava o estritamente necessário para a realização das obras de «estaleiros e acessos», mas não que o excesso fosse de 90%. Convicção formada com base nos depoimentos das testemunhas CB e GR.

– Quesito 6.º: A verba indicada no quesito 1º decompunha-se, segundo a intenção subjacente à Proposta Variante-B do Consórcio, por um lado, numa componente fixa, correspondente ao preço efectivo da realização do "estaleiro e acessos", e, por outro lado, numa componente variável, correspondente a uma parcela dos preços unitários dos demais trabalhos contratuais?

Provado apenas que foi essa a intenção do Consórcio. Convicção formada com base nos depoimentos das testemunhas CB e GR.

– Quesito 7.º: Os preços unitários correspondentes aos restantes trabalhos contratuais estavam assim subvalorizados, já que não contemplavam a parte que efectivamente lhes cabia mas que fora atribuída formalmente a "Estaleiros e Acessos"?

Provado. O Tribunal considera razoável admitir que os preços unitários apresentados pelo Consórcio na Proposta Variante-B relativamente aos restantes trabalhos contratuais

estavam em certa medida subavaliados em consequência da sobrevalorização da verba «estaleiros e acessos». Convicção formada com base nos depoimentos das testemunhas CB e LC.

– Quesito 7.º–1: Faz parte dos usos em matéria de empreitadas de obras públicas sobreavaliar a verba referente a «estaleiros e acessos» para além do montante previsivelmente necessário para a sua realização?

Provado, com o esclarecimento de que tais usos cobrem normalmente a diferença entre as obras correspondentes a um conceito restrito de «estaleiros e acessos» (v. resposta ao quesito 1.º) e a um conceito amplo de «estaleiros e acessos» (que pode incluir outras obras e trabalhos conexos, designadamente, britadeiras, centrais de betão, etc.), mas não cobrem necessariamente as obras que excedam o conceito amplo de «estaleiros e acessos». Convicção formada com base nos depoimentos das testemunhas CB e GR.

– Quesito 8.º: A perspectiva da entrega antecipada da verba referente a "Estaleiros e Acessos" permitiu ao Consórcio apresentar uma proposta de preço mais favorável para o Dono da Obra?

Não provado que a proposta apresentada tenha sido, por essa razão, mais favorável objectivamente ao Dono da Obra. Convicção formada com base no depoimento da testemunha LC, bem como no documento junto pelos RR. na fase de instrução sob o n.º 3-R.

– Quesito 9.º: Caso não se realizassem trabalhos a mais na empreitada não teria surgido qualquer problema relativo à verba "Estaleiro e Acessos", já que *"o Consórcio teria gerido da melhor maneira o programa de pagamentos estabelecido, sem prejuízo para ninguém"*?

Provado, mas v. resposta ao quesito 288.º. Convicção formada com base nos depoimentos das testemunhas CB e GR.

– Quesito 10.º: A responsabilidade pelo pagamento da verba "Estaleiro e Acessos" quantificada no quesito 1º foi repartida pelo Dono da Obra em 68% a cargo do INAG e em 32% a cargo do IEADR?

Provado. Convicção formada com base nos depoimentos das testemunhas CB e GR.

§ 3.º – Da Decisão da Causa e sua Fundamentação

– Quesito 11.º: O valor a cargo do INAG, no que toca à rubrica "Estaleiro e Acessos", era, assim, de Esc. 1.647.291.452$70?

Provado. Convicção formada com base nos depoimentos das testemunhas CB e GR.

– Quesito 12.º: O valor efectivamente necessário para a execução dos "Estaleiros e Acessos" foi de Esc. 114.081.000$00, com a distribuição constante da reclamação do Consórcio com a Ref. 902/CO/95, junta como documento 92 à petição inicial?

Provado, com o esclarecimento de que do documento junto pelas AA. à petição inicial sob o n.º 92 se deduz que a verba de Esc. 114.081.000$00 corresponde ao conceito de «estaleiros e acessos» em sentido restrito, e que é um *custo*. Multiplicada pelo coeficiente 1.3, para englobar os encargos e a margem de lucro incidentes sobre os custos directos do Consórcio, a verba passará a ser de Esc. 148.305.300$00 (cfr. requerimento das AA. de 3 de Novembro de 1999).

– Quesito 13.º: A diferença entre o valor referido no quesito 11º e o valor mencionado no quesito 12º correspondia a uma parcela dos preços unitários dos outros trabalhos do contrato de empreitada referido na alínea B) da Especificação?

Provado parcialmente, nos termos da resposta ao quesito 7º.

– Quesito 14.º: O preço contratual global da empreitada relativa ao INAG era de Esc. 11.433.179.000$00?

Provado, com o esclarecimento de que esse valor (relativo a toda a empreitada a cargo do INAG e não apenas à Adução Beliche/ETA de Tavira) não incluía as verbas referentes a «estaleiros e acessos» e a «instalações e transportes para a fiscalização». Convicção formada com base no documento junto pelas AA. à petição inicial sob o n.º 1.

– Quesito 15.º: O valor global dos trabalhos a mais realizados pelo Consórcio foi de Esc. 7.845.000.000$00?

Provado, com o esclarecimento de que essa verba, também reportada a toda a empreitada a cargo do INAG, respeita a Junho de 1995. Convicção formada com base nos depoimentos das testemunhas CB e GR.

– Quesito 16.º: A quantia correspondente a trabalhos a mais incluída na verba "Estaleiro e Acessos" é, dentro da diferença entre os valores referidos nos quesitos 11º e 12º, equivalente à percentagem que o valor global dos trabalhos a mais referido no quesito 15º representa do valor global da obra a cargo do INAG referido no quesito 14º?

Não provado. Por um lado, não ficou demonstrado que toda a diferença entre os valores referidos nos quesitos 11.º e 12.º corresponda à subvalorização dos preços unitários apresentados pelo Consórcio na Proposta Variante-B, podendo compreender-se naquela valores atinentes a elementos do conceito amplo de «estaleiros e acessos», tal como definido na resposta ao quesito 7.º-1. Por outro lado, o Tribunal entende, especialmente no contexto desta obra, que só devem ser considerados os trabalhos a mais imprevisíveis, não sendo de incluir nessa noção pelo menos 20% do valor da obra que, segundo os usos, constituem trabalhos a mais que normalmente ocorrem em empreitadas deste género e que o empreiteiro não pode recusar-se a executar. Decorre daqui que o valor máximo que o Tribunal entende razoável considerar para o efeito da pretensão das AA. relativamente à matéria deste quesito é de 728.507 contos [= (1.647.291.452$70 — 148.305.300) x 48,6%].

– Quesito 17.º: A verba de Esc. 1.052.069.000$00 encontra-se calculada a valores de Junho de 1991?

Prejudicado pela resposta dada ao quesito 16.º.

– Quesito 18.º: O mês de referência médio da realização dos trabalhos a mais, para actualização do valor referido no quesito nº 16º, é Dezembro de 1995?

Prejudicado pela resposta ao quesito 144.º.

– Quesito 19.º: E o coeficiente de revisão contratual a aplicar para a actualização da verba referida no quesito 17º é 1,2502?

Prejudicado pela resposta dada ao quesito 16.º. O valor que deve ser considerado, segundo o critério do índice médio do período de Janeiro de 1995 a Dezembro de 1996 (1,255) — resultante da aplicação da fórmula de revisão de preços da obra geral da Adução –, é (728.507 contos x 1,255 =) 914.276 contos.

– Quesito 276.º: A quantia de Esc. 2.422.487.430$00, correspondente a "Estaleiros e Acessos", foi paga pelo Dono da Obra ao Consórcio entre 16 de Dezembro de 1991 e Maio de 1992?

Provado. Convicção formada com base nos documentos juntos pelos RR. pós-contestação sob os n.ºs 1 a 8, não infirmada pela prova testemunhal.

– Quesito 277.º: A quantia referida no número anterior foi objecto de revisão de preços, no montante de Esc. 33.774$00, a cargo do INAG, em Dezembro de 1993?

Provado, com o esclarecimento de que o valor correcto é Esc. 33.774.204$00. Convicção formada com base nos documentos juntos pelos RR. pós–contestação sob os n.ºs 9 e 10, não infirmados pela prova testemunhal.

– Quesito 278.º: Na Nota Justificativa do Preço Proposto para a execução do conjunto de trabalhos objecto da empreitada, subscrita pelo Consórcio em 8 de Maio de 1990, afirmou–se expressamente que o referido preço tinha em conta *"b) Todos os encargos relativos ao fornecimento e montagem de equipamentos e instalações previstas no projecto de execução"*?

Provado. Convicção formada com base no depoimento da testemunha LC.

– Quesito 279.º: Entre as instalações referidas no quesito anterior contava-se o estaleiro da obra?

Não provado: as instalações referidas no quesito 278.º respeitam à obra principal e não ao estaleiro. Convicção formada com base no depoimento da testemunha CB.

– Quesito 280.º:

[Este quesito foi eliminado.]

– Quesito 281.º: A primeira vez com que o Dono da Obra foi confrontado com a alegada sobrevalorização da verba "Estaleiros e Acessos" foi em 28 de Junho de 1995 através do ofício nº 678/CO do Consórcio?

Não provado: do depoimento da testemunha CB e dos documentos juntos pelas AA. em 17 de Novembro de 1999 sob os n.ºs 1, 3 e 5 (respectivamente, de 28/9/1992, de

15/7/1993 e 20/8/1993) resulta que o problema já havia sido antes suscitado pelo Consórcio perante o Dono da Obra a propósito de uma situação referente à ETA de Tavira, embora de forma sucinta.

– Quesito 282.º: O montante entregue pelo Dono da Obra ao Consórcio a título de "Estaleiros e Acessos" não foi garantido por equipamentos ou materiais postos em obra?

Provado, com o esclarecimento de que tal não era exigido pelo Caderno de Encargos (Parte B1, ponto 20) — o qual exigia, isso sim, a prestação de garantias bancárias, que, quanto ao Estaleiro, foram prestadas pelo Consórcio, conforme resulta da documentação junta pelas AA. em 4 de Novembro de 1999.

– Quesito 283.º: O montante entregue pelo Dono da Obra ao Consórcio a título de "Estaleiros e Acessos" não foi reembolsado senão indirectamente, na medida em que os custos incluídos nessa rubrica deixaram de estar incluídos nos preços unitários?

Provado que não houve nenhum reembolso directo ou indirecto. Convicção formada com base nos depoimentos das testemunhas CB e LC.

– Quesito 284.º: O montante entregue pelo Dono da Obra ao Consórcio a título de "Estaleiros e Acessos" não foi considerado para redução do valor das revisões de preços?

Provado. Convicção formada com base no depoimento da testemunha LC.

– Quesito 285.º: Da situação referida no quesito anterior adveio um prejuízo financeiro para o Dono da Obra?

Não provado. Pela prova produzida não ficou demonstrado qualquer prejuízo financeiro para o Dono da Obra a este título. Convicção formada com base nos depoimentos das testemunhas CB e LC.

– Quesito 286.º:

[Este quesito foi eliminado.]

– Quesito 287.º: A Proposta Variante–B do Consórcio não quantificava trabalhos da obra de adução Beliche/ETA de Tavira indispensáveis à realização da mesma?

Provado parcialmente. Havia quantificação na parte em que na Proposta Variante-B se remetia para a quantificação da Solução Base posta a concurso. Convicção formada com base nos diversos testemunhos prestados e nos documentos juntos pós-contestação pelos RR. sob os n.ºs 12 a 23, bem como no documento 4-R.

– Quesito 288.º: Da Proposta Variante-B decorria assim que o Consórcio tinha plena consciência da necessidade de realizar trabalhos a mais na obra de adução Beliche/ETA de Tavira?

Provado que o Consórcio tinha plena consciência da necessidade de realizar trabalhos a mais, já que, por um lado, alguns foram sugeridos por ele próprio na Proposta Variante- -B e, por outro, em todas as obras deste tipo há normalmente trabalhos a mais. Não ficou no entanto provado que o Consórcio tivesse ou devesse ter conhecimento de todos os trabalhos a mais que se realizaram e que de início eram imprevistos e imprevisíveis. Convicção formada com base nos depoimentos das testemunhas CB e LC, bem como no documento junto pelos RR. na fase de instrução sob o n.º 4-R.

– Quesito 289.º: Aquando da facturação dos trabalhos a mais nunca o Consórcio formulou qualquer reserva quanto à necessidade de se proceder à respectiva correcção, por subvalorização dos preços unitários contratuais, antes aceitou tais pagamentos e deles deu sempre a respectiva quitação?

Provado. Convicção formada com base nos vários testemunhos prestados e nos documentos juntos pós-contestação pelos RR. sob os n.ºs 24 a 28.

– Quesito 290.º: Na reclamação do Consórcio relativa à verba "Estaleiros e Acessos", feita a coberto da carta nº 678/CO/95, afirmou-se que a "componente fixa" dessa verba representava 7,5% do seu valor global?

Provado, sendo que posteriormente o Consórcio indicou como mais rigoroso o valor de 6,9%. Convicção formada com base nos depoimentos das testemunhas LC e CB.

β — *Matéria de direito*

57. Segundo o Consórcio, do valor global da rubrica "Estaleiros e Acessos", constante da Proposta Variante-B adjudicada, apenas uma pequena parcela (6,9%) seria efectivamente imputável a esses trabalhos da empreitada; a maior parcela (93,1%), não obstante aí formalmente localizada, corresponderia a parte dos preços unitários dos demais trabalhos contratuais — que estariam, pois, nessa exacta medida, subavaliados na Lista de Preços Unitários (LPU). Ora, como na obra de Adução Beliche/ETA de Tavira se realizaram significativos trabalhos a mais, pretende agora o Consórcio que aqueles sejam pagos, não apenas em função dos preços unitários constantes da sua proposta para as mesmas espécies de trabalhos, mas também em função daquela parcela dos preços unitários que foi diluída no valor global da rubrica «estaleiros e acessos». Nesta base, pede o Consórcio a condenação dos Réus no pagamento de uma indemnização equivalente à percentagem que o valor global dos trabalhos a mais representa do valor global da obra a cargo do INAG.
Quid juris?

58. Como resulta do relato efectuado, provou-se, além do mais, que:
- a LPU incluía uma verba relativa a "Estaleiros e Acessos" (alínea *O)*), que, nos termos da cláusula 42.6.1.5 da Parte B2 do Caderno de Encargos, deveria ser paga ao Consórcio por preço global (alínea *P)*), isto antes da realização das obras integrantes da empreitada global (resposta ao quesito 3.º), e que foi efectivamente paga ao Consórcio entre 16 de Dezembro de 1991 e Maio de 1992 (resposta ao quesito 276.º);
- o Consórcio, com o objectivo de obter do Dono da Obra um primeiro financiamento da empreitada mais

elevado (resposta ao quesito 2.º), apresentou, como é uso em matéria de empreitadas de obras públicas (resposta ao quesito 7.º-1), para o item 6, "Estaleiros e Acessos", da LPU, um montante que excedia o custo estritamente necessário para a execução das obras de estaleiros e acessos (resposta ao quesito 1.º);
– o Dono da Obra, embora não soubesse exactamente em que medida a verba de estaleiro apresentada pelo Consórcio excedia o que seria efectivamente necessário para a realização do estaleiro em sentido estrito, sabia, ou devia saber, tal como uma pessoa familiarizada com este tipo de obra o saberia ou deveria saber (resposta ao quesito 5.º), que aquele valor ultrapassava, em montante indeterminado, o que, em circunstâncias normais, seria necessário para a realização de estaleiros e acessos em sentido estrito (montagem, conservação, desmontagem) — resposta ao quesito 4.º;
– os preços unitários apresentados pelo Consórcio na Proposta Variante-B estavam, em certa medida, subvalorizados em consequência da sobrevalorização da verba "estaleiros e acessos" (resposta ao quesito 7.º); porém, a subvalorização dos preços unitários não equivale a toda a diferença entre a verba de estaleiro apresentada pelo Consórcio e o valor efectivo do estaleiro em sentido estrito (resposta ao quesito 16.º);
– o Consórcio realizou significativos trabalhos a mais na empreitada Odeleite-Beliche, tendo sido os mesmos pagos pelo Dono da Obra de acordo com a LPU constantes da proposta adjudicada (alínea S)), e sem que, aquando da sua facturação, o Consórcio tenha formulado qualquer reserva quanto à necessidade de proceder à respectiva correcção por subvalorização dos preços unitários contratuais, aceitando tais pagamentos e deles dando sempre a respectiva quitação (resposta ao

quesito 289.º) — isto embora a questão da sobrevalorização da verba Estaleiro já houvesse sido antes suscitada sucintamente pelo Consórcio perante o Dono da Obra a propósito de uma questão referente à ETA de Tavira (resposta ao quesito 281.º);
– caso não se realizassem trabalhos a mais na empreitada, não teria surgido qualquer problema relativo à verba "Estaleiros e Acessos" (resposta ao quesito 9.º); porém, o Consórcio tinha plena consciência da necessidade de realizar trabalhos a mais na empreitada, já que, por um lado, alguns foram sugeridos por ele próprio na Proposta Variante-B e, por outro, em todas as obras deste tipo há normalmente trabalhos a mais (resposta ao quesito 288.º);
– o Consórcio não tinha, nem deveria ter, conhecimento de todos os trabalhos a mais que se realizaram, e que de início eram imprevistos e imprevisíveis (resposta ao quesito 9.º);
– o valor máximo que o Tribunal entende razoável considerar para efeito da pretensão das Autoras relativamente à questão "Estaleiro e Acessos" é 728.507 contos (resposta ao quesito 16.º).

59. Passando a decidir.

Como é sabido, a lei permite expressamente à Administração excepcionar o princípio geral da estabilidade dos contratos administrativos (artigo 406.º, n.º 1, do Código Civil) através da sua modificação unilateral por razões de interesse público. Este poder foi pela primeira vez afirmado em França, em 1902, a propósito de um litígio que opunha um município ao seu concessionário de uma rede de iluminação pública a gás: descoberta a electricidade, a câmara municipal impôs ao concessionário que passasse do sistema de iluminação a gás (que constava do contrato de concessão) ao sistema da iluminação eléctrica (não previsto no contrato, mas tornado possível pelo progresso técnico e exigido, desde logo, pela opinião pública). A câmara argumentava que o interesse público exigia o mais moderno sistema de iluminação; o concessionário contrapunha que só estava obrigado pelo contrato a assegurar o serviço público de iluminação a gás (v. DIOGO FREITAS DO AMARAL, *Curso de Direito Administrativo*, vol. II, com a colaboração de LINO TORGAL, Coimbra, 2001, p. 502). Sentenciou então o Conselho de Estado que à Administração cabia o poder de modificar o contrato — o conteúdo das prestações do contraente privado — para o adaptar às variações do interesse público, mas, como reverso de tal poder, ao co-contratante assistia o direito de ser ressarcido dos agravamentos que tais adaptações para si acarretassem em termos económicos e financeiros. Desde então o princípio foi sendo progressivamente afirmado pela jurisprudência e doutrina de forma quase pacífica. E, o que é mais importante, foi consagrado pela própria lei. Efectivamente, dispõe-se, entre nós, na alínea *a)* do artigo 180.º do CPA que, "salvo quando outra coisa resultar da lei ou da natureza do contrato, a Administração Pública pode: (...) modificar unilateralmente o conteúdo das prestações, desde que seja respeitado o objecto do contrato e o seu equilíbrio financeiro".

O exercício deste poder de modificação unilateral está, porém, limitado. Em primeiro lugar, sendo um poder essencialmente discricionário, ele não pode deixar de respeitar os princípios e regras gerais que disciplinam a actividade administrativa discricionária, em particular o princípio da proporcionalidade, o princípio da boa fé e o dever da fundamentação expressa. Concretizando: o poder de modificação unilateral só deve ser utilizado quando for necessário e apenas com o alcance imposto pela mutação verificada no interesse público; o poder de modificação unilateral não pode ser utilizado em termos abusivos ou gravemente atentatórios das legítimas expectativas do contraente privado; enfim, o exercício do poder de modificação unilateral deve ser convenientemente justificado pelo contraente público.

Em segundo lugar, como decorre hoje do dispositivo legal acima transcrito, e é desde há muito sustentado pela jurisprudência e pela doutrina, o poder de modificação unilateral enfrenta limites específicos: o objecto do contrato, por um lado, e, por outro, o equilíbrio financeiro do contrato. Vejamos, brevemente, o significado de cada um deles.

Assim, o objecto do contrato administrativo é intangível. Quer isto dizer que está a salvo do poder de modificação unilateral, o qual é apenas referido ao conteúdo das prestações, isto é, somente pode incidir sobre as condições jurídicas e técnicas em que a actividade do particular se vai desenvolver, e sobre a forma ou o quantitativo das prestações que integram essa actividade. Não cabe, no entanto, no tema do presente acórdão arbitral discutir a complexa questão do critério que permite distinguir, com razoável segurança, as modificações que ofendem ou não ofendem o objecto do contrato.

Por outro lado, no exercício do poder de modificação unilateral deverá respeitar-se sempre o princípio do equilíbrio financeiro do contrato. Ou seja: se do seu exercício resultarem para o particular encargos financeiros que ele não suportaria se não tivesse contratado; surgirem prejuízos de outro modo inexistentes; ou se sacrificar o lucro legitimamente esperado (MARCELLO CAETANO, *Manual de Direito Administrativo*, I, 10ª ed., Coimbra, 1990, reimp., p. 620) — a Administração, como preço que tem de pagar por derrogar o princípio da estabilidade dos contratos, fica constituída na obrigação de compensar financeiramente o contraente privado, ou seja, por outras palavras, fica constituída no dever jurídico de assegurar ao particular que a relação obrigacional alterada sem o seu consentimento lhe continuará a proporcionar satisfações de intensidade idêntica (v. SÉRVULO CORREIA, *Contrato Administrativo*, separata do *Dicionário Jurídico da Administração Pública*, III, p. 33).

Qual é, porém, neste contexto, o fundamento do princípio do equilíbrio financeiro do contrato?

No plano teórico, e segundo a doutrina tradicional, o princípio justifica-se pela "interdependência dos interesses empenhados num contrato". Daí decorre que "nenhuma das partes pode obter da outra uma vantagem sem lhe dar a compensação devida segundo o que estiver estipulado" ou, na falta de estipulação, segundo o princípio do equilíbrio equitativo das prestações (cf. artigo 237.º do Código Civil). De facto, qualquer contrato "assenta (...) numa determinada *equação financeira* (os encargos assumidos por um dos contraentes equivalem às vantagens prometidas pelo outro), e as relações contratuais têm de desenvolver-se na base de um *equilíbrio* estabelecido no acto de estipulação". Por isso, uma vez estabelecida a "comutação de interesses" com a celebração do contrato, "se o interesse público exigir a imposição de encargos superiores aos que o particular se dispusera a assumir, há que proceder à revisão da cláusula de remuneração ou que pagar a justa indemnização" (MARCELLO CAETANO, *Manual de Direito Administrativo*, I, pp. 613 e 621). Não parece, de facto, que o dever de indemnizar correspondente à alteração unilateral se possa explicar através da figura da responsabilidade civil contratual por actos lícitos (é esta, no entanto, a tese prevalecente em França — cf., por exemplo, PHILIPPE TERNEYRE, *La Responsabilité Contractuelle des Personnes Publiques en Droit Administratif*, Paris, 1989, pp. 141 e segs.). Com efeito, e sem ser também este o local para aprofundar o ponto, para que a tese da responsabilidade contratual por actos lícitos fosse possível, seria necessário que o poder de modificação unilateral fosse um poder eminentemente contratual e não um poder resultante da lei, inerente à natureza pública do seu titular e, portanto, exterior ao contrato. Ora, não só a natureza contratual daquele poder não está demonstrada (v., por exemplo, Diogo Freitas do Amaral, *ob. cit.*, II, p. 629-630; e Luís Fábrica, § 7º do estudo colectivo, coordenado por Fausto de Quadros, *Procedimento Administrativo*, in *Dicionário Jurídico da Administração Pública*, VI, Lisboa, 1994, p. 532), como existem alguns fortes argumentos contra esta posição, como a impossibilidade de a Administração renunciar validamente ao seu exercício ou de as partes regularem a sua aplicação. Por outro lado, a tese referida não explica todas as situações que surgem em sede de execução dos contratos administrativos e em que a justiça e a equidade impõem uma intervenção destinada a reequilibrar financeiramente o contrato — ela esquece, por exemplo, todas as situações em que não existe sequer um facto que possa ser imputado ao contraente público (*v.g.*, alterações legislativas, casos de força maior, etc.).

No plano jurídico-constitucional, o dever de indemnizar justifica-se à luz da tutela constitucional do direito de propriedade privada (artigo 62º, n.º 1, da Constituição) e do direito a uma justa indemnização pela ablação por acto público de uma posição jurídica privada com valor patrimonial (artigo 62º, n.º 2, da Constituição), e, bem assim, ante os ditames que fluem dos princípios da tutela da confiança legítima (artigo 2º), da justiça e da boa fé (artigo 266º, n.º 2), da prossecução do interesse público no respeito pelos direitos e interesses legítimos dos particulares (artigo 266º, n.º 1) e da igualdade na repartição dos encargos públicos — (cfr. António Menezes Cordeiro, *A Constituição Patrimonial Privada*, in *Estudos sobre a Constituição,* cooordenação de Jorge Miranda, vol. III, Lisboa, 1979, pp. 371-372; e, implicitamente, Afonso Queiró, *Lições de Direito Administrativo*, I, Coimbra, 1976, pp. 294-295).

60. Não pode haver dúvidas de que a possibilidade conferida pelo n.º 1 do artigo 27.º do RJEOP/86 de o dono da obra exigir ao empreiteiro a execução de trabalhos que não resultam do contrato de empreitada, tal como ele foi celebrado, traduz o exercício de um poder unilateral da Administração de modificar o conteúdo das prestações do empreiteiro.

Os trabalhos a mais constituem, aliás, um dos exemplos típicos do exercício do poder de modificação unilateral. O empreiteiro, ao celebrar o contrato, sabe de antemão que não está apenas vinculado pelas obrigações que decorrem do respectivo articulado, mas também por aquelas que, nos termos do regime dos trabalhos a mais, vierem a ser determinadas unilateralmente pela Administração em razão das mutações do interesse público. Só assim não é — estando verificados os demais requisitos de que a lei faz depender a determinação administrativa de realização de trabalhos a mais — se se verificar alguma das seguintes causas: (1) tratando-se de trabalhos a mais de natureza diferente dos previstos no contrato, o empreiteiro alegar que não possui os meios mecânicos indispensáveis à sua execução, e a fiscalização verificar isso mesmo (RJEOP/86, artigo 27.º, n.º 2); ou (2), ocorrendo determinados pressupostos, o empreiteiro optar por exercer o seu direito à rescisão (RJEOP/86, artigos 27.º, n.º 2, e 32.º a 35.º).

61. O exercício do poder de modificação unilateral implica, pois, sempre a alteração proporcional das contrapartidas económicas constantes do contrato a favor daquele que tem de suportar as consequências desse exercício (cfr., por exemplo, ESTEVES DE OLIVEIRA, *Direito Administrativo*, I, Coimbra, 1980, p. 702).

Assim deve suceder também quando, nas empreitadas de obras públicas, a Administração determina ao empreiteiro a realização de trabalhos a mais. Todas as empreitadas assentam sobre uma determinada equação financeira que, uma vez aumentada a quantidade ou alterada a espécie das prestações do empreiteiro, fica necessariamente desequilibrada. Portanto, perturbados, de qualquer um dos referidos modos, os pressupostos sobre os quais assentou o acordo inicialmente alcançado, impõe-se a recomposição financeira do contrato "de acordo com a proporção entre sacrifícios e benefícios que subjaz ao acordo inicial". Como diz Esteves de Oliveira, se este se fundava no pressuposto de que pela prestação x deveria a Administração pagar ao empreiteiro o preço y, "é lógico e equitativo que, agora, se se lhe exige que preste $x + x$, se lhe pague, igualmente, $y + y$" (ob. cit., p. 710).

62. Ora, como ficou provado, o Consórcio foi pago pelos trabalhos a mais realizados na obra de Adução Beliche-ETA de Tavira através da aplicação dos preços fixados na LPU para as diferentes espécies de trabalhos às quantidades de trabalhos por ele efectivamente executadas. O que não surpreende. Dispondo-se no RJEOP/86, além do mais, que, na empreitada por série de preços, a "remuneração do empreiteiro resulta da aplicação dos preços unitários previstos no contrato para cada espécie de trabalho a realizar às quantidades desses trabalhos realmente realizadas" (artigo 17.º); que "os trabalhos cuja espécie ou quantidade não houverem sido incluídos na previsão que serve de base ao contrato serão executados como trabalhos a mais" (artigo 19.º); que "os concorrentes apresentarão com as suas propostas as listas de preços unitários que lhes hajam servido de base" (artigo 23.º); e que, salvo se ocorrerem certos pressupostos, o empreiteiro é obrigado a realizar trabalhos a mais da mesma espécie pelos preços contratuais definidos (artigo 27.º, n.º 1 e n.º 4), e os de espécie diferente segundo os preços acordados entre as partes ou, na falta de tal acordo, pelos preços fixados judicialmente ou por arbitragem (artigo 30.º) — dir-se-ia resultar linearmente daquele regime que a remuneração dos trabalhos a mais deve ter lugar segundo os preços constantes da LPU (os iniciais e os posteriormente nela incluídos).

Mas, por outro lado, ficou provado que os preços unitários apresentados pelo Consórcio na LPU da Proposta Variante-B estavam, em certa medida, subvalorizados em consequência da sobrevalorização da verba "estaleiros e acessos" — isto segundo um uso que o Tribunal considera malsão (porque não corresponde a uma prática transparente), mas que se provou que vem sendo tolerado pela Administração em matéria de empreitadas de obras públicas.

Sendo assim, a interpretação que linearmente decorre da letra das disposições legais acima referenciadas não pode ser aceite, posto que ela equivaleria, no caso concreto, a sacrificar o princípio do equilíbrio financeiro do contrato. Isto é: o Consórcio não seria compensado, segundo o que foi estabelecido no contrato, do trabalho que realizou. Ora, fundando-se aquela noção em princípios e regras constitucionais basilares, impõe-se interpretar as referidas disposições legais em conformidade com ela, ou seja, entendê-las no sentido de que os trabalhos a mais realizados pelo Consórcio devem ser pagos segundo os preços unitários que resultarem do contrato e, concretamente, tanto os fixados na LPU como a parte diluída na verba "Estaleiros e Acessos". Só deste modo se não sacrifica a matriz constitucional que axiologicamente justifica o princípio do equilíbrio financeiro do contrato, razão pela qual o Tribunal decide atender a pretensão indemnizatória do Consórcio.

Além disso, contra o que se vem de dizer não procede o argumento de que o Dono da Obra nada deve ao Consórcio porque este nunca reclamou nem formulou qualquer reserva quanto à necessidade de se proceder à correcção do valor dos pagamentos de trabalhos a mais por subvalorização dos preços unitários contratuais, antes aceitou tais pagamentos e deles deu sempre a respectiva quitação (resposta ao quesito 289.º).

Por um lado, não se pode deixar de relevar que a questão da sobrevalorização da verba Estaleiro já antes havia sido suscitada sucintamente pelo Consórcio perante o Dono da Obra a propósito de uma questão referente à ETA de Tavira (resposta ao quesito 281.º): o silêncio do Consórcio quanto a este ponto não foi, portanto, total, ou seja, de molde a fazer presumir uma inequívoca concordância daquele com o valor dos pagamentos efectuados pelo Dono da Obra. Por outro lado, e à parte isso, num julgamento de equidade, como acima se referiu, não só a substância deve predominar sobre a forma como também se deve apelar constantemente, no domínio dos contratos, para a ideia de justiça comutativa e seus corolários (cfr. *supra*, § 3.º, XI). Assim, tendo ficado provado que os preços unitários apresentados pelo Consórcio na LPU da Proposta Variante-B estavam em certa medida subvalorizados em consequência da sobrevalorização da verba "estaleiros e acessos", entende o Tribunal ser justo em concreto que o Consórcio, não obstante a sua conduta abstensiva aquando da facturação dos trabalhos a mais, seja dos mesmos pago pelo Dono da Obra segundo o seu preço efectivo e não segundo o preço resultante da aplicação da LPU contratual.

63. Mas deve atender-se à pretensão indemnizatória do Consórcio na totalidade ou em parte?

Para o Tribunal, a pretensão das Autoras não pode ser atendida na sua totalidade. Em primeiro lugar, porque nela se deveria atender ao conceito amplo de estaleiro e acessos (cfr. resposta ao quesito 7.º-1), e não, como fizeram as Autoras, ao conceito estrito de estaleiro e acessos (montagem, conservação e desmontagem) — que se viu corresponder ao montante de 148.305 contos (cfr. resposta ao quesito 12.º). Na verdade, só é razoável entender que há subvalorização dos preços unitários constantes da LPU naquilo que seguramente não seja susceptível de ser incluído no conceito de "Estaleiro e Acessos". Ora, à falta de dados mais concretos, e designadamente tendo em conta os valores apresentados para "Estaleiro e Acessos" pelos concorrentes nas diversas propostas, um método que o Tribunal, julgando por equidade, considera equilibrado para apurar o valor deste é o de partir da média das seis propostas mais baixas de um total de doze apresentadas a concurso relativamente à verba "estaleiros e acessos" (cfr. documento n.º 3-R junto pelos Réus no decurso da audiência de instrução). Com esta base, e tendo em conta todos os factores relevantes, o Tribunal fixa aquele valor em 300 mil contos.

Por outro lado, só devem compensar-se, neste contexto, os prejuízos resultantes dos trabalhos a mais verdadeiramente *imprevisíveis*: devendo presumir-se ser o Consórcio um agente económico racional, tem de aceitar-se que ele contou, ao formular a sua proposta, com a possibilidade de realizar obrigatoriamente trabalhos a mais da mesma espécie dos contratuais até 20% do valor total da obra — cfr. resposta ao quesito 16.º. Portanto, tem de presumir-se que o valor proposto pelo Consórcio para a verba "Estaleiro e Acessos" compreende já o preço de 20% dos trabalhos a mais efectivamente realizados pelo Consórcio — e pagos pelo Dono da Obra segundo a LPU.

Além disso, tem de admitir-se, no mesmo pressuposto, que o Consórcio, quando apresentou os seus preços unitários, contabilizou também na verba estaleiro parte do preço dos "trabalhos a mais" que resultavam daquilo que ele próprio propôs ao Dono da Obra na Proposta Variante-B, trabalhos a mais esses que acabaram por ficar previstos, ainda que não determinados, no contrato. No caso concreto, trata-se, com um pequeno arredondamento, do montante de 2.311.523 contos [= 23.500.000 contos (valor global inicial da empreitada) — 21.188.477 contos (valor global inicial da empreitada sem os trabalhos a mais)].

Por último, aos prejuízos sofridos pelo Consórcio, e que ao Dono da Obra cumpre indemnizar, deve também deduzir-se o benefício financeiro obtido pelo primeiro, por um período de dois anos (1992 e 1993), decorrente do financiamento adicional que, por esta forma indirecta — e para além dos *adiantamentos* previstos na lei e efectivamente recebidos — ele obteve do Estado, sem ter de pagar a este quaisquer juros (cfr. resposta ao quesito 276.°). Parece ao Tribunal razoável fixar em 5% a taxa anual média remuneradora dos capitais públicos disponibilizados ao Consórcio.

64. Nestes termos, cumpre agora quantificar, à luz da equidade, a indemnização que os Réus devem pagar às Autoras neste ponto.

O valor a cargo do INAG, no que toca à rubrica "Estaleiro e Acessos", é **1.647.291 contos** (cfr. respostas aos quesitos 10.° e 11.°).

Como se referiu, para determinar o valor dos sobrecustos sofridos pelo Consórcio, há, em primeiro lugar, que deduzir àquele montante o valor correspondente ao conceito de "estaleiro e acessos" em sentido amplo. A média do valor da verba estaleiro das seis propostas mais baixas apresentadas pelos concorrentes à empreitada *sub judice* é, como se disse, aproximadamente, **300.000 contos**.

Assim, 1.647.291 contos — 300.000 contos = **1.347.291 contos**.

Depois, há que multiplicar esta verba pela percentagem que os trabalhos a mais verdadeiramente *imprevisíveis* representam da obra global a cargo do INAG.

O valor da obra global a cargo do INAG é **13.744.432 contos** [= 11.433.179 contos (preço contratual global da empreitada a cargo do INAG: cf. resposta ao quesito 14.°) + 2.311.253 contos (verba destinada a fazer face a trabalhos a mais propostos pelo empreiteiro)].

Mas qual o valor dos trabalhos a mais verdadeiramente *imprevisíveis*?

Tal valor é:

7.845.000 contos (valor total dos trabalhos a mais realizados pelo Consórcio: cfr. quesito 15.º) — [2.311.523 contos ("trabalhos a mais" previstos no contrato) + 2. 286.635 contos (= 11.433.179 contos x 20%)].

Ou seja: 7.845.000 contos — 4.598.158 contos = **3.246.842 contos**.

Portanto, o valor dos trabalhos a mais verdadeiramente imprevisíveis (3.246.842 contos) corresponde a **23,62 %** de 13.744.432 contos (valor global dos trabalhos contratuais).

Quer dizer: 23,62 é, assim, a percentagem que se deverá aplicar à parte da verba estaleiro (1.347.291 contos) excedente do valor da verba "Estaleiros e Acessos" (em sentido amplo).

Assim, 1.347.291 contos x 23,62 % = **318.230 contos**.

Finalmente, como se explicitou, a este valor de **318.230 contos** há que deduzir o benefício financeiro obtido pelo Consórcio nos anos de 1992 e 1993.

Tal benefício financeiro equivale a **134.729 contos** [= (1.347.291 contos x 5%/1992) + (1.347.291 contos x 5%/1993)].

Subtraindo 134.729 contos a 318.230 contos, apuramos o valor de **183.501 contos**.

Tal valor está expresso, no entanto, a preços de Junho de 1991.

Actualizando-o de acordo com o coeficiente de avaliação contratual, temos: 183.501 contos x 1.255 (o coeficiente aplicável: cf. resposta ao quesito 19.º) = **230.294 contos**.

65. Nestes termos, o Tribunal condena os Réus a pagar às Autoras, nesta matéria, o montante de **230.294 contos**.

3. "Reposição do preço unitário dos tubos de betão"

α — Matéria de facto

66. Estão provados os seguintes factos:

Z198) A Proposta Variante-B do Consórcio contemplava a substituição dos tubos de betão armado com alma de aço previstos no Caderno de Encargos por tubos de betão pré-esforçado com alma de aço.

Z199) De acordo com a referida Proposta Variante-B, a tubagem seria fabricada pela empresa Prebesan, sita no município de Santarém, e fornecida ao Dono da Obra, sendo os tubos transportados para a obra por meios rodoviários ou por caminho-de-ferro.

Z200) Em 11 de Novembro de 1992, o Consórcio propôs ao Dono de Obra a substituição da execução da conduta adutora em tubos de betão pré-esforçado com alma de aço por tubos de betão pré-esforçado vibropressocentrifugado a fabricar pelo próprio em unidade fabril próxima do local da obra de adução.

Z201) Os tubos de betão pré-esforçado vibropressocentrifugado têm uma qualidade que não é inferior à dos tubos de betão pré-esforçado com alma de aço.

Z202) À data do contrato existia apenas uma única empresa em Portugal que fabricava tubos de betão pré-esforçado com alma de aço: a Prebesan, sita no distrito de Santarém.

Z202-1) À data em que o Consórcio optou por modificar o tipo de tubo a colocar no adutor Beliche/ETA de Tavira não existia em Portugal experiência bastante quanto à utilização de tubos de betão pré-esforçado com alma de aço de tais diâmetros em percursos com a extensão da do sistema adutor.

Z202-2) Existiram dificuldades com a utilização dos tubos de betão pré-esforçado com alma de aço na barragem do Funcho.

Z203) Em Setembro de 1992, existiam suspeitas de que a empresa Prebesan se debatia com dificuldades financeiras.

Z204) Por despacho do Ministro do Ambiente e Recursos Naturais, de 28 de Maio de 1993, foi autorizada a alteração proposta pelo Consórcio.

Z205) Em 14 de Julho de 1993, o INAG comunicou ao Consórcio que aceitava a sua proposta de substituição dos tubos de betão pré--esforçado com alma de aço por tubos de betão vibropressocentrifugado.

Z206) Em virtude da substituição referida no artigo anterior, o Consórcio Odeleite aceitou uma redução de preço que, a valores de Junho de 1991, se cifrou em 261.823 contos (sem IVA).

Z207) Em 23 de Dezembro de 1992, em Memorando apresentado ao Secretário de Estado dos Recursos Naturais, o Consórcio manifestou a sua disponibilidade para reduzir, em 90.000 contos, o valor da sua proposta de substituição do tipo de tubos referidos na Variante-B.

Z208) O Consórcio estimou que o custo dos tubos de betão pré--esforçado vibropressocentrifugado seria inferior ao custo que resultaria da aquisição dos tubos de betão pré-esforçado com alma de aço à empresa Prebesan, já que, por um lado, seriam menores os custos de transporte e, por outro lado, se eliminaria a componente da alma de aço.

Z209) O Consórcio não tinha qualquer experiência e preparação no que toca ao fabrico de tubos de betão pré-esforçado vibropressocentrifugado.

Z210) A construção e o funcionamento da fábrica deparou com várias dificuldades, tais como a pressão do tempo para a instalação e funcionamento em velocidade de cruzeiro e a dificuldade em encontrar no local da obra operários com aptidão e formação exigíveis ao processo de fabrico.

Z211) Os preços contratuais de fornecimento ao Consórcio dos tubos de betão pré-esforçado com alma de aço, constantes do Anexo 7 à petição inicial, incluíam duas componentes: o preço dos tubos à porta da fábrica e o transporte da fábrica à obra.

Z212) Os preços referidos no artigo anterior totalizavam, a valores de Junho de 1991, o montante de 2.787.500 contos.

– Quesito 248º: Os documentos juntos à petição inicial com os nºs 81 e 82 reproduzem, do ponto de vista económico e financeiro, a situação da empresa Prebesan nos anos de 1990 a 1992?

Provado parcialmente: os documentos juntos à petição inicial com os n.ºs 81 e 82 são relevantes, mas não reproduzem totalmente a situação económico-financeira da Prebesan

nos anos de 1990, 1991 e 1992. Convicção formada com base nos depoimentos das testemunhas JVR, JRN e PNM.

– Quesito 249°: A Prebesan não estava, em Setembro de 1992, em condições de executar o fornecimento de tubos de betão pré-esforçado com alma de aço, ou não estava em condições de o executar no ritmo pretendido pelo Consórcio?

Provado parcialmente: a Prebesan não reunia, em Setembro de 1992, condições para executar o fornecimento dos tubos de betão pré-esforçado com alma de aço no ritmo pretendido pelo Consórcio, embora pudesse vir a encontrar-se nessas condições oportunamente caso se fizessem os investimentos necessários. Convicção formada com base nos depoimentos das testemunhas CB e LC e nos documentos juntos pelos RR. sob os n.ºs 5-A e 193 pós-contestação.

– Quesito 250°: O Consórcio e o Dono da Obra viram-se assim confrontados com uma situação não prevista, nem razoavelmente previsível, de falta de garantia, pelo fabricante com que contavam, do fornecimento de tubos referidos na proposta do empreiteiro?

Não provado quanto ao Dono da Obra. Quanto ao Consórcio, provado apenas que foi confrontado com uma situação geradora de alguma incerteza — não com uma inequívoca falta de garantia, pela Prebesan, do fornecimento de tubos referidos na sua proposta. Convicção formada com base nos depoimentos das testemunhas CB e LC.

– Quesito 251°: O mercado internacional, por razões de ordem técnica (v.g., garantia de qualidade do tubo, durabilidade da obra, maior facilidade de montagem, menor risco de perda de caudais), tem-se orientado preferencialmente para a construção de condutas adutoras em tubos de betão vibropressocentrifugado?

Não provado: os dois tipos de tubo (pré-esforçado com alma de aço e vibropressocentrifugado) continuam a ser utilizados no mercado internacional. Convicção formada com base no depoimento da testemunha LC.

– Quesitos 252° e 253.°: Os tubos de betão pré-esforçado vibropressocentrifugado tinham melhor qualidade que os tubos de betão pré-esforçado com alma de aço, já que eram mais resistentes e estanques?

Essas maior resistência e estanquicidade advinham do processo de centrifugação do tubo?

Não provados, com o esclarecimento de que foi, no entanto, reconhecido que os tubos vibropressocentrifugados oferecem vantagens na maior facilidade de montagem e na possibilidade de se efectuarem ensaios individuais em fábrica. Convicção formada com base dos depoimentos das testemunhas CB, PM, LC e RS.

– Quesito 254°: Em Setembro de 1992, o Dono da Obra e os construtores da barragem do Funcho enfrentavam-se com problemas de estanquicidade dos tubos de betão pré-esforçado com alma de aço utilizados na execução do adutor desse complexo hidráulico?

Provado que foram encontradas dificuldades na realização da barragem do Funcho, concretamente quanto às juntas (convicção formada com base nos depoimentos das testemunhas CB e LC), mas não ficou provado que isso tenha ocorrido em Setembro de 1992, ou antes dessa data — v. os documentos 9-B e 10-B juntos pelos RR. e a resposta ao quesito 776°.

– Quesito 255°: As dificuldades referidas no quesito anterior provocaram receios ao Consórcio quanto à qualidade dos tubos de betão pré-esforçado com alma de aço num percurso muito mais extenso do que o do Funcho, como era o do sistema de adução Beliche / ETA de Tavira?

Prejudicado pela resposta dada ao quesito anterior.

– Quesito 255°-1: Foram significativas as dificuldades existentes com a utilização dos tubos de betão pré-esforçado com alma de aço na barragem do Funcho?

Provado apenas no que respeita às juntas dos tubos, e não em todos os troços (do documento n.° 9-B junto pelos RR. resulta que não houve problemas quanto ao 1° troço). V. resposta ao quesito 254°.

– Quesito 256° — Em Portugal não existia à data nenhum produtor de tubos de betão pré-esforçado vibropressocentrifugado?

Provado. Convicção formada com base nos depoimentos das testemunhas CB, LC e PM.

– Quesito 257°: Dado o custo de transporte de tubos com a dimensão dos tubos de betão vibropressocentrifugado era economicamente incomportável importá-los?

Provado. Dado que a fábrica de tubos vibropressocentrifugados mais próxima se encontrava em Itália (pertença da sociedade Casagrande), a sua importação elevaria manifestamente os custos. Convicção formada com base nos depoimentos das testemunhas CB e PM.

– Quesito 258°: A conduta adutora representava cerca de 80% do valor total da obra de adução Beliche-ETA de Tavira?

Provado que a conduta representava uma parte substancial do valor total da obra — pelo menos 66%. Convicção formada com base nos depoimentos das testemunhas CB e LC.

– Quesito 259°: E os tubos representavam cerca de 50% desse mesmo valor total?

Provado, com o esclarecimento de que o valor exacto era 53%. Convicção formada com base no depoimento da testemunha LC.

– Quesito 260°: Os tubos deveriam ser transportados em veículos especiais ao ritmo de dez por dia?

Provado. Convicção formada com base no depoimento da testemunha CB.

– Quesito 261°: O investimento inerente à construção pelo Consórcio de uma fábrica de tubos de betão pré-esforçado vibropressocentrifugado junto ao local da obra adutora ascendeu a 1,3 milhões de contos?

Provado. Convicção formada com base nos depoimentos das testemunhas CB e PM.

– Quesito 262°: Globalmente, constituíam vantagens da proposta de substituição do tipo de tubos apresentada pelo Consórcio: — a melhor qualidade dos tubos centrifugados, já que a centrifugação tornava mais estanques as paredes dos tubos?

Não provado. Cfr. a resposta aos quesitos 252° e 253.°.

– Quesito 263°: — a localização do fabrico dos tubos junto às frentes de trabalho, já que permitiria garantir melhor o seu fornecimento continuado (o Consórcio propunha-se produzir 60 tubos por semana, ao ritmo de 10 por dia, de modo a cumprir os prazos contratuais)?

Provado. A localização da fábrica junto à obra constituía uma vantagem para a realização desta. Convicção formada com base em juízo de experiência comum, confirmado pelo depoimento da testemunha CB.

– Quesito 264°: — o interesse nacional na instalação de uma fábrica de alta qualidade na zona sul do País?

Provado parcialmente: a instalação daquela fábrica podia ter interesse para a economia nacional e regional, embora nenhuma entidade oficial competente para o efeito tenha declarado que a fábrica era de "interesse nacional". Convicção formada com base nos depoimentos das testemunhas CB e LC.

– Quesito 265°: — o evitar de problemas de trânsito e riscos de acidentes associados ao transporte de tubos de grandes dimensões entre a região de Santarém (local da fábrica dos tubos de betão com alma de aço) e a região de Tavira (local da obra de adução)?

Provado, apesar da existência da alternativa rodo-ferroviária. Convicção formada com base nos depoimentos das testemunhas CB e LC.

– Quesito 266°: — o contornar as dificuldades de transporte e respectivos custos, caso se optasse pela solução de importar os tubos de betão pré-esforçado com alma de aço a um fornecedor estrangeiro?

Provado. Convicção formada com base nos depoimentos das testemunhas CB e LC.

– Quesito 267°: — a criação da possibilidade de se efectuarem exportações de tubos vibropresso-centrifugado para Espanha?

Provado. Convicção formada com base no depoimento da testemunha CB.

– Quesito 268°: — a criação de cerca de 100 postos de trabalho directos?

Provado. Convicção formada com base no depoimento da testemunha CB.

– Quesito 269º: Os custos necessários ao fabrico dos tubos superaram as economias inicialmente estimadas pelo Consórcio?

Provado, com o esclarecimento de que o custo efectivo do fabrico dos tubos foi superior ao custo previsto. Convicção formada com base no depoimento da testemunha CB.

– Quesito 270º: Os custos suportados pelo Consórcio com o tipo de tubos efectivamente colocado na obra de adução Beliche/ETA de Tavira foram os constantes do Anexo 8 à petição inicial?

Provado. Convicção formada com base no depoimento da testemunha CB, nas declarações do IRC modelo 22 de 1993, 1994 e 1995 do ACE Engil/Tâmega e nos documentos juntos pelas AA. aos autos em Fevereiro de 2000, não impugnados pelos RR..

– Quesito 271º: Do Anexo 8 resulta que, a valores de Agosto de 1995, esses custos ascenderam ao montante de 3.227.925 contos?

Provado, com a rectificação de que os custos efectivamente suportados pelo Consórcio aí referidos são de 3.527.500 contos e não 3.227.925 contos (valor que se refere ao custo dos tubos da solução inicial). Convicção formada com base no depoimento da testemunha CB.

– Quesito 272º: A diferença entre o preço global efectivamente suportado com os tubos da conduta adutora e o preço previsto no contrato é, actualizado a Agosto de 1995, 299.575 contos?

Provado. Convicção formada com base no depoimento da testemunha CB, bem como no documento n.º 3 junto pelas AA. na sessão de 14/1/1998.

– Quesito 273º: A reposição do preço unitário contratual pedida pelo Consórcio ao Dono da obra corresponde ao montante de 261.832 contos?

Provado que foi esse o montante peticionado pelo Consórcio ao Dono da Obra. Convicção formada com base no documento junto sob a alínea c) do Anexo A do compromisso arbitral celebrado entre as AA. e os RR. em 29 de Maio de 1996 e no documento junto pelas AA. à petição inicial sob o n.º 32, bem como nos depoimentos das testemunhas CB e LC.

– Quesito 274°: O mês médio de aplicação do tubo foi Agosto de 1995?

Prejudicado pela resposta ao quesito 244.°.

– Quesito 275° : Actualizando o valor reeferido no quesito anterior a Agosto de 1995, obtém.se o montante de 303.201 contos?

V. resposta ao quesito 273.°. O valor exacto, segundo o critério do índice médio do período de Maio de 1994 a Abril de 1996, ou seja, 1,17 (com correcção) — resultante da aplicação da fórmula de revisão de preços da Conduta —, é 306.343 contos (= 261.832 contos x 1,17).

– Quesito 770°-1: Essa proposta, feita a coberto da carta do Consórcio 109/CO/92, de 11 de Novembro de 1992, surgiu em resposta ao ofício n.° 158/DG, de 20 de Outubro, no qual o Dono da Obra, depois de manifestar a sua preocupação com o atraso no início do adutor, notificou o Consórcio para, em quinze dias, apresentar o respectivo plano de trabalhos?

Provado. Convicção formada com base nos documentos juntos pelos RR. à contestação sob os n°s 107 e 108, não infirmados pela prova testemunhal.

– Quesito 770°-2: O Dono da Obra foi confrontado, pela primeira vez, com as razões que terão estado na origem da proposta de 11 de Novembro de 1992 do Consórcio, em 7 de Agosto de 1995, através do ofício n.° 056/Dl/95, em que este veio solicitar a reposição do preço unitário dos tubos de betão?

Provado. Convicção formada com base no documento junto pelos RR. à contestação sob o n.° 109, não infirmado pela prova testemunhal.

– Quesito 771°: Na Memória Descritiva que acompanhou a proposta do Consórcio de 11 de Novembro de 1992, relativa à substituição do tipo de tubos a utilizar na obra de adução Beliche/ETA de Tavira, escreveu-se o que se transcreve no artigo 927° da contestação?

Provado. Convicção formada com base no documento junto pelos RR. à contestação sob o n.° 107, não infirmado pela prova testemunhal.

– Quesito 772°: Em 20 de Novembro de 1992, o Dono da Obra, sublinhando estar-se em presença de tubos que não satisfaziam o especificado no nº 42.3.3.1.2. das Cláusulas Técnicas Especiais do Caderno de Encargos, nem correspondiam aos previstos na Proposta Variante-B, declarou o referido no artigo 929º da contestação?

Provado. Convicção formada com base no documento junto pelos RR. à contestação sob o n.º 111, não infirmado pela prova testemunhal.

– Quesito 773º: Através das comunicações do Dono da Obra de 7, 9 e 11 de Dezembro de 1992, foram pedidos ao Consórcio esclarecimentos complementares considerados indispensáveis para a tomada de uma decisão sobre a matéria?

Provado. Convicção formada com base nos documentos juntos pelos RR. pós-contestação sob os n.ºs 233, 234 e 235, não infirmados pela prova testemunhal.

– Quesito 774º: Esses esclarecimentos foram parcialmente prestados pelo Consórcio em 23 de Dezembro e completados apenas em 19 de Janeiro de 1993?

Provado. Convicção formada com base nos documentos juntos pelos RR. sob os n.ºs 236 pós-contestação e 3-A.

– Quesito 775º: Sobre o Memorando do Consórcio de 23 de Dezembro de 1992, o Secretário de Estado dos Recursos Naturais exarou, em 13 de Janeiro de 1993, o despacho transcrito no artigo 935º da contestação?

Provado. Convicção formada com base no documento junto pelos RR. à contestação sob o n.º 112, não infirmado pela prova testemunhal.

– Quesito 776º: Em 18 de Janeiro de 1993, os técnicos do documento denominado "Apreciação da Variante ao Tipo e Fabrico de Tubagem Apresentada pelo Adjudicatário da Empreitada", declararam não existir até então informações negativas sobre o comportamento do tipo de tubo da Variante-B adjudicada — pré-esforço com alma de aço — com o mesmo diâmetro de 2.500 milímetros?

Provado. Convicção formada com base nos documentos juntos pelos RR. sob os nºs 113 pós-contestação, 9-B e 10-B, não infirmados pela prova testemunhal. V. resposta ao quesito 254º.

– Quesito 777º: Em 22 de Fevereiro de 1993, o Dono da Obra comunicou ao Consórcio o referido no artigo 937º da contestação?

§ 3.º – Da Decisão da Causa e sua Fundamentação

Provado. Convicção formada com base no documento junto pelos RR. à contestação sob o n.º 87, não infirmado pela prova testemunhal.

– Quesito 778º: Em 11 de Março de 1993, o Consórcio comunicou ao Dono da Obra, no ponto 3.7 da sua carta nº 279/CO/93, o referido no artigo 939º da contestação?

Provado. Convicção formada com base no documento junto pelos RR. à contestação sob o n.º 114, não infirmado pela prova testemunhal.

– Quesito 779º: No seguimento dessa carta, o Consórcio, cinco dias volvidos, veio propor uma alteração à referida menor valia de 5,5% para 6,25%?

Provado. Convicção formada com base no documento junto pelos RR. à contestação sob o n.º 115, não infirmado pela prova testemunhal.

– Quesito 780º: Fê-lo sem reservas e a sem a menor alusão a quaisquer constrangimentos ou pressões por parte do Dono da Obra?

Provado. Convicção formada com base no documento junto pelos RR. à contestação sob o n.º 115, não infirmado pela prova testemunhal.

– Quesito 781º: Na falta de uma resposta definitiva imediata do Dono da Obra, o Consórcio, em 21 de Abril de 1993, informou que manteria válida a sua proposta até final desse mês?

Provado. Convicção formada com base no documento junto pelos RR. à contestação sob o n.º 116, não infirmado pela prova testemunhal.

– Quesito 782º: E em 4 de Maio seguinte, prolongou a respectiva validade até final do correspondente mês?

Provado. Convicção formada com base no documento junto pelos RR. à contestação sob o n.º 117, não infirmado pela prova testemunhal.

– Quesito 783º: Em 14 de Julho de 1993, o Dono da Obra dirigiu ao Consórcio uma comunicação na qual pedia que fosse confirmada com brevidade a aceitação das condições entretanto acordadas, de entre as quais se destacava o que se refere e transcreve no artigo 943º da contestação?

Provado. Convicção formada com base no documento junto pelos RR. à contestação sob o n.º 119, não infirmado pela prova testemunhal.

– Quesito 784°: E assim, por carta de 30 de Julho de 1993, o Consórcio confirmou expressamente "*a redução de custos a calcular com base na aplicação de uma redução de 8.162% aos preços unitários 383 a 391, corrigidos a Junho de 1991*"?

Provado. Convicção formada com base no documento junto pelos RR. à contestação sob o n.º 122, não infirmado pela prova testemunhal.

– Quesito 784°-1: As suspeitas de que a Prebesan se debatia com dificuldades financeiras justificavam o abandono da solução originariamente proposta pelo Consórcio de utilização de tubos de betão pré-esforçado com alma de aço?

Provado parcialmente: não foi demonstrado que as suspeitas de que a Prebesan se debatia com dificuldades financeiras justificassem, de modo objectivo, a mudança da solução originalmente adoptada pelo Consórcio de utilização de tubos de betão pré-esforçado com alma de aço; provado, no entanto, que o Consórcio, ao propor a substituição da solução inicial, agiu na convicção de que a Prebesan se debatia com dificuldades financeiras. Convicção formada com base nos depoimentos das testemunhas CB e LC.

– Quesito 785°: A empresa Prebesan encontra-se presentemente em laboração?

Provado. Convicção formada com base no depoimento de todas as testemunhas ouvidas.

– Quesito 786°: Foi a quebra dos compromissos perante ela assumidos pelo Consórcio aquando da proposta apresentada a concurso que esteve na origem das dificuldades com que a dita empresa se terá transitoriamente debatido, dados os elevados investimentos que teve de realizar para o efeito?

Provado apenas que a não fabricação dos tubos da obra da Adução Beliche-ETA/Tavira pela Prebesan poderá ter contribuído para o agravamento das dificuldades financeiras desta empresa. Convicção formada com base no depoimento

da testemunha LC e nos documentos n.ºs 4-A e 5-A juntos pelos RR. na fase de instrução.

– Quesito 786º-1: A apreciação de uma empresa pelos seus elementos contabilísticos é suficiente para se ajuizar com segurança das suas dificuldades financeiras?

Não provado. A apreciação de uma empresa através dos seus elementos contabilísticos é relevante para se ajuizar acerca da respectiva situação financeira, conquanto não seja, em termos objectivos, um critério decisivo.

– Quesito 787º: Aquando da proposta de alteração do tipo de tubos, em Novembro de 1992, o Consórcio não fez qualquer alusão às alegadas dificuldades financeiras do seu fornecedor Prebesan?

Provado. Convicção formada com base no documento junto pelos RR. à contestação sob o n.º 107.

– Quesito 787º-1: Estavam preenchidas as condições para o arranque seguro da construção e funcionamento da fábrica projectada pelas AA.?

Provado. Convicção formada com base nos depoimentos das testemunhas CB, LC e MO.

– Quesito 787º-2: As perspectivas de desenvolvimento futuro e os investimentos realizados pelo Consórcio nada têm, em concreto, a ver com a realização da obra objecto dos autos?

Provado parcialmente: os investimentos realizados pelo Consórcio também tiveram directamente a ver com a realização da obra objecto dos autos — convicção formada com base no depoimento da testemunha CB; não provado que as perspectivas de desenvolvimento futuro tivessem que ver com a realização da obra objecto dos autos.

– Quesito 788º: Os tubos de betão vibropressocentrifugado têm uma qualidade equivalente à dos tubos de betão pré-esforçado com alma de aço?

Provado, com os esclarecimentos prestados nas respostas aos quesitos 252º e 253º.

– Quesito 789º: A empresa Engil concorreu recentemente a uma empreitada (Adutor Nascente: ETA de Tavira — Reservatório de Perogil) lançada pelo INAG apresentando, não tubos de betão pré-esforçado vibropressocentrifugado mas, antes, tubos de betão pré-esforçado com alma de aço?

Provado. Convicção formada com base no documento junto pelos RR. sob o n.º 6-A, não infirmado pela prova testemunhal.

– Quesito 790º: A empresa Águas do Sotavento Algarvio, S.A., tem vindo a adjudicar obras com tubos de betão pré-esforçado com alma de aço?

Provado. Convicção formada a partir dos testemunhos dos Engs. CB e RS.

– Quesito 791º: Em consequência da substituição dos tubos, o Dono da Obra teve fiscais seus na obra de adução Beliche/ETA de Tavira, 24 sobre 24 horas, no período de Março de 1994 a Dezembro de 1995?

Não provado: o Dono da Obra apenas tinha dois turnos de fiscais de 8 horas por dia cada um. Convicção formada com base no depoimento da testemunha JLBP.

– Quesito 792º: Da situação referida no quesito anterior resultaram os custos acrescidos para o Dono da Obra que vêm referidos no artigo 972º da contestação?

Prejudicado pela resposta dada ao quesito anterior.

– Quesito 793º: O Dono da Obra nunca repercutiu sobre o Consórcio o valor desses custos?

Prejudicado pelas respostas dadas aos quesitos anteriores.

β — *Matéria de direito*

67. Pretende o Consórcio que o Dono da Obra seja condenado a pagar-lhe 261.382 contos (a preços de 1991), valor correspondente à reposição do preço contratual inicial do fornecimento e colocação de tubos de betão pré-esforçado com alma de aço na obra de Adução Beliche-ETA de Tavira. *Quid juris?*

68. Como resulta do relato efectuado, provou-se, além do mais, que:

— tendo ficado originariamente estabelecido no contrato n.º 171/DSA o fornecimento, pelo valor (a preços de 1991) de 2.787.500 contos (o que representava 53% do valor total da obra de Adução: resposta ao quesito 259.º), de tubos de betão pré-esforçado com alma de aço (alíneas *Z212)*) e *Z198)*), o Consórcio, em face das suspeitas que teve de que a empresa Prebesan (que era, à data do contrato, a única empresa que em Portugal produzia esse tipo de material e que, assim, iria fabricar os tubos para a obra de Adução Beliche/ETA de Tavira — cf. alíneas *Z199)* e *Z202)*) se debatia com dificuldades financeiras (alínea *Z203)*), o que lhe gerou alguma incerteza quanto à garantia do fornecimento dos tubos no ritmo por ele pretendido (respostas aos quesitos 249.º e 250.º), o Consórcio, dizíamos, propôs ao Dono da Obra, em 11 de Novembro de 1992, a substituição da execução da conduta em tubos de betão pré-esforçado com alma de aço por tubos de betão pré-esforçado vibropressocentrifugado (v.p.c.) a fabricar pelo próprio Consórcio em unidade fabril próxima do local da obra de adução (alínea *Z200)*);

— em 23 de Dezembro de 1992, o Consórcio manifestou a sua disponibilidade para reduzir, em 90.000 contos (menos valia de 3,22% face ao preço inicial), o valor da sua nova proposta (alínea *Z207)*), isto porque estimou que o custo dos tubos de betão pré-esforçado v.p.c. seria inferior ao custo que resultaria da aquisição dos tubos de betão pré-esforçado com alma de aço à empresa Prebesan, já que, por um lado, seriam menores os custos de transporte e, por outro lado, se eliminaria a componente da alma de aço (alínea *Z208)*);

– sobre o Memorando do Consórcio, de 23 de Dezembro de 1992, o Secretário de Estado dos Recursos Naturais exarou, em 13 de Janeiro de 1993, um despacho no qual dizia que "(...) quaisquer alterações que porventura venham a ocorrer, terão de ser perspectivadas de acordo com os seguintes princípios: 1.º melhores ou iguais performances técnicas; 2.º menores ou iguais custos; 3.º diminuição ou pelo menos manutenção dos cronogramas de execução da obra" (resposta ao quesito 775.º);
– o Dono da Obra condicionou, em 22 de Fevereiro de 1992, a aceitação da proposta formulada pelo Consórcio à oferta por este de uma menos valia expressiva, não considerando ser esse o caso, no contexto da obra, dos 90.000 contos oferecidos pelo Consórcio (resposta ao quesito 777.º);
– assim, e na sequência de troca de correspondência, o Consórcio, em 11 de Março de 1993, propôs ao Dono da Obra uma menos valia de 5,5% (resposta ao quesito 778.º) e, cinco dias volvidos, de 6,25% (resposta ao quesito 779.º) — isto, em qualquer dos casos, à margem de quaisquer constrangimentos ou pressões por parte do Dono da Obra (resposta ao quesito 780.º) —, declarando que manteria válida a segunda das referidas propostas de menos valia até ao final de Abril e, depois, até final de Maio de 1993 (respostas aos quesitos 782.º e 783.º);
– em 28 de Maio, por despacho do Ministro do Ambiente, foi autorizada a alteração proposta pelo Consórcio (alínea *Z204)*);
– o Consórcio acabou finalmente por propor, e o Dono da Obra por aceitar, uma menos valia de 8,16% em relação ao preço contratual — tendo, aliás, aquele expressamente confirmado ao Dono da Obra, por

carta de 30 de Julho de 1993, que aceitava essa redução de custos (resposta ao quesito 784.º);
– os tubos de betão pré-esforçado v.p.c. têm uma qualidade pelo menos equivalente à dos tubos de betão pré-esforçado com alma de aço (respostas aos quesitos 788.º, 252.º e 253.º, e alínea Z201));
– o Consórcio, que não tinha qualquer experiência e preparação no que toca ao fabrico de tubos de betão pré-esforçado v.p.c. (alínea Z209)), enfrentou dificuldades com a construção e o funcionamento da fábrica (alínea Z210)), e suportou com os tubos da conduta adutora um preço global que excedeu o preço inicial previsto contratualmente em 299.575 contos (resposta ao quesito 272.º).

69. Passando a decidir.

Como é sabido, existem normas e princípios gerais de direito que, não obstante terem a sua sede formal no Código Civil, valem, independentemente desse Código, em todos os ramos do Direito e, por conseguinte, são também aplicáveis no Direito público (cfr. DIOGO FREITAS DO AMARAL, *Curso de Direito Administrativo*, I, 2ª ed., Coimbra, 1994, pp. 157-158; J.M. SÉRVULO CORREIA, *Legalidade e Autonomia Contratual nos Contratos Administrativos*, Coimbra, 1987, p. 632; e AFONSO QUEIRÓ, *ob. cit.*, p. 186 e segs.). É esse, por exemplo, o caso das regras do Código Civil relativas à falta e vícios da vontade e, designadamente, as respeitantes ao erro-vício. É que, por um lado, o Direito Administrativo não tem ainda uma teoria geral da vontade administrativa; e, por outro lado, o contrato administrativo é, como o contrato civil, um *acordo de vontades*, não se distinguindo essencialmente dele nessa parte e pode, portanto, aplicar-se-lhe, no que à vontade respeita, as normas do Código Civil (v., assim, MÁRIO ESTEVES DE OLIVEIRA / PEDRO COSTA GONÇALVES / JOÃO PACHECO DE AMORIM,

Código do Procedimento Administrativo, colaboração de RO-DRIGO ESTEVES DE OLIVEIRA, Coimbra, 1997, p. 842; v. também JORGE PEREIRA DA SILVA, *A invalidade dos contratos administrativos*, in *Direito e Justiça*, vol. X, tomo 2, 1996, p. 798, e, na doutrina estrangeira, LAUBADÈRE / MODERNE / DELVOLVÉ, *Traité des contrats administratifs*, I, Paris, 1983, pp. 531-543). Trata-se, aliás, da solução hoje expressamente consagrada na lei. Diz-se, com efeito, no n.º 2 do artigo 185º do CPA que "são aplicáveis a todos os contratos administrativos as disposições do Código Civil relativas à falta ou vícios da vontade".

De acordo com o n.º 2 do artigo 252.º do Código Civil, se o erro "(...) recair sobre as circunstâncias que constituem a base do negócio, é aplicável ao erro do declarante o disposto sobre a *resolução ou modificação do contrato por alteração das circunstâncias vigentes no momento em que o negócio foi concluído*" — ou seja, e como se dispõe no n.º 1 do artigo 437.º do mesmo código, "se as circunstâncias em que as partes fundaram a sua decisão de contratar tiverem sofrido uma alteração anormal, tem a parte lesada direito à resolução do contrato, ou *à modificação dele segundo juízos de equidade*, desde que a exigência das obrigações por ela assumidas afecte gravemente os princípios da boa fé e não esteja coberta pelos riscos próprios do contrato". Ora, segundo a doutrina civilista, *"integram a «base do negócio» os elementos essenciais para a formação da vontade do declarante e conhecidos pela outra parte, os quais, por não corresponderem à realidade, tornam a exigência do cumprimento do negócio concluído gravemente contrária aos princípios da boa fé"* (MENEZES CORDEIRO, *Tratado*, I-1, p. 547).

O Tribunal tenderia a enquadrar a resolução da questão *sub judice* na perspectiva do erro quanto à base do negócio (artigo 252.º, n.º 2, do Código Civil). Isto porque tanto as Autoras como os Réus basearam os descontos ao preço inicialmente previsto no contrato na convicção determinante de que era possível fazer os tubos de betão pré-esforçado v.p.c.

na nova fábrica a um preço inferior ao preço definido para a solução inicialmente acordada — as Autoras, porque expressamente referiram o valor indicado como limite da sua margem de benefício; os Réus, porque não pode presumir-se que actuando de boa fé exigissem ao Consórcio menos do que entendiam ser o custo efectivo dos tubos. E, se o Tribunal pudesse seguir por essa via, parecer-lhe-ia justo, à luz de um juízo de equidade, que se procedesse a uma repartição do montante em causa em função do erro de cada uma das partes.

Contudo, o Tribunal não se julga autorizado a seguir por essa via, já que, por um lado, não foi provado que os tubos de betão pré-esforçado v.p.c. só pudessem em quaisquer circunstâncias ser fabricados pelo preço por que efectivamente o foram, e, por outro, porque não ficaram esclarecidos todos os motivos determinantes da derrapagem dos custos relativamente ao acordado. Deste modo, o Tribunal não pode determinar se os riscos em que incorreu o empreiteiro eram, ou não, exclusivamente os riscos próprios do contrato a que se refere o artigo 437.º do Código Civil, para que remete o artigo 252.º, n.º 2, do Código Civil.

70. Não obstante, entende o Tribunal que é de justiça fazer com que na matéria em apreço tanto o Consórcio como o Dono da Obra partilhem do benefício que para o Estado objectivamente resultou da proposta de alteração apresentada, uma vez que na Adução Beliche-ETA de Tavira foram instalados tubos de betão pré-esforçado v.p.c. cuja qualidade é pelo menos equivalente à dos tubos de betão pré-esforçado com alma de aço inicialmente previstos por um preço consideravelmente inferior.

Mas com que fundamento?

Dispõe-se no artigo 31.º do RJEOP/86 que "em qualquer momento da realização dos trabalhos, poderá o empreiteiro propor ao dono da obra variantes ou alterações ao projecto, relativamente a parte ou partes dele ainda não executadas" (n.º 1); e que "se da variante aprovada resultar economia sem decréscimo de qualidade, duração e solidez da obra, o empreiteiro terá direito a metade do respectivo valor" (n.º 3). Prevê-se, pois, nesta segunda norma do artigo 31.º do RJEOP/86, uma partilha de benefícios entre empreiteiro e dono da obra, sob a forma de repartição igual das economias alcançadas por este em consequência de soluções propostas por aquele. A razão de ser da norma é clara: incentivar o empreiteiro a colaborar com a contraparte pública na melhor prossecução do interesse público. Deste modo, à semelhança do que acontece com a admissibilidade de "prémios pecuniários pela qualidade invulgar de execução da obra ou por antecipação dos prazos estabelecidos para execução dos trabalhos" (artigo 61.º, n.º 3, do RJEOP/86), a lei permite que, no caso de uma variante ao projecto proposta pelo empreiteiro e aceite pelo dono da obra, de que resulte "economia sem decréscimo de utilidade, duração e solidez da obra", aquele tenha "direito a metade do respectivo valor".

É certo que estas normas se referem directamente a alterações e/ou a variantes ao projecto. Ora, no caso em apreço, não é essa a situação que se verifica — estamos, essencialmente, perante uma mudança de materiais. No entanto, o Tribunal considera aqueles preceitos aplicáveis ao caso vertente. É que, no caso concreto, não estamos perante um qualquer material — estamos, sim, perante um material essencial à obra de Adução Beliche/ETA de Tavira, cujo valor representava inicialmente cerca de 53% do valor total daquela (cf. resposta ao quesito 258.º).

Portanto, deve entender-se que, perante circunstâncias especiais, se o Estado apresentar propostas de alteração de materiais cuja importância funcional e económica no contexto da obra seja especialmente relevante, às mesmas deve aplicar-se o regime jurídico previsto para as variantes e alterações ao projecto.

§ 3.º – Da Decisão da Causa e sua Fundamentação   199

Ora essas circunstâncias especiais verificaram-se *in casu* e traduziram-se, como se viu, na incerteza experimentada pelo Consórcio quanto ao fornecimento oportuno dos tubos contratados com a Prebesan. Foi isso, efectivamente, que levou o Consórcio, no propósito de colaborar com o Dono da Obra, e prevenindo eventuais dificuldades graves para a execução do projecto, a tomar a iniciativa de propôr as alterações referidas, sendo que elas mereceram a aprovação do Dono da Obra.

Donde, tendo ficado provado que os tubos de betão pré-esforçado v.p.c. têm uma qualidade pelo menos equivalente à dos tubos de betão pré-esforçado inicialmente contratados, o Tribunal decide que devem ser aplicadas ao problema *sub judice*, por maioria de razão, as normas dos n.ºs 1 e 3 do artigo 31.º do RJEOP/86 e, por conseguinte, reconhece ao empreiteiro o direito a receber do Dono da Obra metade da pretensão indemnizatória que nesta sede formulou.

Por outro lado, o Tribunal entende ainda não serem concretamente aplicáveis as normas dos n.ºs 2 e 6 do artigo 144.º do RJEOP/86. Nos termos do n.º 2 daquele artigo, "sempre que o empreiteiro julgue que as características dos materiais fixadas no projecto ou no caderno de encargos não são tecnicamente aconselháveis ou as mais convenientes, comunicará o facto ao fiscal da obra e fará uma proposta fundamentada de alteração, a qual será acompanhada de todos os elementos técnicos necessários para a aplicação dos novos materiais e execução dos trabalhos correspondentes, bem como da alteração de preços a que a aplicação daqueles materiais possa dar lugar e do prazo em que o dono da obra deve pronunciar-se". E, de acordo com o n.º 6 do mesmo artigo, "o aumento ou a diminuição de encargos resultante de alteração das características técnicas dos materiais será, respectivamente, acrescido ou deduzido ao preço da empreitada". Ora, basta ver que, no caso dos autos, o novo tipo de tubos de betão pré-esforçado foi proposto, não porque o tipo anteriormente previsto fosse tecnicamente desaconselhável ou inconveniente, mas, sim, porque o Consórcio, em face das suspeitas de que o seu fornecedor Prebesan, o único existente à data do contrato em Portugal (alínea *Z202)*), se deparava com dificuldades financeiras, ficou numa posição de alguma incerteza quanto à garantia do fornecimento dos tubos de betão pré-esforçado com alma de aço. O que está aqui em causa é uma significativa substituição de um elemento essencial da obra por outro, acompanhada de uma não menos significativa substituição da empresa encarregada do fornecimento desses elementos (que os produziria em diverso local, o que tinha implicações em matéria de ensaios, etc.). Não se verifica, assim, a hipótese de que depende a aplicação do artigo 144.º, n.ºs 2 e 6, do RJEOP/86.

Finalmente, é certo que o Consórcio, ao confirmar expressamente, em 30 de Julho de 1993, uma condição apresentada numa carta do Dono da Obra, de 14 do mesmo mês e ano, aceitou que a economia resultante da utilização de tubos de betão pré-esforçado v.p.c. revertesse em exclusivo para o Dono da Obra. Não é justo, no entanto, entendê-la no sentido de que o Consórcio desse modo renunciou definitivamente ao direito (disponível) de partilhar as economias que da alteração proposta adviessem para o Dono da Obra. Tal renúncia pressuporia, desde logo, uma vontade livre e esclarecida. Ora, é óbvio que tal não sucedeu, desde logo porque dos autos não resulta de forma clara que o Consórcio tenha previsto integralmente essa consequência. Por outro lado, é mister lembrar que a redução proposta pelo Consórcio surgiu no âmbito de um contexto negocial; é, portanto, razoável entendê-la no sentido de que o Consórcio afirmou que todo o benefício da redução reverteria para o Dono da Obra, isto no pressuposto de que ele não seria, ao contrário do que ficou provado ter sucedido, prejudicado em relação à solução inicial

— neste sentido, relembre-se ainda que o Consórcio contava obter vantagens adicionais (exportação de tubos para Espanha; venda para outras obras, etc.) com a instalação da fábrica.

Pelo exposto, o Tribunal, à luz da equidade e, bem assim, da aplicação, por maioria de razão, das normas conjugadas dos n.º s 1 e 3 do artigo 31.º do RJEOP/86, reconhece ao Consórcio o direito a perceber o montante de:

261.832 contos : 2 = **130.916 contos**.

Actualizando esta verba à luz do coeficiente aplicável (1,17, com correcção — cfr. quesito 275.º), obtém-se, com arredondamento, o valor de **153.172 contos**.

71. Assim, o Tribunal condena os Réus a pagar às Autoras, neste ponto, o montante de **153.172 contos**.

4. *"Reposição do equilíbrio das prestações contratuais"*

4.1. Custos mensais não absorvidos até Dezembro de 1993

α — *Matéria de facto*

72. Está assente o seguinte:

Z187) Na quantificação dos prejuízos que sofreu com a execução da empreitada, o Consórcio reportou todos os custos a valores contratuais de Junho de 1991 para efeito de uniformizar os respectivos cálculos.

Z197-1) No documento n.º 32 junto à petição inicial o Dono da Obra afirmou o que se transcreve no artigo 850º da contestação.

– Quesito 102º: Desde a celebração do contrato, em Dezembro de 1991, até final de Dezembro do ano de 1993, o Consórcio pouco mais pôde fazer que "montar estaleiro"?

Não provado. O Consórcio pôde fazer e fez nesse período mais do que "montar estaleiro": realizou vários estudos e

projectos; realizou alguns trabalhos no terreno; montou grande parte da fábrica de tubos vibropressocentrifugados, etc.. Não fez, no entanto, tudo quanto se programara pelas razões constantes das respostas a outros quesitos. Convicção formada com base nos depoimentos das testemunhas CB e LC.

– Quesito 103º: A facturação registada pelo Consórcio até ao final de Dezembro de 1993 não lhe permitiu absorver os seus custos fixos mensais com mão de obra de enquadramento e logística, mão de obra directa de produção em obra, equipamento, gastos gerais de obra e com a estrutura central das empresas?

Provado que a facturação resultante da obra feita neste período (até Dezembro de 1993) foi de 210.629 contos e, por isso, não permitiu ao Consórcio absorver os custos fixos mensais referidos nos quesitos 150º e segs., 155º e segs., 160º e segs. e 167º e segs.. Convicção formada com base nos depoimentos das testemunhas CB e LC.

– Quesito 104º: A facturação registada pelo Consórcio até final de Dezembro de 1993 foi, como se infere do gráfico apresentado no artigo 329º da petição inicial, inferior à constante do cronograma financeiro contratual?

Provado parcialmente: a facturação registada pelo Consórcio até ao final de Dezembro de 1993 foi cerca de quatro vezes inferior à constante do cronograma financeiro tal como consta do artigo 329.º da petição inicial, com o esclarecimento de que essa facturação baseia-se não no cronograma financeiro da Proposta Variante-B, mas no cronograma financeiro do Programa de Trabalhos de 6/1/92. Esclareça-se ainda: *a)* que nesse cronograma não se incluem as verbas pagas pelo Dono da Obra ao Consórcio a título de «estaleiros e acessos»; e *b)* que ele inclui verbas pagas pelo Dono da Obra ao Consórcio pela realização de trabalhos da ETA de Tavira — a qual não se integra na obra de adução.

– Quesito 105º: O INAG reconheceu que a facturação do Consórcio, até Dezembro de 1993, ficou aquém do valor da facturação prevista contratualmente?

Provado parcialmente: o reconhecimento pelo INAG refere-se apenas aos trabalhos do adutor e aos meses de Junho e Julho de 1993, num total de 46 mil contos. Convicção formada com base no documento n.º 5-P junto pelos RR. na fase de instrução.

– Quesito 106º: O INAG prorrogou o prazo da empreitada porque reconheceu a necessidade de reformular o planeamento contratual em consequência da modificação substancial da obra de adução Beliche/ETA de Tavira?

Provado parcialmente. Além dos trabalhos a mais, também influenciaram a necessidade de reformulações do planeamento contratual a questão da renegociação dos equipamentos para a EE1 e a questão da alteração do tipo de tubos a utilizar na obra de Adução Beliche/ETA de Tavira. Convicção formada com base nos documentos juntos pelas AA., sob os n.ºs 1 a 9, em 14/6/1999, bem como com base nos depoimentos das testemunhas CB e LC.

– Quesito 742º: Até final de Dezembro de 1993, o Dono da Obra, para além de ter processado ao Consórcio a verba de Esc. 1.647.291.452$00 referente a "Estaleiros e Acessos", processou-lhe também a verba de Esc. 121.264.000$00 referente a "Instalações e Transportes para a Fiscalização"?

Provado, com o esclarecimento de que as verbas indicadas respeitam ao Consórcio Odeleite. Convicção formada com base nos documentos n.ºs 217 a 220 apresentados pelos RR. pós-contestação, não infirmados pela prova testemunhal.

– Quesito 743º: E, até ao fim do mesmo período, entregou-lhe quantias correspondentes às revisões de preços das verbas referidas no quesito anterior?

Provado. Convicção formada com base nos documentos n.ºs 221 a 223 apresentados pós-contestação pelos RR., não infirmados pela prova testemunhal.

– Quesito 744º: E fez-lhe ainda adiantamentos no montante de Esc. 3.905.112.851$80, dos quais Esc. 2.306.001.564$00 se referem à obra de adução, tudo conforme se discrimina nos quadros juntos como documentos nº 93 e nº 94 à contestação?

Provado, com a rectificação de que o montante global dos adiantamentos feitos pelo Dono da Obra ao Consórcio Odeleite foi de 4.229.162.586$00, sendo que o montante relativo à Adução Beliche/ETA de Tavira foi de 2.584.708.407$00. Convicção formada com base nos documentos juntos pelos RR. à contestação sob os n.ºs 93 e 94.

– Quesito 129°: Os prejuízos suportados pelo Consórcio com custos fixos mensais não absorvidos pela facturação até Dezembro de 1993, com custos relativos ao reforço não previsto de meios humanos e mecânicos a partir de Janeiro de 1994 e, finalmente, com sobrecustos resultantes do diferencial entre o custo real dos tubos de betão e o valor pago pelo INAG — determinaram o desrespeito da programação de tesouraria que aquele havia estabelecido para esta obra?

O Tribunal remete a resposta a este quesito para as respostas dadas aos quesitos 103.°, 149°, 150° e segs., 155° e segs., 160° e segs. e 167° e segs. e 272°.

– Quesito 130°: O Consórcio foi obrigado a financiar os prejuízos mencionados no quesito anterior?

O Tribunal remete a resposta a este quesito para as respostas dadas aos quesitos mencionados na resposta ao quesito anterior.

– Quesito 131°: O sobreesforço financeiro referido no quesito anterior acarretou um correspondente sobrecusto para o Consórcio?

O Tribunal remete a resposta a este quesito para as respostas dadas aos quesitos mencionados na resposta ao quesito 129.°.

– Quesito 132°: O custo financeiro total suportado pelo Consórcio até 31 de Dezembro de 1996 foi de 1.250.453 contos?

O Tribunal remete a resposta a este quesito para as respostas dadas aos quesitos 245° e 246.°.

– Quesito 143.°: Ao quantificar os custos e prejuízos que alegadamente sofreu na execução da empreitada, o Consórcio, depois de os reportar a valores contratuais de Junho de 1991, actualizou-os às datas em que efectivamente ocorreram à luz do coeficiente de revisão de preços contratual?

Provado, com o esclarecimento de que o coeficiente de revisão de preços utilizado pelo Consórcio (um dos cinco previstos no contrato) foi, concretamente, o fixado para a obra geral, salvo quanto ao tubo — em que foi utilizada a fórmula de revisão prevista para a conduta adutora. Convicção formada com base no depoimento da testemunha CB.

– Quesito 144.º: Nos casos em que se tratou de um prejuízo continuado no tempo, o Consórcio utilizou, como data de referência para actualização dos custos reportados a valores contratuais de Junho de 1991, o mês médio do período em que esse prejuízo ocorreu?

Provado que o Consórcio utilizou esse método, com o esclarecimento de que posteriormente veio a admitir como mais correcto o critério da média dos índices do período e, nessa base, através de documento junto aos autos em 13 de Novembro de 1999, apresentou novos valores.

– Quesito 145.º: Resultava do contrato de empreitada n° 171/DSA que os custos com meios humanos em obra e com equipamentos representavam, respectivamente, 6% e 9% da facturação?

Não provado, com os seguintes esclarecimentos: (1) os valores de 6% e 9% não resultam do contrato de empreitada de Dezembro de 1991 (no documento n.° 7-P junto pelos RR. na fase de instrução, as AA. expressamente reconheceram que as listas de equipamento e mapas de pessoal apresentados não eram exaustivos e apenas se referiam aos meios principais de intervenção directa em obra), mas sim de cálculos feitos pelo Consórcio a partir de elementos constantes do Programa de Trabalhos de 6/1/92, por um lado, e, por outro lado, dos preços, de Outubro de 1993, divididos por 1,3, de trabalhos prestados pelo Consórcio ao Dono da Obra em regime de administração directa e, bem assim, dos preços de outros trabalhos sem correspondência com os realizados em Outubro de 1993; (2) que o valor de 9% (equipamentos), calculado pelo Consórcio, corresponde ao custo da maquinaria parada, ou seja, 50% dos custos com o equipamento total necessário. Convicção formada com base nos depoimentos das testemunhas CB e LC. Dos depoimentos das duas referidas testemunhas resultou para o Tribunal a convicção de que os custos com meios humanos em obra e com equipamentos terão representado, respectivamente, 16,25% (Mão de Obra) e 10,5% (Equipamentos).

- Quesito 146.º: O Programa de Trabalhos do Consórcio continha a indicação mensal dos equipamentos a utilizar ao longo de todo o período da empreitada?

Provado que o Programa de Trabalhos de 6/1/92 continha a indicação mensal de algum equipamento a utilizar ao longo da empreitada, com o esclarecimento de que a Proposta Variante-B continha apenas a lista de algum equipamento sem aquela indicação mensal. Convicção formada com base no depoimento da testemunha CB, bem como no documento junto pelos RR. à contestação sob o n.º 100.

- Quesito 147.º: Na análise que fez da reclamação do Consórcio concernente à *"reposição do equilíbrio das prestações contratuais"*, apresentada por requerimento de 7 de Agosto de 1995, o Dono da Obra, através do ofício n° 172/OB, de 18 de Dezembro de 1995, reconheceu e aceitou que a mão de obra e o equipamento representavam, respectivamente, 6% e 9% da facturação?

Não provado. Convicção formada com base no documento junto pelos RR. sob o n.º 5-P, bem como no depoimento da testemunha LC.

- Quesito 148.º: No que respeita aos custos da mão de obra e equipamento, os valores tomados em consideração foram aceites pelo Dono da Obra na facturação de trabalhos prestados pelo Consórcio em regime de administração directa ao Dono da Obra?

Provado, com os seguintes esclarecimentos: (1) a expressão "custos" deve entender-se como correspondendo a "custos horários" e não a "custos mensais"; (2) da mencionada aceitação pelo Dono da Obra não resulta que os preços acordados para trabalhos em regime de administração directa possam servir, só por si, como critério de determinação dos custos de toda a obra, visto que os trabalhos feitos em regime de administração directa durante uma empreitada correspondem a necessidades urgentes e de satisfação imperativa do Dono da Obra, pelo que o poder negocial deste é menor e os preços são habitualmente superiores aos preços de uma empreitada que decorre normalmente; (3) é

razoável contabilizar nos custos da empreitada as horas extraordinárias concedidas ao pessoal, e o pagamento de Sábados alternados, como forma de facilitar o seu recrutamento e fixação em obra em zonas que se situam fora dos grandes centros urbanos, designadamente Lisboa e Porto — assim é, note-se, desde que as horas extraordinárias contratadas se contenham dentro de limites de razoabilidade; (4) no cômputo dos custos da empreitada, o valor dos equipamentos deve ser considerado, até Dezembro de 1993, pelo período correspondente ao trabalho normal, e, no período de Janeiro de 1994 a Maio de 1996, deve ser considerado como valor de equipamento em utilização pelo período das horas extraordinárias do pessoal e de dois Sábados alternados por mês. Convicção formada com base no depoimento da testemunha LC, bem como nos documentos juntos pelas AA. sob os n.º 1 a 7 em 1/7/1999.

– Quesito 149.º: A facturação do Consórcio até final de Dezembro de 1993 foi de 1.337.544 contos?

Não provado. A facturação do Consórcio, sem adiantamentos, na parte relativa apenas à Adução Beliche/ETA de Tavira, até final de Dezembro de 1993, foi de 1.199.050 contos [= 988.421.513 contos (verbas de «estaleiros e acessos» dos anos de 1992 e 1993) e 210.619 contos (facturação de outros trabalhos até finais de 1993)]. O valor apresentado pelas AA. de 1.337.544.000$00 não pode ser considerado, já que inclui trabalhos relativos à ETA de Tavira e não inclui todas as verbas relativas a «Estaleiros e Acessos». Convicção formada a partir dos depoimentos das testemunhas CB e LC.

– Quesito 150.º: Dos quadros nº 1 e nº 2 constantes do Anexo 12 à petição inicial resulta que o custo efectivo que o Consórcio suportou até Dezembro de 1993 com o pessoal afecto à obra foi de 333.336 contos?

Provado parcialmente. Dos Quadros 1 e 2 do Anexo 12 da petição inicial — corrigidos através dos Quadros 1A e 2A, juntos pelas AA. em 13 de Novembro de 1999, bem como dos depoimentos das testemunhas CB e LC — resultou para o Tribunal a convicção de que o Consórcio terá suportado com o «pessoal» afecto à obra custos que se podem razoavelmente estimar em 250.002 contos.

– Quesito 151.º: No pressuposto de que a mão de obra representava 6% da facturação, o valor de facturação equivalente ao pessoal deveria ter sido 80.252 contos?

Prejudicado pelas respostas dadas aos quesitos 145.º e 149.º. O valor que deve ser considerado é, com base nos valores indicados nessas respostas, 194.845 contos. Convicção formada com base nos depoimentos das testemunhas CB e LC.

– Quesito 152.º: A diferença entre o custo efectivamente suportado pelo Consórcio com mão de obra e o custo que se havia previsto corresponde, a valores de Junho de 1991, à verba de 253.084 contos?

Prejudicado. O valor que deve ser considerado é 55.157 contos (= 250.002 — 194.845).

– Quesito 153.º: O mês a que se reportam os prejuízos com meios humanos é Dezembro de 1993?

Não provado: o mês médio é Janeiro de 1993, com o esclarecimento de que o critério mais correcto é o da média dos índices do período. V. resposta ao quesito 144.º.

– Quesito 154.º: Actualizando a verba referida no quesito 152º, segundo o método referido no artigo 371º da petição inicial, obtém-se o valor de 278.670 contos?

Prejudicado pelas respostas aos quesitos 144.º, 152.º e 153.º. O valor que deve ser considerado, de acordo com o índice médio do período de Abril de 1992 a Dezembro de 1993 (1,179) — resultante da aplicação da fórmula de revisão de preços da mão de obra (v. documento das AA. de 13/11//1999, p. 7) —, é 65.030 contos (= 55.157 contos x 1,179).

– Quesito 155.º: Dos quadros nº 3 e nº 4 constantes do Anexo nº 12 à petição inicial resulta que o custo efectivo que o Consórcio suportou até Dezembro de 1993 com meios mecânicos foi de 177.201 contos?

Provado parcialmente. Dos Quadros 3 e 4 do Anexo 12 da petição inicial — corrigidos através dos Quadros 3A e 4A, juntos pelas AA. em 13 de Novembro de 1999, bem como dos depoimentos das testemunhas CB e LC — resultou para o Tribunal a convicção de que o Consórcio terá suportado

com o «equipamento» afecto à obra custos que se podem razoavelmente estimar em 132.900 contos.

– Quesito 156.º: No pressuposto de que os meios mecânicos representavam 9% da facturação, o valor de facturação equivalente deveria ter sido de 120.378 contos?

Prejudicado pelas respostas dadas aos quesitos 145.º e 149.º. O valor que deve ser considerado é, com base nos valores indicados nessas respostas, 125.900 contos. Convicção formada com base nos depoimentos das testemunhas CB e LC.

– Quesito 157.º: A diferença entre o custo efectivamente suportado pelo Consórcio com meios mecânicos e o custo que havia sido programado corresponde, a valores de Junho de 1991, à verba de 56.822 contos?

Prejudicado. O valor que deve ser considerado é 7.000 contos (= 132.900 contos — 125.900 contos).

– Quesito 158.º: O mês a que se reportam os prejuízos com meios mecânicos é Dezembro de 1993?

Não provado: o mês médio é Janeiro de 1993, com o esclarecimento de que o critério mais correcto é o da média dos índices do período.

– Quesito 159.º: Actualizando a verba referida no quesito 157º, segundo o método referido no artigo 371º da petição inicial, obtém-se o valor de 62.567 contos?

Prejudicado pelas respostas aos quesitos 149.º, 157.º e 158.º. O valor que deve ser considerado, de acordo com o índice médio do período de Abril de 1992 a Dezembro de 1993 (1,073) — resultante da aplicação da fórmula de revisão de preços do Equipamento —, é 7.511 contos (= 7.000 contos x 1,073).

– Quesito 160.º: O Consórcio suportou com gastos gerais mensais da obra, no período até Dezembro de 1993, o montante de Esc. 126.477.897$00?

Provado parcialmente. Dos depoimentos das testemunhas CB e LC resultou para o Tribunal a convicção de que o Consórcio terá suportado com «gastos gerais mensais da

obra» custos que se podem razoavelmente estimar em 94.858 contos. Segundo o Parecer do Prof. Ernâni Lopes, pp. 39-40, junto aos autos pelas AA., poderão os gastos improdutivos suportados pelo Consórcio no período em que subfacturou ter sido igualados ou ultrapassados pelos valores recebidos no período em que o Consórcio sobrefacturou. Saber se isso constitui, ou não, um caso de compensação é matéria de direito que o Tribunal relega para a decisão final.

– Quesito 161.º: A facturação prevista pelo Consórcio para esse período era de 7.557.826 contos?

Provado, nos termos do documento junto pelas AA sob o n.º 3 à petição inicial.

– Quesito 162.º: A facturação realmente obtida pelo Consórcio até final de Dezembro de 1993 foi de 1.337.544 contos?

Não provado, nos termos da resposta dada ao quesito 149º. O valor que deve ser considerado é 1.199.050 contos.

– Quesito 163.º: A verba referida no quesito anterior corresponde a 18% da verba mencionada no quesito 161º?

Prejudicado pelas respostas aos quesitos 160º e 161.º. O valor que deve ser considerado é 15,86%.

– Quesito 164.º: Da verba referida no quesito 160º houve assim um gasto improdutivo no valor de 82%, ou seja, 103.712 contos?

Prejudicado pelas respostas aos quesitos 160º e 163.º. O valor que deve ser considerado, correspondente a 84,14%, é 79.814 contos. Dão-se aqui por reproduzidas as considerações feitas nos segundo e terceiro períodos da resposta ao quesito 160.º.

– Quesito 165.º: O mês a que se reportam os prejuízos com gastos gerais mensais da obra é Dezembro de 1993?

Não provado: o mês médio é Janeiro de 1993, com o esclarecimento de que o critério mais correcto é o da média dos índices do período. V. resposta ao quesito 144º.

– Quesito 166.º: Actualizando a verba referida no quesito 164º, através do método referido no artigo 371º da petição inicial, obtém-se o valor de 114.197 contos?

Prejudicado pelas respostas aos quesitos 162.º a 164.º. O valor que deve ser considerado, de acordo com o índice médio do período de Abril de 1992 a Dezembro de 1993 (1,105, com correcção) — resultante da aplicação da fórmula de revisão de preços da Obra Geral —, é 88.194 contos (=79.814 contos x 1,105).

– Quesito 167.º: As empresas subconsorciadas Engil e Construtora do Tâmega têm os encargos com estrutura central e custos financeiros gerais indicados no gráfico constante do artigo 397º da petição inicial?

Provado que os encargos com estrutura central e custos financeiros gerais das empresas subconsorciadas Engil e Construtora do Tâmega se devem considerar razoavelmente fixados em 8,5%. Convicção formada com base nos depoimentos das testemunhas GR e LC, bem como nos documentos juntos pelas AA. para prova deste quesito (Pareceres contabilísticos).

– Quesito 168.º: O Consórcio orçamentou a sua proposta para a parte da empreitada referente à adução Beliche-ETA de Tavira considerando um encargo mensal com a estrutura central das empresas no montante de 22.373 contos?

Provado que o Consórcio orçamentou o valor indicado no Questionário. No entanto, tendo em conta o valor referido no quesito anterior, os encargos com a estrutura central das empresas devem razoavelmente estimar-se em 19.017 contos. Convicção formada com base nos depoimentos das testemunhas CB e GR.

– Quesito 169.º: Esse valor equivalia à divisão de 10% do valor global da obra de adução Beliche/ETA de Tavira pelos 30 meses previstos contratualmente para a sua execução?

Provado, com base no valor contratual da obra de Adução Beliche/ETA de Tavira. V., no entanto, as respostas aos dois quesitos anteriores.

– Quesito 170.º: O Consórcio suportou, até final de Dezembro de 1993, um custo total com a estrutura central das empresas nele integradas no montante de 514.579 contos?

Não provado. De acordo com a resposta ao quesito 168.º, o valor referido deve razoavelmente fixar-se em 437.391 contos.

– Quesito 171.º: Durante o ano de 1992 verificou-se a quase inexistência de actividade e de facturação na obra de adução Beliche/ETA de Tavira?

Provado apenas que no ano de 1992 quase não existiram trabalhos no terreno. Quanto à facturação neste período, *vide* a resposta ao quesito 149º.

– Quesito 172.º: Durante o ano de 1992 o Consórcio sofreu um sobrecusto correspondente a 82% dos custos efectivos suportados nesse ano com a estrutura central das empresas?

Não provado. O sobrecusto alegadamente suportado pelo Consórcio correspondeu a 84,14% dos custos efectivos suportados nesse ano com a estrutura central das empresas.

– Quesito 173.º: O montante da verba referida no quesito anterior, a valores de Junho de 1991, é de 220.150 contos?

Não provado. O valor que deve ser considerado é 192.010 contos, em função dos valores estabelecidos nos quesitos 163.º e 168.º.

– Quesito 174.º: E o valor actualizado a Dezembro de 1993 é de 242.407 contos?

Prejudicado pelas respostas aos quesitos 172.º e 173.º. O valor que deve ser considerado, de acordo com o índice médio do período de Abril de 1992 a Dezembro de 1993 (1,105, com correcção) — resultante da aplicação da fórmula de revisão de preços da Obra Geral —, é 212.171 contos (=192.010 contos x 1,105).

– Quesito 768.º: Na facturação prevista pelo Consórcio desde a adjudicação até final de Dezembro de 1993 está compreendido o valor do estaleiro?

Provado parcialmente: na facturação prevista pelo Consórcio desde a adjudicação até final de Dezembro de 1993 está compreendido apenas o valor de parte do estaleiro. V. resposta ao quesito 149.º. Convicção formada com base no depoimento da testemunha LC.

– Quesito 769.º: Na facturação referida no artigo 395º da petição inicial não foram contabilizadas as verbas correspondentes ao estaleiro e aos adiantamentos?

Provado parcialmente: na facturação referida no artigo 395.º da petição inicial foram contabilizadas as verbas correspondentes ao valor de parte do estaleiro, mas não foram contabilizadas as verbas correspondentes aos adiantamentos. Convicção formada com base nos depoimentos das testemunhas LC e GR.

β — *Matéria de direito*

73. Alegando que as alterações ao projecto da Proposta Variante-B motivaram atrasos no desenvolvimento da programação estabelecida e que estes foram, por sua vez, causa de uma situação de subesforço (e de subfacturação) geradora de sobrecustos com meios humanos, meios mecânicos, gastos gerais mensais de obra e estrutura central das empresas, isto no período de Janeiro de 1991 a finais de 1993, pretendem as Autoras a condenação dos Réus no pagamento desses sobrecustos.

O Tribunal, como resulta do relato efectuado, deu como provada a existência de alguns desses sobrecustos e, bem assim, das seguintes causas dos mesmos:

(i) A questão do "Túnel da Gafa";
(ii) As alterações profundas ao projecto adjudicado;
(iii) Vicissitudes na execução e, designadamente, o atraso na remoção do poste da EDP existente nos terrenos de implantação da EE1;
(iv) A alteração do tipo de tubos a colocar na obra de adução.

Cumpre, pois, desde logo, ponderar e decidir se, e em que medida, o Dono da Obra é responsável por estes factores de atraso e pelos consequentes sobrecustos das Autoras. Posteriormente, e em caso afirmativo, proceder-se-á à quantificação dessa responsabilidade.

74. *A)* Quanto ao Túnel da Gafa, resulta, além do mais, do relato acima efectuado (*supra*, XIII, 1.2.2.), que:

- em Dezembro de 1991, o Dono da Obra solicitou, informalmente, ao Consórcio que estudasse e comparasse, do ponto de vista técnico e económico, a solução adjudicada, de execução do adutor integralmente em tubos de betão pré-esforçado com alma de aço, com uma solução alternativa, de realização do adutor parcialmente (cerca de 13 km) em túnel (conhecido como o "Túnel da Gafa"), entre a albufeira do Beliche e a ribeira de Almargem (alínea *Z60)*) — solução essa que representava uma concepção geral da obra completamente diferente da contratada entre o Dono da Obra e o Consórcio (alínea *Z61)*), além de determinar escolhas de meios humanos e de meios mecânicos muito diferentes das requeridas pela realização do adutor integralmente por conduta;
- em 28 de Fevereiro de 1992, num prazo curto e inferior àquele que lhe tinha sido atribuído (resposta ao quesito 41.º), o Consórcio enviou ao Dono da Obra esse estudo técnico-económico (alínea *Z64)*), incluindo uma nova lista de preços (alínea *Z66)*);
- entre Dezembro de 1991 e Julho de 1992, existiu a possibilidade séria de a decisão do Dono da Obra sobre o modo de execução do adutor Beliche/ETA de Tavira recair sobre a solução denominada "túnel da Gafa" (alínea *Z70)*);
- em 24 de Agosto de 1992, o Dono da Obra informou o Consórcio de que optava pela solução adjudicada

em detrimento da solução técnica alternativa estudada do "Túnel da Gafa (alínea *Z71)*);
– o Consórcio não podia sem a decisão do Dono da Obra sobre a hipótese do "túnel da Gafa" tomar posição sobre os seguintes aspectos: projecto a desenvolver; investimentos a concretizar; equipa técnica a escolher; recursos humanos a mobilizar; e, por último, equipamentos a utilizar (resposta ao quesito 43°);
– a incerteza sobre a decisão a tomar pelo Dono da Obra sobre a solução do "túnel da Gafa" explica, segundo critérios de razoabilidade, que o Consórcio, até conhecer essa decisão, não tenha desenvolvido e executado o projecto adjudicado, a não ser em aspectos marginais (respostas aos quesitos 44° e 404.°);
– o Dono da Obra reconheceu que a falta de decisão sobre a solução do "túnel da Gafa" justificava uma posição de expectativa por parte do Consórcio (resposta ao quesito 45°);
– é razoável supor que se as obras se iniciassem segundo uma concepção e, mais tarde, o Dono da Obra optasse por outra concepção, os interesses do Estado e dos contribuintes seriam significativamente afectados (resposta ao quesito 46°);
– entretanto, em 7 de Maio de 1992, ocorreu a primeira consignação parcial da obra de adução Beliche/ETA de Tavira e, nessa data, o Consórcio não formulou qualquer reserva quanto ao facto de não haver ainda uma decisão final do Dono da Obra sobre a solução alternativa do "túnel da Gafa" (resposta ao quesito 403°), sendo que, por outro lado, nunca o Dono da Obra deu qualquer indicação ao Consórcio no sentido da suspensão provisória dos trabalhos até à decisão final sobre a solução Túnel da Gafa (resposta ao quesito 403°-1);

– não era razoável, à luz da experiência comum, ainda que fosse possível no plano físico, que o Consórcio iniciasse os trabalhos da última parte da obra de adução Beliche/ETA de Tavira sem serem conhecidas as características da primeira parte da mesma obra, até porque, sendo patente para o Consórcio a incerteza e indefinição que existiam no âmbito do Estado sobre o Túnel da Gafa, o Dono da Obra não pode agora pretender que naquela altura esperava que o Consórcio iniciasse no terreno a execução da Proposta Variante-B como se tudo estivesse definido (resposta ao quesito 403º-2).

75. O "Túnel da Gafa" originou, portanto, um atraso de sete meses na execução da obra de Adução Beliche-ETA de Tavira: de início de Fevereiro de 1992 (data em que, segundo o Programa de Trabalhos inicial do Consórcio, deveria ter lugar o início dos trabalhos) a 24 de Agosto de 1992.

O Tribunal entende que o Dono da Obra é integralmente responsável por este atraso. Com efeito, e como ficou provado, a solicitação que ele informalmente fez ao Consórcio, em Dezembro de 1991, criou neste uma expectativa quanto à realização da solução Túnel da Gafa. Não lhe era, deste modo, exigível, à luz de considerações de razoabilidade, que executasse as suas obrigações contratuais incompatíveis com a realização da solução "Túnel da Gafa".

Essa situação de expectativa do Consórcio é inquestionável até à consignação parcial de 7 de Maio de 1992 — como os próprios Réus reconheceram. Mas não deixou de continuar, legitimamente, pelo facto de o Dono da Obra ter realizado, nos termos legalmente prescritos, em 7 de Maio de 1992, a primeira consignação parcial da obra. O facto de isso ter ocorrido não invalida que fosse um dado firme o de que do lado do contraente público faltava ainda uma palavra de um nível decisório superior ao do Dono da Obra (Governo), e sabia-se que, a esse nível, se continuava a ponderar a hipótese de realizar a solução "Túnel da Gafa". Isto comprova-se, simples mas decisivamente, pela circunstância de o Dono da Obra ter vindo dizer mais tarde, por escrito, concretamente em 24 de Agosto de 1992, que optava pela solução adjudicada em detrimento da solução alternativa estudada do "Túnel da Gafa". Nunca o teria feito se considerasse que tudo ficara definitivamente esclarecido com a consignação de 7 de Maio.

O Dono da Obra criou, pois, informalmente, ao Consórcio uma expectativa a que não pôs termo de modo *formal e inequívoco* com a consignação parcial de 7 de Maio de 1992. Ora, a boa fé, princípio jurídico-positivo de natureza constitucional incontroversamente aplicável, apesar de só posteriormente consagrado expressamente na Constituição e na lei, em matéria de contratos administrativos, em geral (cfr., nesse sentido, por exemplo, DIOGO FREITAS DO AMARAL, *Direitos fundamentais dos administrados*, in *Nos Dez Anos da Constituição*, organização de JORGE MIRANDA, 1987, p. 20; RUI DE ALARCÃO, *Direito das Obrigações*, Coimbra, 1983, p. 117; e MENEZES CORDEIRO, *Da Boa Fé no Direito Civil*, I, Coimbra, 1984, pp. 383 e segs.), e de empreitadas de obras públicas, em particular, a boa fé, dizíamos, impunha ao Dono da Obra, se fosse já do seu desejo em 7 de Maio de 1992 abandonar a solução "Túnel da Gafa", que desfizesse, de modo expressamente inequívoco, a expectativa criada ao Consórcio quanto à possibilidade de se realizar aquela solução.

Assim, como tal decisão formal do Dono da Obra só ocorreu em finais de Agosto de 1992, o Tribunal considera que aquele deve ser considerado, por força do princípio da boa fé — que, em face das circunstâncias do caso, prevalece e justifica a desaplicação das normas dos artigos 128.º e 129.º, n.º 1, do RJEOP/86 (sobre a prevalência aplicativa dos princípios em conflitos normativos, ou, no fundo, sobre a prevalência da *ratio iuris* sobre a *ratio legis*, cfr., na doutrina portuguesa, por todos, ANTÓNIO CASTANHEIRA NEVES, *Metodologia Jurídica*, Coimbra, 1993, pp. 190-195, *maxime*, p. 191) —, integralmente responsável pelos sete meses do atraso que a questão "Túnel da Gafa" causou na execução da obra de Adução Beliche-ETA de Tavira (de Fevereiro de 92 e finais de Agosto do mesmo ano).

76. *B)* Em matéria de alterações significativas ao projecto adjudicado, resulta, além do mais, do relato acima efectuado (*supra*, XIII), que:
- a dimensão e complexidade do projecto da obra de adução Beliche/ETA de Tavira exigiam da parte do Dono da Obra a apreciação, comentário e procura de soluções de modo a atingir da maneira mais vantajosa, tanto do ponto de vista técnico como económico, os objectivos previstos para o empreendimento (alínea *Z72)*);
- após a adjudicação, o Dono da Obra solicitou ao Consórcio Odeleite o desenvolvimento de vários projectos, dos quais resultou uma série de alterações em relação ao projecto definido pelo empreiteiro na sua Variante-B (alínea *Z73)*), alterações essas que obrigaram o projectista do Consórcio a situar-se ao nível de desenvolvimento de projecto correspondente à fase que a Portaria de 7 de Fevereiro de 1972 qualifica como "programa-base" e, a partir daí, a refazê-lo na sua maior parte (alínea *Z80)*);
- uma dessas alterações foi a *introdução de filtros nas derivações para rega* — os quais, implicando perdas de pressão na água superiores às previstas na Proposta Variante-B, obrigaram ao aumento da altura necessária de elevação de água na EE1 e, consequentemente, também ao

aumento da potência das bombas a integrar nela (alínea *Z74)*);
- a alteração anteriormente referida implicou também a *substituição dos grupos de bombas da Scan-Pump, por grupos de bombas da marca Worthington com motores Siemens*, o que, por sua vez, causou, por um lado, alterações profundas em termos de "lay-out" e de arranjos exteriores da EE1 (particularmente no que toca às dimensões das naves dos grupos e do edifício de exploração), e, por outro lado, aumentos significativos nos diâmetros das condutas de aspiração (alínea *Z75)*);
- o Consórcio, na Proposta Variante-B entendia, a respeito da EE1, como indispensáveis certos estudos técnicos e económicos que permitissem aperfeiçoar o projecto, mas ficou provado que, sobrepondo-se à necessidade de fazer esses estudos, sobreveio, a partir de Maio de 1992, a necessidade mais complexa de corresponder à decisão de introduzir o sistema de filtragem nas derivações para a rede de rega (resposta ao quesito 506.°);
- outra alteração ocorrida neste período (concretamente em Junho de 1992), foi a da *localização da ETA de Tavira*, que teve implicações em termos altimétricos, de implantação e de adaptação de todas as obras e equipamentos a jusante da EE2 (cfr. alínea *Z79)* e resposta ao quesito 325°);
- outra alteração ainda, no mesmo período, foi a *do traçado do túnel Beliche-EE1*; o processo de alteração do projecto, a cargo do Consórcio, iniciou-se em Novembro de 92 (alínea *Z86)*) e desenvolveu-se ao longo dos meses seguintes e até finais de Maio de 1993 (respostas aos quesitos 424.° a 431.° e alíneas *Z87)* e *Z88)*); em 30 deste mês e ano, o Dono da Obra informou o Consórcio que passaria a consultar a Hidroprojecto,

como sua assessora, para "verificação do projecto e assistência técnica às obras", acrescentando também que "não (estava) em causa a seriedade do trabalho realizado" pelo Consórcio, mas as "suas implicações" (alínea *Z89*));
- em 26 de Julho de 1993, o Dono da Obra declarou ao Consórcio que optava pela solução de localização da torre de tomada de água preconizada na nota técnica da Hidroprojecto, facto que, implicando uma redução do comprimento do túnel de 615 m para 328 m, determinava também que se deveria abandonar o traçado definido no projecto de execução do túnel Beliche--EE1 apresentado pelo empreiteiro (alínea *Z90*));
- os trabalhos da obra adução iniciaram-se, com a terraplanagem dos terrenos de implantação da EE1, em 11 de Agosto de 1993 (resposta ao quesito 381º).

77. Desde a alteração do contrato e até finais de Outubro de 1993 (mês em que se iniciaram os trabalhos de escavação e aterro), o projecto da obra de Adução Beliche/ETA de Tavira foi significativamente alterado — pela introdução de filtros nas derivações para a rede de rega, que teve implicações profundas na EE1; pela alteração da localização da ETA de Tavira, que causou implicações importantes na parte final do sistema adutor; e pela alteração do traçado do túnel Beliche-EE1 —, alterações estas que provocaram um atraso de Junho de 92 a Agosto de 1993, ou seja, de 14 meses.

O Tribunal entende que os atrasos registados em matéria de trabalho de projecto com a EE1 e a EE2 são, na sua maioria, da responsabilidade do Dono da Obra. Assim, quanto à EE1, obra central em todo o empreendimento (resposta ao quesito 503.º), foi a decisão do Dono da Obra de introduzir filtros nas derivações para a rede de rega que, gerando importantes implicações na concepção e construção da EE1, causou

§ 3.° – *Da Decisão da Causa e sua Fundamentação*

o atraso geral de todo o processo — basta ver que as discussões sobre o conteúdo técnico da EE1 duraram de 9 de Outubro de 1992 até 31 de Março de 1995 (cfr. alíneas *Z102)* e *Z115)*); no entanto, tem de entender-se que o Consórcio é responsável por alguns atrasos menos relevantes e, designadamente, pelo atraso verificado entre Julho e finais de 1993 (respostas aos quesitos 530.°-1 e 534.°), bem como pelo atraso nas negociações com o fabricante das bombas dado que nelas não incluiu o Dono da Obra (resposta ao quesito 534.°). Quanto à EE2, nada se tendo feito de Fevereiro a Agosto de 1992, verificou-se, posteriormente, que o novo local de implantação da ETA de Tavira imposto pelo Dono da Obra prejudicava a solução constante da Proposta Variante-B (resposta ao quesito 544.°), obrigando, assim, à reformulação completa do projecto da parte final do sistema adutor (traçado da conduta adutora, EE3 e Reservatório de Santo Estêvão). Mas verificaram-se também a respeito da EE2 alguns atrasos menores do Consórcio, designadamente quanto à apresentação da proposta financeira relativa ao fornecimento e montagem do equipamento electromecânico da EE2 (respostas aos quesitos 556.° a 558.°).

Por outro lado, o Tribunal entende também que a parte mais significativa do atraso com a definição do traçado do Túnel Beliche-EE1 se fica a dever ao Consórcio. É que, conforme resulta do relato da matéria de facto acima efectuado, aquele retardou, para além do que seria razoável, a apresentação de vários elementos de projecto, sucedendo também que, em vários aspectos, a solução que veio a apresentar não pôde ser adoptada pelo Dono da Obra pelas suas implicações menos adequadas em termos técnicos e económicos.

Assim, num cômputo global, e à luz de um juízo de equidade — que não pondera apenas a maior ou menor duração dos atrasos, mas sobretudo as consequências reais de cada um no ritmo de execução do contrato e as circunstâncias concretas que os rodearam —, o Tribunal entende que o Dono da Obra é responsável por 75% do atraso dos trabalhos da empreitada no período de Junho de 92 a Agosto de 1993, e o Consórcio pelos remanescentes 25%.

78. *C)* Quanto à vicissitude do poste existente nos terrenos necessários para a implantação da EE1, foi provado que:
- existia um poste da EDP colocado na área necessária à implantação da EE1 (resposta ao quesito 379.º);
- esse poste foi removido em 3 de Agosto de 1993 (resposta ao quesito 30º);
- até 3 de Agosto de 1993, o Consórcio podia ter começado os trabalhos de escavação na zona da EE1, já que o poste da EDP, cuja remoção solicitou em 3 de Maio de 1993, se situava num dos extremos do terreno (resposta ao quesito 30º) ;
- o Consórcio não poderia ter concluído os trabalhos de escavação sem a remoção daquele poste, dado que não lhe era exigível que utilizasse explosivos nas escavações necessárias à realização da EE1 sem a remoção do poste (resposta ao quesito 30º);
- os trabalhos de terraplanagem dos terrenos de implantação da EE1 só se iniciaram em 11 de Agosto, ou seja, oito dias depois da retirada do poste da EDP aí situado (resposta ao quesito 381º).

79. Para o Tribunal, deve entender-se que, por princípio, sempre que o empreiteiro necessite fazer parte da obra em relação à qual se verifique impedimento que condicione apenas o termo da obra e não o seu início, deve aquele, por razões de diligência, fazer tudo o que tiver de fazer até à verificação do impedimento e, depois, notificar o dono da obra de que a partir daí não faz mais porque não pode — sendo, então, a inexecução da responsabilidade do dono da obra. Se, porém, o empreiteiro entender que o início dos trabalhos nessas condições pode ser fonte de prejuízos significativos, para si ou para o dono da obra, deve aquele, antes de iniciar os trabalhos, pedir ao dono da obra que lhe dê instruções sobre se deve ou não iniciar os trabalhos — pedido este a que o dono da obra tem de responder, por escrito, em prazo razoável.

Ora, no caso concreto, e por um lado, o Consórcio não iniciou logo que lhe era possível os trabalhos de escavação da EE1; por outro lado, tão-pouco alegou que a situação do poste não removido lhe trazia prejuízos significativos; finalmente, também não solicitou ao Dono da Obra instruções sobre o que deveria fazer naquelas circunstâncias.

Nestes termos, o Tribunal entende que o Consórcio é responsável pela totalidade do atraso de três meses (de Maio a Agosto de 93) que a vicissitude "poste da EE1" provocou na execução da obra de Adução Beliche-ETA de Tavira.

80. *D)* Como acima se relatou (cfr. supra, *XIV*), o processo de alteração do tipo de tubo de betão pré-esforçado a colocar na Adução Beliche-ETA de Tavira desenvolveu-se entre Novembro de 92 e meados de Julho de 1993 e provocou um atraso de oito meses na execução da mesma.

O Tribunal entende que o Consórcio é responsável por cinco meses desse atraso (= 62% de oito meses), isto porque as solicitações que lhe dirigiu o Dono da Obra desde o início do processo e até ao final de Abril de 1993 têm de considerar-se perfeitamente normais no quadro de um processo negocial de alteração de um elemento essencial da obra de Adução.

Por outro lado, o Tribunal entende que o Dono da Obra causou três meses desse atraso (= 38% de oito meses), já que desde o início de Maio de 1993 e até finais de Julho do mesmo ano aquele retardou, mais do que seria razoável, uma decisão nesta matéria.

81. *E)* Pretendem as Autoras, por outro lado, ser indemnizadas dos sobrecustos suportados com "Gastos Gerais Mensais da Obra" e com a "Estrutura Central das Empresas". Analisemos sucessivamente o bem fundado de cada uma destas pretensões.

Quanto à primeira, foi pelas Autoras junto aos autos, na audiência instrutória, um Parecer do Professor Doutor ERNÂNI LOPES onde, a propósito desta questão, se refere:

"(...) sendo os Gastos Gerais da Obra (...) gastos eminentemente de carácter fixo e associados directamente à execução da obra, a sua evolução está muito mais correlacionada com a duração da obra do que com a existência de alterações significativas ao Plano da Obra inicial. Dado que em toda a sobrefacturação realizada, esteve subjacente uma parcela para Gastos Gerais de Obra — a que não correspondeu, pelas razões já aduzidas, um aumento proporcional dos custos — pensamos que os custos efectivamente incorridos até Dez. de 93 e não absorvidos pela facturação realizada, foram compensados pelos valores recebidos no período em que o consórcio sobrefacturou, *não havendo, portanto, lugar a qualquer tipo de indemnização*" (p. 40).

Na resposta ao quesito 160.°, o Tribunal, admitindo poder estar-se aqui perante uma situação de compensação em sentido jurídico (Código Civil, artigos 847.° e segs..), remeteu a decisão do problema para a sentença final.

Cumpre, pois, decidir.

Segundo o Código Civil, "quando duas pessoas sejam reciprocamente credor e devedor, qualquer delas pode livrar-se da sua obrigação por meio de compensação com a obrigação do seu credor, verificados os seguintes requisitos: *a)* Ser o seu crédito exigível judicialmente e não proceder contra ele excepção peremprória ou dilatória, de direito material; *b)* Terem as duas obrigações por objecto coisas fungíveis da mesma espécie e qualidade" (artigo 847.º, n.º 1). Ou seja: a *compensação* consiste na mútua elisão das dívidas recíprocas da mesma natureza — ou, como sugestivamente refere JOSÉ TAVARES (*Os Princípios Fundamentais do Direito Civil*, I, Coimbra, 1912, p. 592), "é precisamente como em matemática se faz em qualquer polinómio a eliminação dos termos iguais de sinais contrários".

Ora, parece claro que não estamos aqui perante um caso de compensação em sentido jurídico. Basta ver, por um lado, que o Dono da Obra não tem nenhum contracrédito contra o Consórcio. Por outro lado, e mesmo que o tivesse, segundo a lei "não podem extinguir-se por compensação: *c)* Os créditos do Estado ou de outras pessoas colectivas públicas, excepto quando a lei o autorize" (artigo 853.º, n.º 1, do Código Civil).

Mas nem por isto a pretensão formulada pelo Consórcio pode ser atendida. Isto pela razão referida no Parecer do Professor ERNÂNI LOPES, ou seja, e por outras palavras, porque tendo-se sucedido na obra de Adução Beliche/ETA de Tavira dois períodos temporais distintos, um de subfacturação e outro de sobrefacturação, o Tribunal, à luz da equidade, entende não poder ignorar que, no segundo período, terá havido, em termos económicos, um subcusto com "gastos gerais mensais da obra" de valor equivalente, mas de sinal contrário, ao sobrecusto verificado no período que decorreu até finais de 1993.

Desconsidera-se, pois, *in totum* a pretensão formulada pelas Autoras quanto a este ponto.

82. *F)* Finalmente, quanto à pretensão indemnizatória das Autoras referente à "Estrutura Central das Empresas", entende o Tribunal que não têm razão os Réus ao dizer, nas suas alegações de direito, que ela não é sequer exigível porque estão em causa custos da empresa e não custos da obra. Na verdade, em qualquer tipo de empreitada o preço proposto pelo empreiteiro tem de incluir necessariamente, além dos custos da obra executada, uma parcela para despesas gerais de administração e uma parcela para lucro do empreendimento. Parece, portanto, correcto que, na avaliação dos sobrecustos do Consórcio, no período de Dezembro de 1991 a finais de 1993, as Autoras tenham incluído como rubrica autónoma uma verba de "Estrutura Central das Empresas Consorciadas". Aliás, e ao contrário do que parecem sugerir os Réus nas suas alegações, isto acontece inclusive nas empreitadas por percentagem. Na realidade, no artigo 44º do RJEOP/86, menciona-se expressamente, além dos custos dos trabalhos referidos no artigo 43º, uma percentagem para cobertura de encargos administrativos e encargos do empreiteiro.

Assim, entende o Tribunal que o valor em que se traduz esta pretensão das Autoras pode ser somado aos valores das demais pretensões indemnizatórias *legitimamente* deduzidas pelas Autoras a respeito do tema "Custos mensais não absorvidos até Dezembro de 1993" — ou seja, às pretensões referentes a sobrecustos com meios humanos e meios mecânicos — para o efeito de, ulteriormente, e caso exista fundamento jurídico bastante, se poder quantificar a responsabilidade do Dono da Obra pelos sobrecustos suportados nesta matéria pelo Consórcio.

83. O Dono da Obra causou, pois, em certa medida, atrasos que, no período em questão, geraram vários tipos de sobrecustos para o Consórcio. Existirá no entanto fundamento jurídico para condenar os Réus no pagamento de uma indemnização às Autoras por esse facto?

Responde-se afirmativamente.

O fundamento jurídico que o Tribunal considera pertinente para justificar a pretensão indemnizatória das Autoras, analisada nos n.ºs 71 e seguintes, é um critério de justiça material no âmbito dos contratos administrativos, que encontra consagração legal expressa no n.º 1 do artigo 173.º do RJEOP/86 — artigo epigrafado «*Maior onerosidade*». Dispõe-se aí que "se o dono da obra praticar ou der causa a facto de onde resulte maior onerosidade na execução da empreitada, com agravamento dos encargos respectivos, terá o empreiteiro direito ao ressarcimento dos danos sofridos".

Este preceito é, tal como o regime dos trabalhos a mais, uma manifestação típica do princípio do equilíbrio financeiro do contrato, uma vez que não se exige, para existir direito de indemnização, nenhuma conduta ilícita do dono da obra. Exige-se apenas que ele tenha praticado ou dado causa a um facto gerador de maior onerosidade na execução da empreitada. Pela sua própria natureza, e como adiante melhor se esclarecerá, o preceito em causa apresenta-se como residual em relação às demais manifestações do princípio do equilíbrio financeiro do contrato, começando, naturalmente, pela fixação de novos preços para os trabalhos a mais. A sua função é a de assegurar a indemnização dos sobrecustos sofridos pelo empreiteiro e causados por actos contratuais não culposos do dono da obra naqueles casos em que não exista outra figura adequada para o efeito. Corresponde, pois, a uma manifestação do instituto da responsabilidade contratual objectiva.

No problema *sub judice*, está em causa ressarcir sobrecustos suportados pelo empreiteiro por força de uma situação de subesforço em certa medida comprovadamente causada por uma actuação do Dono da Obra e dos seus agentes. O Tribunal entende, à luz do disposto no n.º 1 do artigo 173.º do RJEOP/86, que as pretensões indemnizatórias do Consórcio, no que respeita a "custos mensais não absorvidos até Dezembro de 1993", merecem, nos termos e com os fundamentos expostos, ser parcialmente atendidas.

84. À luz de quanto se disse, cumpre quantificar agora a indemnização que os Réus devem pagar às Autoras.

O montante total pedido pelas Autoras é de **328.809 contos**.

A) A este montante deve subtrair-se, conforme referido acima (*supra*, n.º 79), o valor de **44.097 contos** ("Gastos Gerais Mensais da Obra").

Temos, então, 328.809 — 44.097 = **284.712 contos**.

B) Como vimos, a responsabilidade pelo atraso relativo à questão "Túnel da Gafa", de 7 meses em 21 (de Fevereiro de 1992 a finais de Outubro de 1993) é exclusivamente do Dono da Obra.

Dividindo esta verba por três, temos:

284.712 : 3 = **94.904 contos.**

Do montante global pretendido pelas Autoras devem os Réus pagar-lhes 94.904 contos pelo atraso da obra motivado pelo Túnel da Gafa.

No entanto, a tal verba acrescerá ainda outra a retirar do montante de (284.712 — 94.904 =) **189.808 contos**.

Vejamos como.

C) A soma total dos atrasos (sobrepostos) é de 25 meses [= 14 meses (alteração do projecto)+ 3 meses (remoção do poste da EDP existente nos terrenos de implantação da EE1) + 8 meses (alteração do tipo de tubos)].

– Os atrasos da responsabilidade do Dono da Obra são: 75% de 14 meses de atraso por alteração do projecto (= 10,5 meses) + 0 meses (vicissitude "poste da EDP" nos terrenos de implantação da EE1) + 3 meses (alteração do tipo de tubos).

Ora isto equivale a (10,5 meses + 0 meses + 3 meses =) 13,5 meses.

Como os atrasos mencionados coincidiram nalguns meses, há que dividir este valor pelo número total de meses em que houve atrasos.
Assim, 13,5 meses a dividir por 25 meses = 54 %.
O Dono da Obra é, pois, responsável por 54% de 189.808 contos, ou seja, **102.496 contos**.

– Por sua vez, os atrasos da responsabilidade do Consórcio são:
25% de 14 meses de atraso com a alteração do projecto (= 3,5 meses) + 3 meses (vicissitude "poste da EDP" nos terrenos de implantação da EE1) + 5 meses (alteração do tipo de tubos).
Ora isto equivale a (3,5 meses+ 3 meses + 5 meses =) 11,5 meses.
Como os atrasos mencionados coincidiram nalguns meses, há que dividir este valor pelo número total de meses em que houve atrasos.
Temos então: 11,5 meses a dividir por 25 meses = 46%.
Em suma, o Consórcio é responsável por 46% de 189.808 contos = 87.312 contos.

D) Somando agora **102.496 contos** com **94.904 contos** (v. *supra B)*), obtém-se o valor final de **197.400 contos**.

85. Pelos motivos e com os fundamentos expostos, o Tribunal condena o Dono da Obra a pagar ao Consórcio o montante de **197.400 contos**, a título de "custos mensais não absorvidos até Dezembro de 1993".

4.2. Custos do reforço de meios a partir de Janeiro de 1994

α — *Matéria de facto*

86. Estão provados os seguintes factos:

Z166) Os trabalhos com a obra de adução Beliche/ETA de Tavira prolongaram-se por 33 meses para além do previsto pelo Consórcio no seu programa de trabalhos inicial de 1992. Concretamente, foram as seguintes as alterações verificadas em relação aos prazos inicialmente previstos pelo Consórcio para a execução dos diversos trabalhos da obra de adução Beliche/ETA de Tavira:

Z167) — a pré-fabricação dos tubos, que estava programada entre Abril de 1992 e final de Janeiro de 1994, só se iniciou em Maio de 1994 e terminou em Dezembro de 1995;

Z168) — a escavação e aterros para a instalação do adutor, que se deveria ter iniciado em Abril de 1992 e terminado em Março de 1994, só começou em Outubro de 1993 e terminou em Maio de 1996;

Z169) — a montagem dos tubos, que deveria ter sido iniciada em Abril de 1992 e terminada em Março de 1994, só começou em Junho de 1994 e terminou em Março de 1996;

Z170) — a EE1, cuja construção deveria ter sido iniciada em Agosto de 1992 e terminada em Março de 1993 (...);

Z171) — a EE2, cuja construção deveria ter começado em Fevereiro de 1993 e terminado em final de Agosto do mesmo ano, só se iniciou em Junho de 1995;

Z172) — as chaminés de equilíbrio, cuja construção deveria ter sido iniciada em Fevereiro de 1993 e terminada em Agosto de 1993, foram executadas de Outubro de 1994 a Setembro de 1995;

Z173) — o túnel Beliche-EE1, cuja construção se deveria ter iniciado em Outubro de 1992 e terminado em Fevereiro de 1994, começou a ser executado em Fevereiro de 1994 e só foi terminado em Junho de 1995;

Z174) — as obras acessórias (travessias de estradas, cursos de água, maciços de amarração, etc.), que deveriam ter começado em Outubro de

1992 e terminado em final de Fevereiro de 1994, só foram iniciadas em Dezembro de 1993 e terminadas em Maio de 1996.

Z175) As datas de execução de outros trabalhos foram as seguintes:
— a torre de tomada de água da albufeira do Beliche para o túnel que liga esta à EE1 foi executada até Fevereiro de 1995.

Z176) (eliminada)

Z177) — a adução entre a EE2 e o Reservatório de Santo Estêvão foi realizada entre 15 de Junho de 1995 e Julho de 1996;

Z178) — a adução entre a EE3 e a ETA de Tavira foi realizada de Abril a Julho de 1996.

Z179) — a construção da EE3 iniciou-se em Agosto de 1995.

Z180) Em 27 de Julho de 1994, o INAG aprovou um novo Programa de Trabalhos do Consórcio que havia sido por este apresentado em 8 desse mês.

Z181) O Consórcio viu-se obrigado, a partir de Janeiro de 1994, a ritmos de produção muito acima das suas expectativas iniciais conforme resulta do gráfico apresentado no artigo 323° da petição inicial.

Z182) Em 11 de Maio de 1994, através do ofício 447/CO/94, o Consórcio referiu ao Dono da Obra que o atraso deste na aprovação de projectos poderia contribuir para que, no ano de 1995, se desse uma concentração de quantidades não previsíveis de trabalhos para as quais o Consórcio não se achava dimensionado.

Z183) Perante o aumento significativo dos trabalhos a mais a executar na adução Beliche/ETA de Tavira, o Consórcio tinha interesse em rescindir o contrato de empreitada n° 171/DSA.

Z184) Todavia, o Consórcio entendeu não rescindir o contrato já porque essa solução acarretaria consequências nefastas para o interesse público, já porque tinha a convicção de que viria a ser ressarcido dos custos que estava a suportar.

— Quesito 740°: Os trabalhos na obra Beliche/ETA de Tavira prolongaram-se por mais 33 meses em relação ao inicialmente previsto, devido à demora do Consórcio no arranque efectivo dos trabalhos no terreno?

Provado parcialmente: (1) os trabalhos prolongaram-se por mais 33 meses do que o previsto no Programa de Trabalhos de 6/1/1992 (V. alínea *Z166*) da Especificação); (2) houve demora do Consórcio no arranque efectivo dos trabalhos no terreno. Quanto ao mais, as conclusões resultarão das respostas a outros quesitos. Convicção formada com base nos depoimentos das testemunhas CB e LC.

– Quesito 741.°: Essa demora ficou-se a dever à não realização pelo Consórcio dos estudos e projectos de execução indispensáveis àquele arranque?

Provado parcialmente. Como resulta da resposta a outros quesitos (v.g., 25.° a 40.° e 346.° a 402.°, 41.° a 46.° e 403.° a 406.°), a demora referida no quesito 740° ficou a dever-se a uma multiplicidade de razões, e não exclusivamente à não realização pelo Consórcio dos estudos e projectos de execução indispensáveis ao arranque dos trabalhos. Convicção formada com base nos depoimentos das testemunhas CB e LC.

– Quesito 741°-1: Os trabalhos da EE1 foram iniciados em 6 de agosto de 1993 e neste momento ainda não estão concluídos?

Provado parcialmente: a conclusão dos trabalhos da EE1 ocorreu em Junho de 1996, com a rectificação de que a data correcta do início da realização dos trabalhos não é 6 de Agosto mas sim 11 de Agosto de 1993, e com as especificações de que o momento a que se refere o quesito é Março de 1997 — data da apresentação da contestação dos RR. — e de que a recepção provisória desta obra teve lugar só em 15 de Junho de 1998. Convicção formada com base no depoimento da testemunha LC.

– Quesito 741°-2: Os trabalhos de construção da EE2 ainda não estão concluídos?

Provado parcialmente: a conclusão dos trabalhos da EE2 ocorreu em Abril de 1996, com as especificações de que o momento a que se refere o quesito é Março de 1997 — data da apresentação da contestação dos RR. — e de que a recepção provisória desta obra teve lugar só em 15 de Junho de 1998. Convicção formada com base no depoimento da testemunha LC.

§ 3.º – *Da Decisão da Causa e sua Fundamentação* 233

- Quesito 741º-3: Os trabalhos de construção da EE3 neste momento ainda não estão concluídos?

Provado parcialmente: a conclusão dos trabalhos da EE3 ocorreu em Janeiro de 1997, com as especificações de que o momento a que se refere o quesito é Março de 1997 — data da apresentação da contestação dos RR. — e de que a recepção provisória desta obra teve lugar só em 15 de Junho de 1998. Convicção formada com base no depoimento da testemunha LC.

- Quesito 745º: De acordo com o nº 2 do artigo 129º do Decreto-Lei n.º 235/86, o prazo máximo a que o Consórcio teria direito para concluir a obra de adução Beliche/ETA de Tavira, tendo em conta o valor dos trabalhos a mais aí realizados (e contando já com os trabalhos do 9º adicional ao contrato, ainda em fase de formalização para aprovação superior), era 48,1 meses?

Provado. Convicção formada com base no depoimento da testemunha LC.

- Quesito 746º: O que fazia com que a data limite para a conclusão dos trabalhos da adução Beliche/ETA de Tavira fosse 10 de Maio de 1996?

Provado. Convicção formada com base no depoimento da testemunha LC.

- Quesito 747º: A data da última prorrogação concedida ao Consórcio para terminar os trabalhos de adução Beliche/ETA de Tavira foi 30 de Abril de 1997?

Provado, com o esclarecimento de que isso é verdade até à data da apresentação da contestação dos RR. e de que a última prorrogação foi a do 15º Adicional (onde se previu a conclusão dos trabalhos em 31 de Dezembro de 1998). Convicção formada com base no depoimento da testemunha LC.

- Quesito 748º: A data de conclusão da obra de adução Beliche//ETA de Tavira proposta pelo Consórcio no último Programa de Trabalhos apresentado ao Dono da Obra (carta 183/CO/97, de 11 de Março de 1997), foi Outubro de 1997?

Provado. Convicção formada com base no documento junto pelos RR. pós-contestação sob o n.º 230, com o esclarecimento de que essa data se referia apenas à EE3 e não ao conjunto de toda a obra de Adução.

– Quesito 749º: O rendimento médio mensal da operação de colocação da tubagem de D=2.500 milímetros desde a EE1 até ao Reservatório de Santo Estêvão (28.132 m), iniciada em 30 de Maio de 1994 e terminada em 4 de Abril de 1996, foi de 1237 metros?

Não provado. O rendimento médio mensal da operação de colocação da tubagem de D=2.500 milímetros desde a EE1 até ao Reservatório de Santo Estêvão (28.132 m) foi de 1279 metros/mês. Convicção formada com base nos depoimentos das testemunhas CB e LC.

– Quesito 750º: O rendimento referido no quesito anterior foi inferior ao previsto na proposta do Consórcio, que era de 27.000/20 meses=1.350 metros/mês, com tubos de 5,00 metros?

Provado. Convicção formada pelo documento junto pelos RR. na fase de instrução sob o n.º 9-P, não infirmado pela prova testemunhal.

– Quesito 751º: O Consórcio não pediu a renegociação dos prazos contratuais quando o Dono da Obra lhe solicitou a realização de trabalhos a mais?

Provado, com os seguintes esclarecimentos: *a)* no texto do quesito, onde se lê «prazos», leia-se «preços»; *b)* não foram pedidos preços novos para os trabalhos previstos na Lista de Preços Unitários, mas foram propostos novos preços para trabalhos não previstos na Lista de Preços Unitários. Convicção formada com base nos depoimentos das testemunhas CB e LC, bem como no documento junto pelas AA. na fase da instrução (14/6/99) sob o n.º 14.

– Quesito 752º: O Consórcio obrigou-se assim a realizar os trabalhos iniciais e subsequentes nos prazos que lhe foram concedidos para o efeito e de acordo com os preços contratuais?

O Tribunal remete a resposta deste quesito para o julgamento da matéria de direito. No contexto do Questionário, apenas se pode afirmar que não foi pedida pelo Consórcio qualquer renegociação dos preços contratuais previstos na Lista de Preços Unitários. V. resposta ao quesito anterior.

– Quesito 753°: Por conseguinte, o Consórcio considerou que os meios de que dispunha para a realização de todos os trabalhos eram, face ao contrato, adequados?

Provado apenas que o Consórcio, ao aceitar a realização de trabalhos a mais nas condições de prazo e preço estipuladas, não invocou a insuficiência de meios para a realização daqueles trabalhos. Convicção formada com base nos depoimentos das testemunhas CB e LC.

– Quesito 754°: Os novos preços e todos os preços de aplicação utilizados para os trabalhos a mais foram acordados entre o Dono da Obra e o Consórcio?

Provado parcialmente, com o seguinte esclarecimento: houve acordo na maior parte dos casos, mas, noutros, poucos, o Dono da Obra impôs os preços, sem que o empreiteiro tenha reclamado. Convicção formada com base nos depoimentos das testemunhas CB e LC.

– Quesito 754°-1: Atento o grau de desenvolvimento dos estudos e trabalhos de projecto a realizar pelo Consórcio, era de prever uma significativa facturação logo após a adjudicação?

Não provado: não era de prever uma significativa facturação logo após a adjudicação, uma vez que o Consórcio, de acordo com o seu Programa de Trabalhos de 6 de Janeiro de 1992, dedicaria esse período à realização de estudos e projectos de execução e não à realização de trabalhos no terreno. Convicção formada com base no documento junto pelas AA. sob o n.º 3 à petição inicial.

– Quesito 754°-2: O cronograma financeiro constante da proposta do Consórcio diz respeito à empreitada global e não especificamente à obra de adução Beliche/ETA de Tavira?

Provado. Convicção formada com base no documento junto pelos RR. à contestação sob o n.º 96, bem como nos depoimentos das testemunhas CB e LC.

– Quesito 754°-3: Em consequência, as previsões de facturação do Consórcio, no que respeita à obra de adução, não têm suporte contratual?

Não provado. As previsões de facturação do Consórcio no que toca à obra de adução basearam-se no cronograma geral constante da proposta apresentada a concurso, embora nesta não estivesse especificado o valor de facturação previsto relativo à obra de Adução Beliche/ETA de Tavira. Convicção formada com base no depoimento da testemunha CB. Constitui matéria de Direito saber se as referidas previsões tinham ou não suporte contratual.

– Quesito 754º-4: Face aos atrasos referidos no quesito 740º era previsível que, a dado momento da execução da obra, o Consórcio tivesse de proceder, em períodos limitados, ao reforço de meios?

Provado parcialmente. De acordo com a experiência comum, o Consórcio deveria prever, em períodos limitados, que poderia ter de proceder ao reforço de meios — e em alguns casos comprometeu-se expressamente a fazê-lo (v. documento n.º 7-P junto pelos RR. na fase de instrução) —, mas não podia prever à partida todas as alterações significativas que o projecto veio efectivamente a sofrer ao longo da sua execução.

– Quesito 107º: Em 27 de Julho de 1994 ainda não se encontravam satisfeitas todas as condições para o desenvolvimento da programação constante do novo plano de trabalhos do Consórcio?

Provado, com o esclarecimento de que isso era particularmente verdadeiro quanto à parte final do sistema adutor. Convicção formada com base no depoimento da testemunha CB, bem como no documento junto pelas AA. à petição inicial sob o n.º 89 (que contém o Plano de Projectos /Aprovação /Expropriações).

– Quesito 108º: A nova reprogramação estabelecida em 27 de Julho de 1994 foi desrespeitada pelo Dono da Obra?

Provado parcialmente: a programação estabelecida no Programa de Trabalhos de 27 de Julho de 1994 foi desrespeitada quer pelo Dono da Obra quer pelo Consórcio, nos termos que constam das respostas aos quesitos pertinentes. Convicção formada com base nos depoimentos das testemunhas CB e LC.

– Quesito 109°: A partir de Janeiro de 1994 iniciou-se uma fase da obra em que se tornou necessária uma progressiva aceleração de produção de forma a recuperar tempo perdido e a minimizar atrasos?

Provado. Convicção formada com base nos depoimentos das testemunhas CB e GR.

– Quesito 110°: A partir de Janeiro de 1994, o projectista do Consórcio reformulou completamente, sob a influência do Dono da Obra, o projecto da obra de adução Beliche/ETA de Tavira?

Provado parcialmente. O projectista do Consórcio introduziu alterações significativas nalguns projectos da obra de adução Beliche/ETA de Tavira em colaboração com o Dono da Obra e, naturalmente, sob a orientação deste. V. respostas aos quesitos 121° e segs.. Convicção formada com base nos depoimentos das testemunhas CB e LC.

– Quesito 111°: A reformulação do projecto referida no quesito anterior ocorreu em simultâneo com a execução dos vários trabalhos da obra de adução Beliche/ETA de Tavira?

Provado, com o esclarecimento de que na programação estabelecida já estava prevista a realização de alguns trabalhos em simultâneo com a elaboração de alguns outros projectos de execução. Convicção formada com base no depoimento das testemunhas CB e LC.

– Quesito 112°: Da situação referida no quesito anterior resultou a perda de rentabilidade na execução de muitas tarefas que não foram preparadas com o tempo adequado?

Provado parcialmente: da situação referida no quesito 111° resultou perda de rentabilidade na execução de certas tarefas — designadamente na Tomada de Água, na EE1, na EE2 e no Reservatório de Santo Estêvão (embora não no adutor propriamente dito) —, mas esta não se deveu exclusivamente à falta de preparação ou planeamento feito com o tempo adequado, havendo a considerar outros factores. Convicção formada com base nos depoimentos da testemunhas CB e LC.

– Quesito 113°: Os valores dos trabalhos contratuais e dos trabalhos a mais realizados até 23 de Julho de 1996 na adução Beliche/ETA de

Tavira correspondem aos indicados no gráfico apresentado no artigo 317º da petição inicial?

Provado parcialmente, com os seguintes esclarecimentos: (1) o quadro representado no artigo 317º da petição inicial está fundamentalmente certo no que toca à Adução Beliche/ETA de Tavira e tendo em conta que se refere só a trabalhos de «construção civil»; (2) ao valor de 3.955.751 contos de trabalhos a mais referido há que subtrair 261.000 contos de trabalhos a menos, daí resultando o valor de 3.694.751 contos; (3) o quadro do artigo 317º da petição inicial não inclui o estaleiro e inclui a ETA de Tavira. Convicção formada com base nos depoimentos das testemunhas CB e LC.

– Quesito 114º: A facturação emitida pelo Consórcio na obra de adução Beliche/ETA de Tavira corresponde aos valores indicados no quadro apresentado no artigo 319º da petição inicial?

Provado, com os seguintes esclarecimentos: a) os valores apresentados no quadro em causa incluem já o «equipamento electromecânico» e as «instalações eléctricas»; b) falta abater 261.000 contos de trabalhos a menos ao valor final previsto; c) o valor final previsto reporta-se ao valor dos trabalhos aprovados até ao 6º adicional (de 23/7/1996); d) no quadro incluem-se valores respeitantes à ETA de Tavira. Convicção formada com base nos depoimentos das testemunhas CB e LC.

– Quesito 115º: Do quadro referido no artigo 319º da petição inicial resulta que o valor dos trabalhos a mais realizados na obra de adução Beliche/ETA de Tavira excedeu, em cerca de 80%, o valor previsto contratualmente?

Provado parcialmente. O valor dos trabalhos a mais realizados na obra de adução Beliche/ETA de Tavira excedeu o valor previsto contratualmente em cerca de 80% no que toca à construção civil, mas excedeu-o apenas em cerca de 67% (abatendo 261 mil contos de trabalhos a menos) se se tomar em conta também o valor dos equipamentos (que, aliás, constam do quadro referido). Convicção formada com base nos depoimentos das testemunhas CB e LC.

– Quesito 116°: Os montantes da facturação emitida referidos no artigo 319° da petição inicial acham-se calculados a valores de Junho de 1991?

Provado, com o esclarecimento de que cerca de 106 mil contos de trabalhos realizados pelo Consórcio por administração directa e de trabalhos de projecto não foram reportados a preços de Junho de 1991. Convicção formada com base nos depoimentos das testemunhas CB e LC.

– Quesito 117°: A partir de Janeiro de 1994, o Consórcio procedeu a um reforço não programado de meios humanos directamente intervenientes na produção, de meios humanos de enquadramento e, por último, de meios mecânicos?

Provado parcialmente. Não ficou provado que o reforço tenha sido não programado, mas sim que houve um acréscimo de meios humanos (intervenientes na produção e de enquadramento) e mecânicos, o qual incidiu particularmente no período de Novembro de 1993 a Junho de 1994 (em que a facturação real superou bastante a prevista). Convicção formada com base no depoimento da testemunha CB.

– Quesito 118°: Esse reforço foi necessário para: realizar os trabalhos numa sequência que não era a prevista; realizar vários trabalhos simultaneamente quando se previra uma produção sequencial; modificar a metodologia de trabalho em função das alterações do projecto; proceder a repetidas adaptações dos meios em obra; e, finalmente, executar trabalhos sem a adequada preparação e planeamento?

Provado parcialmente: o acréscimo referido no quesito 117° foi necessário para realizar os trabalhos de modo diferente do inicialmente previsto, em particular pela necessidade de se adoptar uma sequência diversa e por terem de se realizar vários trabalhos simultaneamente quando se previra uma produção sequencial. Não foram, no entanto, demonstradas a modificação da metodologia dos trabalhos, as adaptações dos meios em obra e a execução de trabalhos sem o adequado planeamento. Convicção formada com base nos depoimentos das testemunhas CB e LC.

– Quesito 119°: Só com esse reforço era possível minimizar os efeitos decorrentes da dispersão das frentes de trabalho e, concomitantemente, aumentar os ritmos de produção por forma a evitar dilatações de prazos?

Provado, com o seguinte esclarecimento: o acréscimo de meios considerado provado na resposta ao quesito 117º foi de facto necessário pelas razões constantes da resposta ao quesito 118º, muito embora não tenha sido suficiente para evitar as dilatações de prazos, dado que houve um atraso de dois anos em relação ao planeamento previsto. Convicção formada com base nos depoimentos das testemunhas CB e LC.

– Quesito 120º: Neste período posterior a Janeiro de 1994, o referido reforço de meios humanos e mecânicos não previstos não foi compensado pela facturação que o Consórcio obteve?

Provado, nos termos das respostas aos quesitos 175º e segs..

– Quesito 175.º: Dos quadros nº 5A e nº 5B constantes do Anexo nº 12 à petição inicial resulta que o custo total que o Consórcio suportou de Janeiro de 1994 até 31 Maio de 1996 com os meios humanos destacados na obra foi de 2.531.568 contos?

Provado. Esclarece-se que a verba global de 2.531.568 contos resulta da soma de 1.549.808 contos (relativa ao período de Janeiro de 1994 a Junho de 1995) e 981.760 contos (relativa ao período de Julho de 1995 a Maio de 1996). Convicção formada com base nos documentos juntos pelas AA., bem como no depoimento da testemunha CB que o Tribunal considerou ser razoável aceitar.

– Quesito 176.º: Dos quadros nº 6A e nº 6B constantes do Anexo nº 12 à petição inicial resulta que o custo total que o Consórcio suportou de Janeiro de 1994 até 31 Maio de 1996 com a permanência em obra de meios mecânicos foi de 2.178.800 contos?

Provado que o Consórcio suportou custos com a permanência em obra de meios mecânicos de 2.141.530 contos, dos quais 1.143.306 contos respeitam ao período de Janeiro de 1994 a Junho de 1995 e 998.224 contos ao período de Julho de 1995 a Maio de 1996. Convicção formada com base nos juntos pelas AA., bem como no depoimento da testemunha CB que o Tribunal considerou ser razoável aceitar.

– Quesito 177.º: No quadro 7 constante do Anexo nº 12 à petição inicial indicavam-se as quantidades de meios humanos e de meios mecâ-

§ 3.º – Da Decisão da Causa e sua Fundamentação   241

nicos a colocar em obra em face do planeamento contratual previsto no Programa de Trabalhos do Consórcio?

Provado parcialmente: no Quadro 7 do Anexo 12 à petição inicial, bem como no Quadro 7/A junto pelas AA em 13/11/99, indicam-se apenas alguns dos meios principais de intervenção directa a colocar em obra, sem correspondência integral com os documentos contratuais. Convicção formada com base no documento junto pelas AA. sob o n.º 3 à petição inicial, nos documentos juntos pelos RR. à contestação sob os n.ºs 98 e 100 e nos depoimentos das testemunhas CB e LC. V. também as respostas aos quesitos 143º, 150º e 155º. Esclareça-se ainda que o Quadro 7 e o Quadro 7/A não coincidem inteiramente com o Programa de Trabalhos de 6/1/92 (v. doc. 3 junto à petição inicial) quanto aos equipamentos; que têm apenas parte do pessoal e do equipamento que seria necessário para realizar esta obra; e, finalmente, que não têm mão de obra e equipamento relativamente ao túnel Beliche/EE1 — que foram, no entanto, incluídos nos quadros 5A, 5B, 6A e 6B.

– Quesito 178.º: De Janeiro de 1994 a 31 de Maio de 1996 o Consórcio facturou 8.907.931 contos?

Provado. Convicção formada com base nos depoimentos das testemunhas CB e LC. Do montante global de 8.907.931 contos (Janeiro de 1994/Maio de 1996), 4.422.915 contos são facturação no período de Janeiro de 1994 a Junho de 1995, e 4.485.016 contos facturação no período de Julho de 1995 a Maio de 1996.

– Quesito 179.º: No pressuposto de que os custos com mão de obra e equipamentos representavam, respectivamente, 6% e 9% da facturação, o valor que o Consórcio havia previsto gastar com meios humanos e mecânicos de Janeiro de 1994 a 31 de Maio de 1996 era 1.336.189 contos?

Prejudicado pela resposta ao quesito 145.º. Na base da resposta dada a este quesito, o valor que deve ser considerado é 2.382.872 contos (= 8.907.931 contos x 26,75%), correspondendo 1.183.130 contos desse valor ao período de Janeiro de 1994 a Junho de 1995, e 1.199.742 contos ao período de Julho de 1995 a Maio de 1996.

– Quesito 180.º: O Consórcio suportou de Janeiro de 1994 a 31 de Maio de 1996 um prejuízo de 3.374.179 contos correspondente à diferença entre o valor resultante da soma das verbas referidas nos quesitos 175º e 176º e o valor referido no quesito anterior?

Prejudicado. Em função da resposta ao quesito 179.º, o valor que deve ser considerado é 2.290.226 contos [= 4.673.098 contos (soma das verbas referidas nos quesitos 175.º e 176.º) — 2.382.872 contos (verba referida no quesito 179.º)].

– Quesito 181.º: Do valor total de 3.374.179 contos referido no quesito anterior, 2.107.199 contos correspondem aos prejuízos suportados pelo Consórcio de Janeiro de 1994 até Junho de 1995 com meios humanos e mecânicos?

Prejudicado. Em função das respostas aos quesitos 179.º e 180.º, o valor que deve ser considerado é 1.509.984 contos = [(1.549.808 — 718.724 = 831.084) + (1.143.306 — 464.406 = 678.900)]. Esclarece-se que: *a)* 1.549.808 contos é o custo de mão de obra no subperíodo de Janeiro de 1994 a Junho de 1995; *b)* 718.724 contos equivale a 16,25% da facturação do Consórcio no subperíodo em causa (= 4.422.915 contos); *c)* 1.143.306 contos é o custo com o equipamento no mesmo subperíodo; *d)* 464.406 contos corresponde a 10,5% da facturação do Consórcio no subperíodo em causa.

– Quesito 182.º: Do mesmo valor total de 3.374.179 contos, 1.266.980 contos correspondem aos prejuízos suportados pelo Consórcio de Junho de 1995 até 31 de Maio de 1996 com meios humanos e mecânicos?

Prejudicado. Em função das respostas aos quesitos 179.º e 180.º, o valor que deve ser considerado é 780.242 contos [= (981.760-728.815=252.945) + (998.224-470.927=527.297)]. Esclarece-se que: *a)* 981.760 contos é o custo de mão de obra no subperíodo de Julho de 1995 a Maio de 1996 (v. documento junto pelas AA. sob o n.º 91 à petição inicial); *b)* 728.815 contos equivale a 16,25% da facturação do Consórcio no subperíodo em causa (= 4.485.016 contos); *c)* 998.224 contos é o custo com o equipamento no mesmo subperíodo (v. documento junto pelas AA. sob o n.º 91 à petição inicial, corrigido pelo Quadro 6B/A junto pelas

AA. aos autos em 13/11/1999); *d)* 470.927 contos corresponde a 10,5% da facturação do Consórcio no subperíodo em causa.

– Quesito 183.º: O mês de referência médio para actualização do valor de 2.107.199 contos, correspondente ao prejuízo com meios humanos e mecânicos do período de Janeiro de 1994 até Junho de 1995, é Setembro de 1994?

Provado, com o esclarecimento de que o critério mais correcto é o da média dos índices do período.

– Quesito 184.º: E o método de actualização desse valor é o referido no artigo 371º da petição inicial?

Prejudicado pela resposta ao quesito 144.º

– Quesito 185.º: Actualizando o valor de 2.107.199 contos, segundo o método referido no artigo 371º da petição inicial, obtém-se o valor de 2.430.443 contos?

Prejudicado. O valor que deve ser considerado, de acordo com os índices médios de mão de obra (1,304) e de equipamento (1,136) do período de Janeiro de 1994 a Junho de 1995, é 1.854.964 contos [= (831.084 contos/Mão de Obra x 1,304 = 1.083.734) + (678.900 contos/Equipamento x 1,136 = 771.230)].

– Quesito 186.º: O mês de referência médio para actualização do valor de 1.266.980 contos, correspondente aos prejuízos do Consórcio com meios humanos e mecânicos no período de Junho de 1995 até 31 de Maio de 1996, é Dezembro de 1995?

Provado, com o esclarecimento de que o critério mais correcto é o da média dos índices do período.

– Quesito 187.º: E o método de actualização desse valor é o referido no artigo 371º da petição inicial?

Prejudicado pela resposta ao quesito 144.º.

– Quesito 188.º: Actualizando o valor de 1.266.980 contos, segundo o método referido no artigo 371º da petição inicial, obtém-se o valor de 1.583.978 contos?

Prejudicado. O valor que deve ser considerado, de acordo com os índices médios de mão de obra (1,407) e de equipamento (1,206) do período de Julho de 1995 a Maio de 1996, é 991.814 contos [= (252.945 contos/Mão de Obra x 1,407 = 355.894 contos) + (527.297 contos/Equipamento x 1,206 = 635.920 contos)].

– Quesito 189.º: O valor total actualizado correspondente aos prejuízos suportados pelo Consórcio com meios humanos e mecânicos no período de Janeiro de 1994 a 31 de Maio de 1996 foi de 4.014.421 contos?

Prejudicado pelas respostas aos quesitos anteriores. O valor que deve ser considerado, correspondente à soma das verbas indicadas nos quesitos 185.º e 188.º é 2.846.778 contos (=1.854.964 contos + 991.814 contos).

– Quesito 758º-1: No mapa de encargos de pessoal da Proposta Variante-B do Consórcio, na parte em que se refere ao adutor Beliche/ETA de Tavira, apenas se previa a permanência em obra de um engenheiro civil?

Provado. Convicção formada com base nos depoimentos das testemunhas CB e LC.

– Quesito 759.º: O Consórcio não indicou concretamente o coeficiente de revisão contratual que utilizou para actualização dos seus alegados custos e prejuízos?

Provado. Convicção formada com base no depoimento da testemunha LC.

– Quesito 760.º: Existiam contratualmente vários coeficientes de revisão, aplicáveis em função da espécie e natureza dos trabalhos?

Provado. Convicção formada com base no depoimento da testemunha LC.

– Quesito 761.º:

[Este quesito foi eliminado.]

– Quesito 762.º: Na reclamação que fez junto do IEADR relativa à Rede de Rega, Rede de Enxugo e Caminhos Agrícolas, o Consórcio indicou a percentagem de 38% do valor da adjudicação para custos com mão de obra e equipamento?

Provado que o Consórcio indicou essa percentagem, com o esclarecimento de que há uma justificação objectiva para que nessa obra a percentagem de mão de obra seja maior do que na obra do adutor — pela sua natureza (trabalho muito menos repetitivo, por vezes de "relojoaria"), a realização de redes de rega requer a utilização de mais meios humanos do que a realização de uma adutora. Convicção formada com base nos depoimentos da testemunhas CB e GR.

– Quesitos 763.º e 765.º: Para se determinar o valor contratual dos trabalhos cujos custos de meios de mão de obra e equipamento foram considerados no quadro 7 junto ao Anexo 12 da petição inicial cumpriria, ao contrário do que o Consórcio aí fez: — não incluir naqueles custos os meios de mão de obra e de equipamento correspondentes ao fabrico da tubagem do adutor, bem como o seu transporte para obra, cujo valor era de Esc. 2.787.500$00? — não incluir nos referidos custos 70% dos custos com o fornecimento e transporte dos equipamentos mecânicos, electromecânicos e eléctricos — cujo valor total era de Esc. 2.051.525.455$10 — ou seja, Esc. 1.436.067.919$00?

Não provado que devam ser excluídos do valor contratual dos trabalhos os custos de (1) fornecimento e transporte dos tubos para o adutor e de (2) fornecimento e transporte de equipamentos mecânicos, electromecânicos e eléctricos (80% no primeiro caso; 70% no segundo), já que também estes custos fazem parte do valor da obra de Adução Beliche/ETA de Tavira. Convicção formada com base nos depoimentos das testemunhas CB, GR e LC.

– Quesito 764.º: — não incluir nos referidos custos os meios equivalentes correspondentes à realização do túnel Beliche-EE1, pelo facto de que foram incluídos na proposta do Consórcio na componente do túnel Odeleite-Beliche, no montante de Esc. 148.955.968$00?

Provado. Convicção formada com base nos depoimentos das testemunhas CB e LC.

– Quesito 766.º: Deduzindo ao valor da adjudicação (sem "Estaleiros e Acessos"), no montante de Esc. 6.722.390.484$00, o valor resultante da soma das três parcelas referidas nos quesitos anteriores, resulta que o valor dos trabalhos cujos custos com mão-de-obra e equipamento foram considerados pelo Consórcio foi, no quadro da obra de adução Beliche/ETA de Tavira, de Esc. 2.349.866.698$00?

Prejudicado pela resposta aos quesitos 763.º e 765.º.

– Quesito 767.º: Os custos dos meios de mão de obra e equipamentos, relativamente ao valor dos trabalhos contratados desta componente da empreitada com que o Consórcio deveria ter contado na sua proposta, seriam, portanto, de: — Mão de obra — 404.787.000$00/ 2.349.866.698$=0,172 (17%); — Equipamentos — 1.008.899.000$/ 2.349.866.698$=0,429 (43%)?

Prejudicado pela resposta aos quesitos 763.º e 765.º.

β — *Matéria de direito*

87. Alegando que a necessidade de recuperar os atrasos na execução da obra de Adução Beliche-ETA de Tavira, registados no período que decorreu até finais de 1993, implicou, no período posterior a Janeiro de 1994, um sobreesforço gerador de sobrecustos não compensados pelo pagamento de trabalhos a mais, pretendem as Autoras a condenação dos Réus no pagamento desses sobrecustos.
Quid juris?

88. Nesta matéria, resulta, além do mais, do relato efectuado que:

– na obra de adução Beliche-ETA de Tavira, o Consórcio fez significativos trabalhos a mais, o que, aliás, já estava, em parte, previsto no contrato (alíneas *N1)* e *Z183)* e *Z184))*;
– esses trabalhos a mais tornaram-se necessários na sequência de várias e significativas alterações e acrescentamentos em aspectos importantes da obra de Adução Beliche/ETA de Tavira — *v.g.*, tomada de água; configuração do túnel Beliche/EE1; filtros nas derivações

para as redes de rega; *layout* da EE1 e tipo de grupos de bombas; parte final do adutor (EE2, EE3 e Reservatório de Santo Estevão (alíneas *Z73)* a *Z79)* e resposta ao quesito 121.º);
- estas alterações destinavam-se a corrigir defeitos básicos do projecto inicialmente posto a concurso, a corrigir insuficiências da Proposta Variante-B, e outras foram ditadas pela necessidade de resolver questões novas impostas pelo Dono da Obra ou surgidas do diálogo entre as partes (resposta ao quesito 50.º) — sendo que, para além destas alterações, o Consórcio não ignorava a necessidade de elaboração de variados estudos e projectos de execução na Proposta Variante-B (resposta aos quesitos 407.º e 408.º);
- quanto aos trabalhos a mais da mesma espécie dos contratuais, o Consórcio foi deles pago pelo Dono da Obra de acordo com os preços contratuais (alínea *S)*), sem que o primeiro tenha pedido qualquer renegociação dos preços ao segundo quando este lhe solicitou a respectiva realização (resposta aos quesitos 751.º e 752.º);
- quanto aos trabalhos a mais de espécie diferente (alínea *Z81)*), o Consórcio propôs ao Dono da Obra preços novos (resposta ao quesito 751.º), tendo havido acordo do Dono da Obra na maior parte dos casos (resposta ao quesito 754.º), embora noutros, poucos, o Dono da Obra tenha imposto os preços, mas sem que o Consórcio tenha reclamado (resposta ao quesito 754.º);
- em qualquer dos casos, o Consórcio, ao aceitar realizar os trabalhos a mais nas condições de preço e de prazo estipuladas, não invocou a insuficiência de meios para a realização daqueles trabalhos (resposta ao quesito 753.º);

- a partir de Janeiro de 1994, o Consórcio viu-se obrigado a ritmos de produção muito acima das suas expectativas iniciais (alínea *Z181)*);
- a partir de Janeiro de 1994, iniciou-se uma fase da obra em que se tornou necessária uma progressiva aceleração da produção por forma a recuperar tempo perdido e a minimizar atrasos (resposta ao quesito 109.º);
- a partir de Janeiro de 1994, o projectista do Consórcio introduziu significativas alterações nalguns projectos da obra de Adução Beliche-ETA de Tavira em colaboração com o Dono da Obra e sob a orientação dele (resposta ao quesito 110.º) — reformulação essa que ocorreu em simultâneo com a elaboração de alguns outros projectos de execução, o que, estando previsto quanto a certos trabalhos (resposta ao quesito 111.º), provocou perda de rentabilidade na execução de certas tarefas, embora esta se tenha ficado também a dever a outros factores (resposta ao quesito 112.º);
- a partir de Janeiro de 1994, o Consórcio procedeu a um reforço de meios humanos e mecânicos (resposta ao quesito 117.º), o qual foi necessário para realizar os trabalhos de modo diferente do inicialmente previsto, em particular pela necessidade de adoptar uma sequência diversa e por terem de se realizar trabalhos simultaneamente quando se previra uma produção sequencial (resposta ao quesito 118.º); não foram, no entanto, demonstradas a modificação da metodologia de trabalhos, a adaptação dos meios em obra e a execução dos trabalhos sem o adequado planeamento (resposta ao quesito 118.º);
- o Consórcio, segundo a experiência comum, deveria prever, em períodos limitados, que poderia ter de proceder ao reforço de meios, em alguns casos comprometeu-se a fazê-lo, mas não podia prever à partida

todas as alterações significativas que o projecto veio efectivamente a sofrer ao longo da sua execução (resposta ao quesito 754.º-4);
- este reforço de meios não foi compensado pela facturação que o Consórcio obteve (resposta ao quesito 120.º e respostas aos quesitos para que tal resposta remete);
- o Consórcio sofreu no período de Janeiro de 1994 a Maio de 1996 sobrecustos e prejuízos no montante de 2.846.778 [=1.854.964 (Janeiro 1994 / Junho 1995) + 991.814 (Julho1995 / Maio1996)] — resposta ao quesito 189.º.

89. Passando a decidir.

Pretende o Consórcio o ressarcimento de sobrecustos que suportou em virtude do desenvolvimento de trabalhos em sobreesforço e que, segundo alegou e provou, não foram compensados economicamente pelo pagamento dos preços contratuais iniciais ou supervenientemente convencionados entre as partes.

A causa destes sobrecustos é diversa da verificada no período de Fevereiro de 1992 a finais de Dezembro de 1993: aí, a alteração ao projecto adjudicado gerou atrasos no desenvolvimento dos trabalhos programados, o que se traduziu num subesforço causador de sobrecustos; aqui, ao invés, foi o reforço de meios a que o Consórcio teve necessidade de proceder para realizar vultuosos trabalhos a mais de modo diferente do inicialmente previsto que implicou para aquele um sobreesforço e o fez incorrer nos consequentes sobrecustos.

Os sobrecustos foram calculados da seguinte forma: o Consórcio previa, no seu Plano de Trabalhos de 6 de Janeiro de 1992, realizar a obra de Adução Beliche-ETA de Tavira com determinadas cargas de meios humanos e de meios mecânicos. Essas cargas representavam respectivamente x e y do valor total da facturação prevista para a obra, sendo que $x + y = z$. Na realidade, porém, o Consórcio suportou com cargas de meios humanos e de meios mecânicos os valores x' e y', sendo que $x' + y' = z'$, e que $z' > z$. A diferença entre z' e z corresponde aos sobrecustos que o Consórcio pretende que lhe sejam pagos pelo Dono da Obra.

90. O problema doravante em apreço consiste em saber se existe ou não fundamento jurídico para imputar ao Dono da Obra, no todo ou em parte, a responsabilidade pelos sobrecustos efectivamente suportados pelas Autoras, no período posterior a Janeiro de 1994.
Vejamos.

A) Em primeiro lugar, o Tribunal rejeita liminarmente que esse fundamento possa ser o princípio do equilíbrio financeiro do contrato por exercício do *poder de modificação unilateral* do conteúdo das prestações do Consórcio.

Por um lado, porque na base da realização dos trabalhos a mais cuja execução em sobreesforço gerou sobrecustos para o Consórcio não se divisa, muitas vezes, uma modificação administrativa unilateral do conteúdo das prestações do empreiteiro, mas, sim, um acordo entre as partes.

Por outro lado, porque mesmo quanto aos trabalhos a mais unilateralmente determinados pelo Dono da Obra o Consórcio foi pago — como é suposto quando a Administração exerce o poder de modificação unilateral — segundo os preços inicial ou posteriormente fixados. Por outras palavras, o Consórcio não pretende agora, como tipicamente sucede quando a Administração ordena unilateralmente trabalhos a mais, obter uma *compensação* do Dono da Obra, isto é, obter o pagamento, segundo os preços inicial ou posteriormente estipulados, dos trabalhos a mais realizados. O Consórcio pretende, isso sim, uma *indemnização* dos sobrecustos indirectamente provocados por aquela modificação objectiva do contrato: é que, conforme alegou e provou, o pagamento, segundo os preços estipulados, dos trabalhos a mais realizados não o compensou economicamente do sobreesforço com que esses trabalhos foram desenvolvidos (para uma contraposição entre compensação e indemnização devidas pela realização de trabalhos a mais, cfr. CONCEPCIÓN HORGUÉ BAENA, *La Modificación del Contrato Administrativo de Obra. El ius variandi*, Madrid, 1997, p. 176).

B) Em segundo lugar, o Tribunal entende que o fundamento da pretensão das Autoras não pode ser, outrossim, a *teoria da imprevisão*. Como é sabido, pode suceder que, quando o contrato se desenvolve durante um período relativamente longo, certas "transformações económicas alheias à vontade das partes venham a impor ao contraente uma sobrecarga ruinosa" (JEAN RIVERO, *Direito Administrativo*, Coimbra, 1981, p. 150). O cumprimento é ainda, nesse tipo de situações, materialmente possível — senão haveria força maior e o contraente seria desligado da sua obrigação; mas torna-se economicamente desastroso. A teoria da imprevisão intervém então com a finalidade de assegurar a continuidade do serviço público ou da obra pública, repartindo a álea (económica) pelos dois contraentes ao impor à pessoa pública que saia em ajuda da contraparte em dificuldades para lhe permitir prosseguir o cumprimento do contrato (RIVERO, *ob. cit.*, p. 150). No caso a propósito do qual o *Conseil d'Etat* criou a teoria (*Compagnie de gaz de Bordeaux*, de 1916), a guerra de 1914 "tinha provocado tal subida de preço do carvão que os concessionários de gás não podiam prosseguir a sua exploração com as tarifas previstas nos contratos sem se exporem à ruína" (J. RIVERO, *ob. cit.*, p. 150). Em direito privado tais circunstâncias, quando surgiam, não tinham à época efeito sobre as obrigações emergentes dos contratos. O juiz administrativo afastou, porém, essa solução rigorosa: "pensou que a ruína do contraente, consequência inelutável desse rigor, era de molde a comprometer a necessária continuidade da satisfação das necessidades públicas". E, em consequência, ditou à Administração o dever de indemnizar «por imprevisão» o seu concessionário dos prejuízos por este sofridos.

A teoria da imprevisão foi objecto de larga elaboração jurisprudencial e doutrinal em França. Fundamentalmente, concretizaram-se, aí, detalhadamente, os pressupostos de que dependia a sua aplicação, e por outro lado esmiuçaram-se os seus efeitos típicos (RIVERO, *ob. cit.*, p. 150). "E de França tal teoria rapidamente chegaria, por via legislativa, até Portugal. Os seus pressupostos e efeitos foram, na verdade, embora com algumas variações, de uma forma geral acolhidos nos vários diplomas que, a partir do período economicamente conturbado das duas guerras e com vista a evitar a «grave torpeza» que para o interesse público resultaria da sua rescisão, se elaboraram a propósito de algumas categorias de contratos administrativos: designadamente, fornecimentos, empreitadas e concessões de serviços públicos. Neles perpassa a ideia de que se deve reconhecer aos co-contratantes vítimas de *certo tipo de prejuízos* (*incomportável sacrifício*) originados por *certo tipo de alterações* (*anormal*) supervenientes das condições em que cada uma das partes fundou a sua decisão de contratar, o direito à obtenção de *indemnizações* ou, e mais frequentemente, o direito à *revisão dos preços* estabelecidos" (DIOGO FREITAS DO AMARAL, *Curso*, II, p. 638).

Assim sucede também com o RJEOP/86. Estabelece-se aí, na verdade, que: "quando as circunstâncias em que as partes hajam fundado a sua decisão de contratar sofram alteração anormal e imprevisível, segundo as regras da prudência e da boa fé, de que resulte grave aumento de encargos na execução da obra que não caiba nos riscos normais, o empreiteiro terá direito à revisão do contrato para o efeito de, conforme a equidade, ser compensado do aumento dos encargos efectivamente sofridos ou se proceder à actualização dos preços" (artigo 175.º, n.º 1). Pressuposto, entre outros, de aplicação desta norma é, pois, que se verifique um caso imprevisto, ou seja, um *"facto estranho à vontade dos contraentes que, determinando a modificação das circunstâncias económicas gerais, torna a execução do contrato muito mais onerosa para uma das partes do que caberia no risco normalmente considerado* (cf. MARCELLO CAETANO, *Manual*, II, p. 625; cf. também RIVERO, *ob. cit.*, p. 150).

Ora, basta ver que, no caso concreto, a causa dos sobrecustos sofridos pelo Consórcio não é um facto estranho à vontade das partes, mas, sim, a actuação delas e, particularmente, a actuação do Dono da Obra consubstanciada na introdução de significativas modificações no objecto contrato. Não procede, portanto, a teoria da imprevisão como fundamento da pretensão indemnizatória deduzida pelo Consórcio em apreço, posto que não existiu qualquer facto imprevisto.

C) Em terceiro lugar, o Tribunal não aceita também que o fundamento da pretensão indemnizatória das Autoras seja a figura jurídica da *responsabilidade civil contratual subjectiva ou por facto ilícito*.

O que é simples de entender. Na realidade, "a modificação do contrato não constitui incumprimento da Administração pelo menos em sentido técnico-jurídico — apenas num sentido geral ou didático se pode fazer essa afirmação, por forma a significar que a modificação é um desvio em relação às condições iniciais do contrato" (cf. CONCEPCIÓN HORGUÉ BAENA, *ob. cit.*, p. 189). Ora, no caso concreto, os sobrecustos suportados pelo Consórcio não resultaram de qualquer modificação ilícita do contrato, e muito menos de qualquer incumprimento ilícito do mesmo — mas sim, repete-se, do sobreesforço que o Consórcio empreendeu por força da alteração profunda do contrato licitamente determinada pelo Dono da Obra e, nalguns casos, acordada pelas partes.

Não se divisando, portanto, um incumprimento ilícito do contrato por qualquer das partes, é forçoso concluir que a responsabilidade civil subjectiva não pode ser aqui chamada a desempenhar qualquer papel — nem, de resto, as Autoras a invocaram.

D) Ponderemos agora, em quarto e último lugar, se a pretensão das Autoras se justifica à luz da figura do *enriquecimento sem causa*.

Como é sabido, a proibição do enriquecimento sem causa constitui um princípio geral de direito e, por isso, é também aplicável à Administração Pública (v., entre nós, AFONSO QUEIRÓ, *ob. cit.*, 310; e ESTEVES DE OLIVEIRA, *ob. cit.*, I, pp. 659 e segs.; por último, cf. ALEXANDRA LEITÃO, *O Enriquecimento sem Causa da Administração Pública*, Lisboa, 1997, especialmente pp. 61-132). Tal proibição vem genericamente enunciada no artigo 473.º do Código Civil. Na verdade, segundo o n.º 1 deste artigo, "aquele que, sem causa justificativa, enriquecer à custa de outrem é obrigado a restituir aquilo com que injustamente se locupletou". O *enriquecimento sem causa* é, assim, fonte de obrigações, já que gera uma obrigação de restituir em que figura como credor o sujeito à custa de quem o enriquecimento se verificou, e como devedor o beneficiário desse enriquecimento. São, no entanto, "múltiplas as situações em que o instituto é convocado para neutralizar ou corrigir as modificações económicas resultantes de uma deslocação patrimonial, com base na ideia de que o enriquecimento não deve consolidar-se definitivamente no património em que se produziu quando está em desacordo com a correcta ordenação dos bens" (cfr. RUI DE ALARCÃO, *ob. cit.*, p. 179). Mas a lei, como vimos, exige a verificação *cumulativa* de três requisitos: (1) a existência de um *enriquecimento*; (2) obtido *à custa de outrem* (o empobrecido); (3) sem *causa justificativa*. Quanto ao primeiro requisito, entende a doutrina tradicional que ele ocorre "quando alguém experimenta uma *melhoria da sua situação patrimonial*", ou seja, "a obtenção de um valor, de um ganho de carácter pecuniário" (RUI DE ALARCÃO, *ob. cit.*, p. 183) — sendo que são várias as vias pelas quais se pode adquirir uma vantagem patrimonial: por *aumento do activo*; por *diminuição do passivo*; por *intromissão ou ingerência em bens alheios*, sob a forma de *uso* ou *fruição, consumo*, ou de *alienação*. O segundo requisito significa, no fundo, que à vantagem alcançada pelo enriquecido deve corresponder um prejuízo suportado pelo sujeito que requer a restituição. O terceiro pressuposto é o mais difícil de sintetizar. Segundo INOCÊNCIO GALVÃO TELLES, "tudo se reconduz à interpretação da lei, à determinação da vontade legislativa, isto é, *saber se o ordenamento jurídico considera ou não justificado o enriquecimento* e se, portanto, acha ou não legítimo que o beneficiado o conserve. O enriquecimento tem ou não causa justificativa consoante, segundo os princípios legais, há ou não razão de ser para ele. Cumpre ver em cada hipótese, *no âmbito do instituto jurídico aplicável*, se o enriquecimento corresponde à *vontade profunda da lei*" (cf. *Direito das Obrigações*, Coimbra, 7ª ed., pp. 199-200; cf. também, no mesmo sentido, ANTUNES VARELA, *Das Obrigações em Geral*, I, 4ª ed., Coimbra, 1989, pp. 455), ou, acrescente-se, à vontade das partes celebrantes de um negócio jurídico bilateral (JÚLIO VIEIRA GOMES, *O Conceito de Enriquecimento, o Enriquecimento Forçado e os Vários Paradigmas do Enriquecimento sem Causa*, Porto, 1998, p. 471).

Por outro lado, consoante dispõe, na primeira parte, o artigo 474.º do Código Civil, "não há lugar à restituição por enriquecimento, quando a lei facultar ao empobrecido outro meio de ser indemnizado ou restituído". É isto o que se chama a *subsidiariedade* da pretensão do enriquecimento. "O problema surge a propósito das situações de facto que preenchem, não só os pressupostos do enriquecimento sem causa, mas também os de outro instituto ou norma específica. (...) Não permite o nosso sistema que, em tais hipóteses, o empobrecido disponha de uma acção alternativa. Ele apenas poderá recorrer à acção de enriquecimento quando a lei não lhe faculte outro meio para cobrir os seus prejuízos. Sempre que exista uma acção normal (...), e possa ser exercida, o empobrecido deve dar-lhe preferência: não se levantará, pois, a questão de averiguar se há locupletamento injustificado. E, então, só apurando-se, por interpretação da lei, que essas normas directamente predispostas não esgotam a tutela jurídica da situação é que se justifica o recurso complementar ao instituto do enriquecimento sem causa (ex.: em hipóteses de responsabilidade civil)" (ALMEIDA COSTA, *Direito das Obrigações*, 5ª ed., Coimbra, 1998, p. 434-435).

Voltêmo-nos, então, para o caso concreto. Verificar-se-ão aqui os pressupostos da figura do enriquecimento sem causa?

Poderia admitir-se, por um lado, que o Dono da Obra enriqueceu: com efeito, este obteve, a final, uma obra melhor do que a inicialmente projectada sem ter pago ao Consórcio o custo total que este suportou com a sua realização. Poderia também admitir-se, por outro lado, que o Consórcio empobreceu: na verdade, este não foi economicamente compensado dos sobrecustos em que incorreu por força do sobreesforço em que teve de realizar a obra através do pagamento dos trabalhos a mais pelo Dono da Obra segundo os preços contratuais. Mais difícil seria, no entanto, reconhecer, sem mais, que o contrato inicial de Dezembro de 1991 (e seus adicionais) constituiria a causa do mencionado enriquecimento. Certo, é sem dúvida verdade que em face de "um negócio válido, importa, em homenagem à autonomia da vontade, reconhecer a existência de uma causa de justificação para qualquer deslocação de riqueza em cumprimento desse negócio, sem que haja lugar a indagações sobre um eventual equilíbrio objectivo do valor das prestações" (Júlio Vieira Gomes, *ob. cit.*, p. 473). Assim, uma vez que o contrato de empreitada n.º 171/Dsa não é inválido, dir-se-ia que ele (e os subsequentes contratos adicionais) seria a causa justificativa do enriquecimento do Dono da Obra e, portanto, que não se constituiu na esfera deste qualquer obrigação de restituir fundada em enriquecimento. Simplesmente, não é menos verdade que um negócio jurídico válido só constitui causa justificativa do enriquecimento "se for correctamente executado" (Júlio Vieira Gomes, *ob. cit.*, p. 471). Vale isto por dizer que "ao longo da execução de um contrato se podem suscitar situações em que o mesmo não funciona como causa do enriquecimento de uma das partes: assim, *por exemplo*, quando se verificam situações de impossibilidade ou de incumprimento parcial, de cumprimento defeituoso, ou até, quando a base negocial se altera em termos tais que a execução do contrato deixa de ter como suporte a vontade das partes" (Júlio Vieira Gomes, *ob. cit.*, p. 472) — itálico nosso. Ora, no caso concreto, como se relatou acima, a execução da empreitada foi confrontada com vicissitudes e situações que, pela sua magnitude, pelo menos legitimam a dúvida sobre se a mesma foi, para o efeito referido, uma execução normal. Caberia, pois, em termos estritamente lógicos, desenvolver aqui a difícil questão de saber se o modo como se processou, a partir de Janeiro de 1994, a execução da empreitada n.º 171/Dsa privou ou não de causa o referido enriquecimento do Dono da Obra. Não vale, contudo, a pena fazer esse desenvolvimento. É que tal, tal como em geral se afirma que "todas (aquelas) situações (...) são normalmente contempladas na disciplina do contrato, pelo que só nos seus interstícios é que se justifica o apelo ao enriquecimento sem causa" (Júlio Vieira Gomes, *ob. cit.*, p. 472), também no caso concreto, como de seguida melhor se verá, situações do tipo das ocorridas na execução da empreitada n.º 171/DSA no período posterior a Janeiro de 1994 encontram já uma disciplina adequada na norma nossa conhecida do n.º 1 do artigo 173.º do RJEOP/86. E, deste modo, havendo no ordenamento jurídico uma solução que assegura a tutela jurídica da situação do Consórcio, nenhum espaço sobeja em concreto para a figura do enriquecimento sem causa.

Não é, pois, também o instituto do enriquecimento sem causa o fundamento da pretensão das Autoras.

91. Tal fundamento é, sim, como se disse já, a *cláusula da maior onerosidade* prevista no artigo 173º, n.º 1, do RJEOP/86. Diz-se aí que "se o dono da obra ou os seus agentes praticarem ou derem causa a facto de onde resulte maior dificuldade na execução da empreitada, com agravamento dos encargos respectivos, terá o empreiteiro direito ao ressarcimento dos danos sofridos". Esta regra, que, vimo-lo, constitui uma refracção do princípio do equilíbrio financeiro do contrato administrativo, visa justamente, como também acima se disse, assegurar a indemnização de sobrecustos que a actuação do dono da obra causou ao empreiteiro nos casos em que não existe outra figura adequada para o efeito. Esta regra, acrescentâmo-lo agora, com CIANFLONE (*ob. cit.*, p. 447), constitui uma aplicação

> "(...) do princípio que preside ao cumprimento de qualquer obrigação e que pode ser enunciado afirmando que a Administração, como qualquer outro credor, não deve agravar, com um facto próprio, a posição do empreiteiro no que toca à realização da prestação à qual está vinculado, nem impedindo nem tornando mais oneroso tal cumprimento. Em virtude do mesmo princípio, a Administração, dando a sua própria colaboração ao cumprimento, deve agir segundo um critério de correcção e diligência de modo a que a sua colaboração, pela forma

como é dada, não seja danosa nem seja exercida de maneira caótica ou irracional ou com espírito vexatório ou, seja como for, de modo a afectar o normal andamento dos trabalhos".

E, como acrescenta limpidamente, no mesmo local, aquele A., depois de recordar que deste princípio faz larga aplicação a jurisprudência, seja estadual seja arbitral, com uma variedade de fórmulas muito significativa:

"Aquilo que importa sublinhar é que a responsabilidade da Administração não encontra neste caso o seu pressuposto no dolo ou na culpa: basta para determiná-la qualquer facto, anormal sob o ponto de vista daquele princípio, que acarrete prejuízo para o empreiteiro. A amplitude do pressuposto desta responsabilidade deriva do facto de que esse princípio é expressão, por sua vez, de outro princípio: aquele que afirma que o devedor não deve suportar, para a realização do interesse de outrem a que está obrigado, um sacrifício maior do que por força da lei seja estritamente necessário".

Ora, uma situação que ilustra perfeitamente o *telos* da supratranscrita regra do artigo 173º, n.º 1, do RJEOP/86 é, justamente, a situação de desvantagens patrimoniais resultantes "para o empreiteiro (...) da modificação objectiva do contrato, mais além do que a compensação devida pela obra efectivamente realizada" (cf. CONCEPCIÓN HORGUÉ BAENA, *ob. cit.*, p. 189). E foi isso justamente o que ocorreu no caso em apreço. De facto, a profunda e global reformulação a que foi sujeita a obra de Adução Beliche-ETA de Tavira, após a conclusão do contrato, desorganizou a produção estabelecida, e implicou para o empreiteiro, no período posterior a Janeiro de 1994, a necessidade de proceder a um reforço de meios humanos e mecânicos, na sua maior parte não programado, isto para executar os trabalhos segundo uma sequência diversa da inicial e, bem assim, para executar trabalhos de forma simultânea quando fora prevista uma execução faseada — implicou, em suma, um sobreesforço —, necessidade aquela que lhe causou sobrecustos não compensados com o pagamento das quantidades de trabalhos realizadas a mais segundo os preços inicial ou posteriormente convencionados.

É, pois, àquela luz que a pretensão das Autoras merece provimento.

E o Tribunal entende que esta conclusão não é prejudicada pelo facto de, nos momentos em que foi decidido realizar trabalhos a mais, o empreiteiro não ter pretendido, por um lado, renegociar os preços unitários dos trabalhos com vista a compensar a maior onerosidade com que os teria de desenvolver, nem ter proposto ao Dono da Obra, por outro lado, a aplicação do regime fixado na lei para as empreitadas por percentagem a todos ou alguns desses trabalhos, nem ter, finalmente, rescindido o contrato — como era a partir de certo momento seu direito, atento o elevado volume de trabalhos a mais verificado.

É certo que, como adiante se verá, o não exercício de qualquer uma destas faculdades deverá, juridicamente, relevar, mas não pode, de modo algum, significar que, por causa disso, toda a maior onerosidade deva constituir risco contratual do empreiteiro. Isto, por um lado, porque numa empreitada de obras públicas como a analisada nos autos, em que se celebraram 15 acordos adicionais, a maior onerosidade poderá não ter sido sempre prefigurável no momento em que se decidiram os trabalhos a mais. Por outro lado, porque, mesmo que o fosse, o certo é que, no caso concreto, depois da determinação da realização dos trabalhos a mais, o Dono da Obra não deixou de interferir no desenvolvimento dos trabalhos (respostas aos quesitos 110.º e 111.º). Por outro lado ainda, porque, em qualquer caso, não parece concretamente justo penalizar drasticamente — isto é, eliminando, pura e simplesmente, o direito a qualquer indemnização — o não exercício de faculdades legais por parte de quem executou, em condições objectivamente mais onerosas, e, portanto, geradoras de maiores custos, uma obra que serve melhor o interesse público do que a obra inicialmente contratada.

Nem se diga, por fim, que a aplicação da regra do n.º 1 do artigo 173.º do RJEOP a uma empreitada por séries de preços subverte a *ratio* deste tipo de empreitada de obras públicas. No plano sistemático, o argumento não colhe: basta ver que aquela regra está inserida num capítulo (III — *Da execução da empreitada*) e secção (VIIII — *Do não cumprimento e da revisão do contrato*) aplicáveis a qualquer tipo de empreitada. E, no plano teleológico, o argumento afigura-se também improcedente. O preceito do n.º 1 do artigo 173.º sendo, repete-se, uma expressão do princípio do equilíbrio financeiro do contrato, visa justamente superar a rigidez que resultaria da aplicação, sem mais, à empreitada por série de preços (e por preço global) do "duplo binómio «proveito-risco», «liberdade contratual-responsabilidade contratual» (que) sintetiza, de modo eficaz, os princípios ordenadores de um mercado capitalista e do sistema de direito que lhe corresponde" (ENZO ROPPO, *O Contrato*, Coimbra, 1988, p. 259). O preceito do n.º 1 do artigo 173.º visa, por outras palavras, e raciocinando mais em concreto, corrigir desequilíbrios de valor económico entre prestação e contraprestação surgidos em momento posterior à celebração do contrato por força de uma actuação, mesmo que lícita, de uma das partes — afinal, aquela a quem a obra aproveita.

Assim, para o Tribunal, o Consórcio, segundo o disposto na norma do n.º 1 do artigo 173.º do RJEOP, deverá, por força da desorganização global da produção causada pela actuação dos Réus, ser indemnizado por estes de parte dos sobrecustos que suportou no período de Janeiro de 1994 a Maio de 1996.

92. Naturalmente, afirmar isto não significa que não se deva relevar aqui devidamente a contribuição do empreiteiro para os maiores encargos por ele próprio suportados. Por outras palavras, a aplicação da regra da maior onerosidade, sendo pertinente, só por si não justifica a atendibilidade integral da pretensão das Autoras.

É que, e como diz Antonio Cianflone, constitui traço típico da empreitada a ideia de que o empreiteiro corre o risco da prestação (*rischio del lavoro*), ou seja, a ideia de que a prestação debitória pode não realizar o resultado prometido ou pode realizá-lo com um custo superior ao previsto e que, portanto, o empreiteiro, ou não adquire o direito ao correspectivo, ou adquire-o ficando a seu cargo o maior custo (*ob. cit.*, pp. 13-14). Uma expressão significativa do risco da prestação é, segundo o mesmo Autor, o *rischio della difficoltà dell'opus*, que significa que as maiores dificuldades encontradas na produção do resultado ficam a cargo do empreiteiro. Tal risco, diz Cianflone, deriva da variabilidade do custo de produção do resultado em contraposição à invariabilidade do correspectivo. Concretizando:

"A variabilidade do custo do resultado deriva, por seu turno, de várias causas. A primeira, mais geral, consiste na variabilidade do rendimento concreto de energia despendida face ao rendimento potencial da mesma; na quantidade e qualidade das resistências à execução, preexistentes ou supervenientes; na irregularidade ou nos vícios dos procedimentos técnicos adoptados; na produtividade dos instrumentos e dos meios empregues; no aumento superveniente dos preços dos vários elementos necessários à produção do *opus*" (*ob. cit.*, p. 15).

Ou seja, sendo a *locatio operis* um contrato de resultado, e não um contrato de actividade, sendo, por outras palavras, um contrato em que é o devedor que gere os meios em obra, o Tribunal entende que, no caso conreto, o Consórcio deve também correr parte do risco do agravamento económico verificado na sua prestação.

De resto, e a depôr nesse sentido, não pode deixar de se considerar que o Consórcio se absteve de exercer faculdades que a lei lhe abria com vista à defesa dos seus interesses patrimoniais: por um lado, não propôs ao Dono da Obra a renegociação dos preços unitários contratuais; e, por outro, não propôs também àquele a aplicação a certos trabalhos do regime das empreitadas por percentagem — caso em que a responsabilidade pela gestão da obra passava para o Dono da Obra e o risco do Consórcio seria menor.

Nestes termos, o Tribunal conclui que, em certa medida, os sobrecustos suportados pelo Consórcio se ficaram também a dever à gestão dos meios humanos e técnicos em obra por este e, portanto, nessa medida, *sibi imputet*.

93. Por outro lado, às duas causas genéricas dos sobrecustos acima referidas — a primeira atribuível ao Dono da Obra, e a segunda ao Consórcio — acrescem ainda, no caso concreto, causas *específicas*, quer dizer, causas que correspondem a comportamentos concretos tanto do Dono da Obra como do Consórcio na execução dos diversos trabalhos integrantes da obra de Adução Beliche / ETA de Tavira.

Do relato da matéria de facto acima efectuado resulta, efectivamente, que os sobrecustos do Consórcio se ficaram também a dever a vicissitudes ocorridas na execução das principais obras integrantes da Adução Beliche/ETA de Tavira, a saber, o Túnel Beliche/EE1, a EE1, a EE2, a EE3, e, finalmente, o Reservatório de Santo Estêvão.

Nesta medida, deve aqui apurar-se qual das duas partes causou essas vicissitudes e os inerentes sobrecustos do Consórcio.

É o que se verificará adiante, logo após a fixação do valor relativo das diversas causas, genéricas e específicas, dos sobrecustos suportados pelo Consórcio no período posterior a Janeiro de 1994 na obra de Adução Beliche/ETA de Tavira.

94. *A)* O Tribunal, à luz da equidade, considera razoável estimar em 50% o valor da causa "desorganização global da produção".

Isto, basicamente, pela dimensão da referida desorganização. De facto, foi executada uma obra substancialmente bastante diversa da inicialmente concursada e contratada, tendo-se registado um volume de trabalhos a mais que praticamente atingiu o valor (anormal) de 70% do valor previsto inicialmente.

Significa concretamente isto que, pretendendo as Autoras obter dos Réus, nesta matéria, o pagamento de 2.846.778 contos, o Tribunal, pelos fundamentos expostos e à luz da equidade, lhes reconhece o direito a perceber, pelo menos, o montante de **1.423.389 contos**.

B) Precisemos agora o montante da indemnização pretendida pelo Consórcio e que o Tribunal, pelas razões acima referidas (*supra*, n.º 90), não atenderá.

À luz da equidade, o Tribunal considera justo fixar em 25% o risco normal do Consórcio na obra de Adução Beliche/ETA de Tavira. Ou seja:

2.846.778 x 25% = **711.695 contos**.

Este montante não deverá ser objecto de indemnização pelos Réus às Autoras.

C) Fica, portanto, apenas por decidir se, e em que medida, o Dono da Obra responderá ainda pelos remanescentes 711.695 contos — o que o Tribunal fará já de seguida, tendo em conta a participação de cada uma das partes do contrato nas vicissitudes específicas que ocorreram na execução do Túnel Beliche/EE1; da EE1; da EE2; da EE3; e, finalmente, do Reservatório de Santo Estêvão.

Naturalmente que não se pode ignorar o peso desigual de cada uma destas obras no valor total da obra da Adução. Assim, ponderado o valor global daquela obra — sem o custo da conduta adutora (cuja execução não evidencia a ocorrência de vicissitudes expressivas) —, o Tribunal fixa-lhes os seguintes valores relativos:

– Túnel Beliche/EE1: 13%;
– EE1: 62%;
– EE2: 11%;
– EE3: 4%;
– Rersevatório de Santo Estêvão: 10%.

95. Passando agora a verificar, obra a obra, a responsabilidade de cada uma das partes pelas vicissitudes específicas nelas ocorridas:

A) Túnel Beliche-EE1

O relato da matéria de facto acima efectuado revela que o Consórcio, nesta sede, deu causa a: *i)* projectos menos adequados do ponto de vista técnico e respeitantes a soluções economicamente incomportáveis; *ii)* demoras quanto à definição e à execução da torre de tomada de água e à ensecadeira na albufeira do Beliche; *iii)* outras situações resultantes do método construtivo por si escolhido: assim, na resposta ao quesito 497.º-1 deu-se como provado que do procedimento de escavação adoptado pelo Consórcio, descrito no quesito 495.º, resultaram significativas sobreescavações por excesso de carga, volumes desmontados e períodos de auto-sustentação por vezes ultrapassados; por outro lado, na resposta ao quesito

497.º-2 considerou-se provado que, pontualmente, houve pouco cuidado do Consórcio no controle geométrico da secção a escavar, do que resultaram, em particular, grandes diferenças na rasante, com necessidade de acertos e, posteriormente, volumes significativos de betão.

Por outro lado, o mesmo relato evidencia que o Dono da Obra transmitiu ao Consórcio informações geológico-geotécnicas que se afastavam significativamente da realidade. Ora, nos termos do artigo 172.º, n.º 2, do RJEOP/86, "os danos causados nos trabalhos de uma empreitada por (...) qualquer (...) facto não imputável ao empreiteiro serão suportados pelo dono da obra quando não correspondam a riscos que devam ser seguros pelo empreiteiro nos termos do contrato". É esta, aliás, a solução consagrada noutros ordenamentos jurídicos cuja afinidade cultural com o nosso é manifesta — cfr., por exemplo, em Itália, o disposto no artigo 1664.º, 1, do Código Civil (CIANFLONE, *ob. cit.*, pp. 512 e segs.; e ENZO ROPPO, *ob. cit.*, p. 263), e, em França, as resoluções do Conselho de Estado neste sentido (cf. JEAN DUFAU, *Droit des Travaux Publics,* Paris, 1998, p. 259).

Assim, tudo ponderado, e à luz de um juízo de equidade, o Tribunal considera razoável repartir a meias a responsabilidade do Dono da Obra e do Consórcio pelos sobrecustos nesta sede suportados pelo segundo.

711.695 contos x 13% (valor relativo desta obra) = 92.520 contos.

Logo, 92.520 contos x 50% = 46.260 contos.

O Tribunal condena o Dono da Obra a pagar ao Consórcio, quanto à matéria em apreço, o valor de **46.260 contos**.

B) EE1

O relato da matéria de facto acima efectuado mostra que o Consórcio, quanto a este ponto: *i)* tomou a iniciativa quanto à introdução dos filtros nas derivações para a rede de rega (cfr. resposta ao quesito 503.º-1); e *ii)* causou demoras injustificáveis na execução do contrato entre Junho e Novembro de 1993 — por um lado, desenvolveu o *lay-out* da EE1 à margem do Dono da Obra (resposta ao quesito 530.º-2) e, por outro lado, não convidou este a participar nas reuniões com o fornecedor e o fabricante dos grupos de bombas da EE1 (resposta ao quesito 534.º).

O mesmo relato, permite, por outro lado, verificar que o Dono da Obra: *i)* foi claramente beneficiado, em termos técnicos e económicos, pela introdução de filtros nas derivações para a rede de rega; *ii)* causou demoras consideráveis na aprovação de alguns estudos do Consórcio (cf., por exemplo, alíneas *Z105)* a *Z107)*); e *iii)* formulou exigências novas quanto a certos aspectos da subestação eléctrica da EE1.

Tudo ponderado, e considerando de maior peso, à luz de um juízo de equidade, as demoras e exigências, bem como os benefícios, do Dono da Obra, do que as responsabilidades do Consórcio, traduzidas apenas em demoras, o Tribunal considera razoável, nesta matéria, fixar em 65% a responsabilidade do Dono da Obra, e em 35% a do Consórcio.

Assim: 711.695 contos x 62% (valor relativo desta obra) = 441.251 contos.

65% x 441.251 contos = 286.813 contos.

35% x 441.251 contos = 154.438 contos.

O Tribunal condena, assim, o Dono da Obra a pagar ao Consórcio, nesta matéria, o valor de **286.813 contos**.

C) EE2

Quanto à EE2, e não estando aqui em causa responsabilizar o Dono da Obra pela mudança de localização e de altimetria da ETA de Tavira (isso já foi considerado acima quando se imputou àquele 50% da responsabilidade pelos sobrecustos que o Consórcio suportou em virtude de desorganização geral da produção), o que existe é um conjunto de atrasos, comuns ao Dono da Obra e ao Empreiteiro, não sendo possível, em função da prova produzida, considerar que qualquer deles tenha mais responsabilidade do que o outro, pelo que se divide em partes iguais o montante em causa.

Assim: 711.695 x 11% (valor relativo desta obra) = 78.286 contos.

78.286 contos x 50% = 39.143 contos.

O Tribunal condena o Dono da Obra a pagar ao Consórcio, nesta sede, o montante de **39.143 contos**.

D) EE3

Resulta da ponderação do relato acima efectuado que, quanto a este ponto, os atrasos e outras vicissitudes ocorridas foram causados, em medida equivalente, por ambas as partes.

O atraso mencionado nas respostas aos quesitos 610.° e 611.° não teve especiais consequências, não devendo, por isso, ser tomado em conta para este efeito.

Assim: 711.695 contos x 4% (valor relativo desta obra) = 28.468 contos

28.468 contos x 50% = 14.234 contos.

O Tribunal condena o Dono da Obra a pagar ao Consórcio, nesta matéria, o montante de **14.234 contos**.

E) Reservatório de Santo Estevão

Quanto a esta obra, o Tribunal entende dever responsabilizar-se o Consórcio pelo facto de este não ter iniciado os trabalhos logo no início de Julho de 1995, quando faltava consignar apenas 10% dos terrenos necessários (resposta ao quesito 624.°). Além disso, tendo a consignação total dos terrenos necessários à execução do Reservatório ocorrido em 21 de Agosto de 1995 (resposta ao quesito 626.º), o Consórcio só iniciou os trabalhos em 20 de Setembro desse ano (respostas aos quesitos 627.º e 633.º).

O Dono da Obra, por sua vez, deve ser responsabilizado pelos atrasos verificados em matéria de consignação da globalidade dos terrenos: tendo o Consórcio solicitado ao Dono da Obra, em 8 de Junho de 1995, a entrega de todos os terrenos para iniciar a obra do Reservatório de Santo Estêvão, tal entrega veio apenas a ocorrer em 21 de Agosto de 1995 (respostas aos quesitos 622.º e 625.º).

Em face destes dados, julga-se razoável, à luz da equidade, considerar que o Dono da Obra causou 40% dos sobrecustos que o Consórcio suportou com as vicissitudes ocorridas no Reservatório de Santo Estêvão, e que o Consórcio é responsável pelos restantes 60%.

Assim: 711.695 contos x 10% (valor relativo desta obra) = 71.170 contos.

71.170 contos x 60% = 42.702 contos.

71.170 contos x 40% = 28.468 contos.

O Tribunal condena, portanto, o Dono da Obra a pagar ao Consórcio **28.468 contos**, neste ponto.

96. A soma das verbas parcelares anteriores em que o Dono da Obra foi condenado equivale a (46.260 + 286.813 + 39.143 + 14.234 + 28.468 =) **414.918 contos.**

Este é, portanto, o montante em que o Dono da Obra deve ser responsabilizado por ter dado causa a vicissitudes que originaram sobrecustos do Consórcio com meios humanos e mecânicos na execução das obras do Túnel Beliche/EE1, da EE1, da EE2, da EE3 e do Reservatório de Santo Estêvão.

97. Somando, finalmente, a verba de 414.918 contos referida no número anterior com 1.423.389 contos (correspondente aos 50% do valor global da pretensão formulada pelas Autoras quanto a "custos do reforço de meios a partir de Janeiro de 1994" a que os Réus foram condenados por "desorganização global da produção": cfr. *supra*, n.º 92, *A)*) obtém-se o valor de (414.918 contos + 1.423.389 contos =)**1.838.307 contos**.

Em suma, o Tribunal condena o Dono da Obra a pagar ao Consórcio, a título de "Custos do reforço de meios a partir de Janeiro de 1994", o montante de **1.838.307 contos**.

4.3. Sobrecustos com projectos

α — *Matéria de facto*

98. Nesta matéria, ficaram assentes os seguintes factos:

Z185) Os pagamentos dos projectos de pormenorização dos desenhos de construção deveriam ser feitos pela categoria III da Portaria de 7 de Fevereiro de 1972.

Z186) Em relação às estações elevatórias EE1 e EE2, o trabalho realmente desenvolvido pelo projectista do Consórcio correspondeu à categoria IV a referida Portaria de 7 de Fevereiro de 1972.

Z193) O Dono da Obra reconheceu no ponto 5 da sua informação n° 51/OB/95 que houve um acréscimo de custos com projectos no montante de Esc. 71.047.000$00, verba que aceitou pagar ao Consórcio.

– Quesito 121°: O INAG alterou a concepção-geral da obra de adução Beliche/ETA de Tavira?

> **Provado que o INAG, após a adjudicação da Proposta Variante-B, introduziu várias e significativas alterações e acrescentamentos em aspectos importantes da obra de Adução Beliche/ETA de Tavira — *v.g.*, tomada de água; configuração do túnel Beliche/EE1; filtros nas derivações para as redes de rega; *lay-out* da EE1 e tipo de grupos de bombas; parte final do adutor (EE2, EE3 e Reservatório de Santo Estêvão). Saber se isto representou ou não uma alteração**

global da concepção-geral da obra no sentido da Portaria de 7/2/1972 é questão cuja resposta o Tribunal relega para o julgamento da matéria de direito. Convicção formada com base nos depoimentos das testemunhas SR, CB, AC e LC.

– Quesito 122°: A Prosistemas e os Serviços Técnicos das empresas consorciadas tiveram de proceder à elaboração de estudos e desenhos não inicialmente previstos?

Provado. Convicção formada com base nos depoimentos das testemunhas SR e CB.

– Quesito 123°: Nesses estudos e desenhos procedeu-se à pesquisa dominante de soluções individualizadas?

Provado parcialmente. Em alguns dos estudos referidos houve pesquisa dominante de soluções individualizadas e/ou concepção mais complexa e excepcional do que a inicialmente prevista. Convicção formada com base nos depoimentos das testemunhas SR e AC.

– Quesito 124°: Por força do referido no quesito anterior os projectos passaram da categoria III para a categoria IV da Portaria de 7 de Fevereiro de 1972?

Provado apenas que passaram para a categoria IV os projectos relativos à EE1, à EE2, à EE3, ao Reservatório de Santo Estêvão, à Conduta Adutora (6° e 7° troços) e à Tomada de Água na albufeira do Beliche. Convicção formada com base no depoimento das testemunhas AC e GR.

– Quesito 125°: Esses estudos e desenhos reiniciaram-se a partir do «programa-base»?

Provado apenas quanto à EE1, à EE2, à EE3, ao Reservatório de Santo Estêvão, à Tomada de Água e ao Túnel Beliche/EE1. Convicção formada com base nos depoimentos das testemunhas AC e SR.

– Quesito 126°: O Consórcio considerou de forma correcta no seu orçamento que seriam pagas apenas 50% das verbas previstas nas tabelas de honorários referidas na Portaria de 7 de Fevereiro de 1972 pelos projectos de pormenorização dos desenhos de construção?

Provado por considerações de razoabilidade, com o esclarecimento de que se trata de um valor intermédio entre os 40%, que se deveriam prever caso se pudesse passar logo da fase do anteprojecto para a fase do projecto de execução, e os 65%, que se deveriam prever caso o projecto estivesse na fase de estudo prévio. Convicção formada com base nos depoimentos das testemunhas SR e CB.

– Quesito 127°: O Consórcio vai ter de ressarcir os seus projectistas do diferencial correspondente à mudança da categoria III para a categoria IV da Portaria de 7 de Fevereiro de 1972, por um lado, e, por outro, do diferencial de mais de 50% correspondente à completa reformulação do projecto?

Provado parcialmente, nos termos das respostas aos quesitos 124.° e 126.°.

– Quesito 128°: Os sobrecustos referidos no quesito anterior não estavam contemplados na proposta do empreiteiro?

Provado, já que o empreiteiro não previu na sua proposta as alterações dadas como provadas nas respostas aos quesitos 124.° e 126.°. Convicção formada com base nos depoimentos das testemunhas SR e AC.

– Quesito 190.°: A empreitada do sistema de adução Beliche/ETA de Tavira previa uma facturação de 6.712.127 contos?

Provado. Convicção formada com base no documento junto pelas AA. à petição inicial sob o n.° 1, bem como no depoimento da testemunha CB, não incluindo a parte da verba «Estaleiros e Acessos» referente à ETA de Tavira.

– Quesito 191.°: Do valor global referido no quesito anterior, 2,85% destinava-se a suportar custos com projectos?

Provado, conforme a "Tabela pormenorizada das percentagens para o cálculo dos honorários em função do valor da obra" anexa à Portaria de 7 de Fevereiro de 1972.

– Quesito 192.°: Dado o estado dos projectos submetidos a concurso, o Consórcio previu na sua Proposta Variante-B que o valor dos que teria de realizar correspondia a 50% da verba destinada a projectos referida no quesito anterior, ou seja, 95.647 contos?

Provado: foi essa a previsão do Consórcio. Convicção formada com base no depoimento da testemunha CB.

– Quesito 193.º: À categoria IV da Portaria de 7 de Fevereiro de 1972 corresponde uma percentagem de 3,25 %?

Provado que é essa a percentagem que cabe à referida categoria para obras superiores a sete milhões de contos. V. a "Tabela pormenorizada das percentagens para o cálculo dos honorários em função do valor da obra" anexa à Portaria de 7 de Fevereiro de 1972.

– Quesito 194.º: A reformulação global de projectos implicou a sua valorização em 100% da verba correspondente?

Provado parcialmente nos termos das respostas aos quesitos 122º a 125º. Esclareça-se que a reforma dos projectos que tiveram de ser reformulados implicou uma valorização apenas de 55% da verba correspondente. Convicção formada com base na ponderação global da prova produzida, designadamente no depoimento das testemunhas SR e AC, e no documento junto pelas AA. à petição inicial sob o n.º 32.

– Quesito 195.º: A verba correspondente à passagem da categoria III para a categoria IV foi de 22.394 contos?

Prejudicado pelas respostas aos quesitos 122º a 125º. O valor que deve ser considerado é = 12.240 contos [(3,25%-2,85%) x 50% x (10.200.000 contos x 60%)]. Esclarece-se que: *a)* o valor de 10.200.000 contos corresponde ao custo total arredondado da obra de Adução Beliche/ETA de Tavira; *b)* a percentagem de 60% traduz, estimativamente (documento junto pelas AA. sob o n.º 32 à petição inicial e prova testemunhal produzida), o valor relativo das obras integrantes da Adução Beliche/ETA de Tavira que, por força das várias e significativas alterações e acrescentamentos introduzidos pelo Dono da Obra à Proposta Variante-B, passaram da categoria III para a categoria IV da Portaria de 7 de Fevereiro de 1972.

– Quesito 196.º: A verba correspondente à reformulação de projectos foi de 181.951 contos?

Prejudicado pela resposta ao quesito 194.º O valor que deve ser considerado é 182.325 contos [= 3,25 % x (10.200.000

contos x 55%)]. Esclarece-se que: *a)* o valor de 10.200.000 contos corresponde ao custo total arredondado da obra de Adução Beliche/ETA de Tavira; *b)* a percentagem de 55% traduz, estimativamente (documento junto pelas AA. sob o n.º 32 à petição inicial e prova testemunhal produzida), o valor relativo das obras integrantes da empreitada da Adução Beliche/ETA de Tavira — tanto da categoria III como da categoria IV da mencionada Portaria — cujos estudos e projectos tiveram de ser completamente reformulados pelo projectista do Consórcio.

– Quesito 197.º: O custo real que o Consórcio suportou com projectos corresponde à soma das verbas referidas nos dois quesitos anteriores, ou seja, 204.245 contos?

Prejudicado pelas respostas aos dois quesitos anteriores. O custo suportado pelo Consórcio com projectos foi de 194.565 contos.

– Quesito 198.º: A diferença entre o custo real e o custo previsto foi assim de 108.698 contos?

Prejudicado. Nos termos das respostas aos quesitos anteriores, o valor que deve ser considerado é 98.918 contos — subtracção entre os valores referidos nos quesitos 197.º e 192.º

– Quesito 199.º: A verba referida no quesito anterior acha-se calculada a valores de Junho de 1991?

Prejudicado. A verba referida na resposta ao quesito anterior acha-se calculada a valores de Junho de 1991.

– Quesito 200.º: O mês médio do período em que ocorreram os prejuízos foi Setembro de 1993?

Prejudicado pela resposta ao quesito 144.º.

– Quesito 201.º: Actualizando a verba de 108.698 contos, segundo o método referido no artigo 371º da petição inicial, a valores de Junho de 1995, obtém-se o montante de 119.687 contos?

Prejudicado pelas respostas aos quesitos 198.º e 200.º. O valor que deve ser considerado, segundo o índice médio do período de Junho de 1992 a Dezembro de 1994 (1,22) —

resultante da aplicação da fórmula de revisão de preços da Mão de Obra —, é 120.680 contos (= 98.918 contos x 1,22).

– Quesito 755°: Durante a execução da empreitada foram pagos ao Consórcio os projectos que vêm referidos no artigo 810° da contestação?

Provado. Convicção formada com base nos depoimentos das testemunhas CB e LC.

– Quesito 756°: Os custos reais dos projectos relativos à chaminé de equilíbrio n° 1 e à chaminé de equilíbrio n° 2 devem corresponder, por incluírem estudo prévio, a 80% das verbas previstas na Portaria de 7 de Fevereiro de 1972?

Provado. Convicção formada com base nos depoimentos das testemunhas CB e LC.

– Quesito 757°: Os custos reais dos projectos relativos à EE1 e à EE2 devem corresponder, por incluírem programa base e estudo prévio, a 100% das verbas previstas na Portaria de 7 de Fevereiro de 1972?

Provado. Convicção formada com base nos depoimentos das testemunhas CB e LC.

β — *Matéria de direito*

99. Resulta, além do mais, do relato da matéria de facto efectuado que:

– por força da introdução pelo Dono da Obra de alterações e acrescentamentos em aspectos importantes da obra de Adução (resposta ao quesito 121.°), os projectistas do Consórcio procederam à reformulação dos projectos (resposta ao quesito 122.°), tendo alguns desses projectos simultaneamente passado da categoria III para a categoria IV da Portaria de 7 de Fevereiro de 1972 e sido reformulados a partir do programa base (respostas aos quesitos 124.° e 125.°); outros, permanecendo na categoria III, foram reformulados também a partir do programa base (resposta ao quesito 125.°);

– o Consórcio, que no seu orçamento previra que seriam apenas pagas 50% das verbas previstas nas tabelas de honorários referidas na portaria de 1972 (resposta ao quesito 126.º), terá de ressarcir os seus projectistas do diferencial correspondente à mudança de certos projectos da categoria III para a categoria IV e, bem assim, do diferencial correspondente à completa reformulação de alguns projectos (resposta ao quesito 127.º);
– o sobrecusto do Consórcio com projectos é de 120.680 contos (respostas aos quesitos 192.º, 198.º e 201.º).

100. Passando a decidir.

Pretendem as Autoras que os Réus sejam condenados a indemnizá-las por sobrecustos com projectos relativos à obra de Adução Beliche-ETA de Tavira no montante de 120.680 contos.

Os Réus só parcialmente estão de acordo com a pretensão das Autoras (cfr. *supra*, § 1.º, VI, n.º 10).

Correspondendo os sobrecustos efectivamente suportados pelo Consórcio a trabalhos a mais de projecto, o Tribunal entende que os Réus devem, por força do princípio do equilíbrio financeiro do contrato (v., *supra*, XIV), ressarcir na íntegra as Autoras segundo os preços contratuais.

Nos termos e pelos fundamentos expostos, o Tribunal condena os Réus a pagar às Autoras, neste ponto, o montante de **120.680 contos**.

4.4. *Túnel Beliche-EE1 (sobrecustos com materiais)*

α — *Matéria de facto*

101. Neste ponto, enunciam-se agora apenas os factos provados em resposta aos Quesitos 202.º a 210.º, porquanto

§ 3.º – *Da Decisão da Causa e sua Fundamentação*

os demais factos pertinentes (constantes das alíneas *Z83)* a *Z101)* da Especificação e dos quesitos 51.º a 61.º, e 421.º a 499.º) foram já acima, noutra sede, reproduzidos (*supra*, § 3.º, XIII, 1.2.4.).

São eles:

Z192) O Dono da Obra reconheceu na sua informação 51/OB/95 serem devidos ao Consórcio, a título de compensação pelos trabalhos realizados para ultrapassar a falha existente ao perfil 43 metros do túnel Beliche-EE1, Esc. 2.780.338$00.

Z197) O Dono da Obra reconheceu no ponto 6.4., alínea d), da sua informação nº 51/OB/95 ser de pagar ao Consórcio o montante de Esc. 5.000 contos (valores de Junho de 1991), relativamente a sobrecustos com a execução do túnel Beliche-ETA de Tavira.

– Quesito 202.º: Os custos adicionais resultantes das alterações ocorridas em consequência da mudança do traçado do túnel Beliche-EE1 foram: — 27.938 contos com o funcionamento de equipamentos?

Provado parcialmente, com o esclarecimento de que ao valor referido no quesito há que retirar uma parcela referente a equipamento, uma vez que essa componente já foi considerada pelas AA. no alegado reforço de meios. O valor que deve ser considerado é 24.945 contos [27.938 contos x 10,5%)]. Convicção formada com base no depoimento das testemunhas CB e LC.

– Quesito 203.º: — 8.227 contos com sobreescavações?

Provado parcialmente, com o esclarecimento de que ao valor referido no quesito há que retirar uma componente de mão de obra e equipamento, uma vez que a mesma já foi considerada pelas AA. no alegado reforço de meios. O valor que deve ser considerado é 6.027 contos [8.227 contos — (8.227 contos x 26,75%)]. Convicção formada com base no depoimento das testemunhas CB e LC.

– Quesito 204.º: — 15.965 contos com betão em sobreperfil?

Provado parcialmente, com o esclarecimento de que ao valor referido no quesito há que retirar uma componente de mão de obra e equipamento, uma vez que a mesma já foi con-

siderada pelas AA. no alegado reforço de meios. O valor que deve ser considerado é 11.694 contos [15.965 contos — (15.965 contos x 26,75% = 4.271 contos)]. Convicção formada com base no depoimento das testemunhas CB e LC.

– Quesito 205.º: — 428 contos com consumo extra de rachão?

Provado parcialmente, com o esclarecimento de que ao valor referido no quesito há que retirar uma componente de mão de obra e equipamento, uma vez que a mesma já foi considerada pelas AA. no alegado reforço de meios. O valor que deve ser considerado é 313 contos [428 contos — (428 contos x 26,75% = 115)]. Convicção formada com base no depoimento das testemunhas CB e LC.

– Quesito 206.º: — 6.068 contos com infiltrações?

Provado parcialmente, com o esclarecimento de que ao valor referido no quesito há que retirar uma componente de mão de obra e equipamento, uma vez que a mesma já foi considerada pelas AA. no alegado reforço de meios. O valor que deve ser considerado é 4.445 contos [6.068 contos — (6.068 contos x 26,75% = 1.623)]. Convicção formada com base no depoimento das testemunhas CB e LC.

– Quesito 207.º: — 2.138 contos com a falha aos 43 m da boca de jusante?

Provado. Convicção formada com base nos depoimentos concordantes das testemunhas CB e LC, bem como no documento junto pelas AA. sob o n.º 31 à petição inicial.

– Quesito 208.º: As parcelas referentes aos custos adicionais resultantes das alterações ocorridas em consequência da mudança do traçado do túnel Beliche-EE1 encontram-se calculadas a valores de Junho de 1991?

Provado. Convicção formada com base no depoimento da testemunha CB.

– Quesito 209.º: O mês médio do período em que ocorreu o prejuízo foi Outubro de 1994?

Prejudicado pela resposta ao quesito 144.º.

— Quesito 210.°: Actualizando a verba de 60.765 contos a Junho de 1995, segundo o método referido no artigo 371° da petição inicial, obtém-se o valor de 70.797 contos?

Prejudicado pelas respostas aos quesitos 202.° a 207° e 209.°. A actualização de 49.562 contos, resultante da soma das verbas parcelares referidas nos quesitos 202.° a 207.°, segundo o critério referido no quesito 144.° (média do índice do período considerado — Março de 1994 a Junho de 1995 —, ou seja, 1,138, com correcção — resultante da aplicação da fórmula de revisão de preços do Túnel), corresponde a 56.402 contos.

β — *Matéria de direito*

102. Pretende o Consórcio obter do Dono da Obra o pagamento de uma indemnização no montante de 56.402 contos por sobrecustos na execução do Túnel Beliche-EE1, agora não já com meios humanos e meios mecânicos, mas sim com o funcionamento de equipamentos; sobreescavações; betão em sobreperfil; consumo extra de rachão; infiltrações; e falha aos 43 m da boca de jusante.

Os Réus só parcialmente aceitam esta pretensão das Autoras (cfr. *supra*, § 1.°, VI, n.° 10).

103. Passando a decidir.

A solução desta questão deverá harmonizar-se com a acima apresentada para o problema dos sobrecustos do Consórcio com meios humanos e meios mecânicos no período de Janeiro de 1994 a Maio de 1996, já que os factos que estão na base da pretensão indemnizatória do empreiteiro são os mesmos (*supra*, XIV, 4.2).

Assim, o Tribunal decide que o Dono da Obra é responsável por 50% dos sobrecustos ora em causa (= 28.201 contos), isto por ter contribuído para desorganizar, globalmente, a produção do empreiteiro.

Por sua vez, o Consórcio é responsável por 25% daquela verba, já que deve correr nessa medida por conta dele o risco normal da gestão da produção da obra.

Quanto aos remanescentes 25%, o Tribunal entende que os mesmos são da responsabilidade do Consórcio, porquanto este apresentou na sua LPU preços diferenciados para cada uma das várias zonas geotécnicas a encontrar na escavação (ZG1, ZG2 e ZG3).

Assim, o Consórcio não pode reclamar das suas deficiências de previsão e do método de escavação que escolheu.

104. Pelo exposto, o Tribunal condena os Réus a pagar às Autoras, nesta matéria, o montante de **28.201 contos**.

4.5. Ensaios

α. — *Matéria de facto*

105. Nesta matéria, estão assentes os seguintes factos:

Z138) O Caderno de Encargos foi organizado no pressuposto de que no adutor Beliche/ETA de Tavira seriam utilizados tubos de betão armado com alma de aço.

Z139) Na cláusula 42.3.3.1.3b das Cláusulas Técnicas Especiais do Caderno de Encargos (parte B2 do Processo de Concurso Público Internacional), previa-se a realização dos seguintes ensaios em tubos de betão armado com alma de aço: ensaios de betão da parede do tubo para obtenção de resultados de compressão aos 28 dias; ensaio dos cilindros metálicos com uma pressão mínima de 350 Kg/cm2 para verificação de juntas e fugas; ensaio hidrostático de um tubo não instalado.

Z140) Na cláusula 42.3.3.6 das Cláusulas Técnicas Especiais do Caderno de Encargos (parte B2 do Processo de Concurso Público Internacional), previa-se a realização de testes/ensaios hidrostáticos.

Z141) No sistema adutor foram utilizados tubos de betão pré-esforçado vibropressocentrifugado.

Z142) Por razões de ordem técnica, o Consórcio e o Dono da Obra acordaram na realização dos seguintes ensaios nos tubos de betão pré--esforçado vibropressocentrifugado: ensaio à compressão em cubos de betão; ensaios de permeabilidade em provetes de betão da fábrica; ensaios hidrostáticos, em fábrica, por cada tubo; ensaios junta a junta, depois da colocação e ligação dos tubos.

Z143) Os ensaios à compressão em cubos de betão encontravam-se previstos no Caderno de Encargos.

Z144) A Fiscalização entendeu que se podiam realizar ensaios da conduta já instalada e recoberta, por troços que variavam entre 1,5 e 2,5 Km.

Z145) O Consórcio suportou os encargos inerentes aos ensaios hidrostáticos tubo a tubo em fábrica e, por outro lado, aos ensaios hidrostáticos da conduta em troços de 1,5 Km a 2,5Km (com recobrimento feito) referidos no artigo anterior.

Z146) Durante a execução da empreitada foram realizados os seguintes ensaios não especificados no Caderno de Encargos: determinação do teor de halogenetes solúveis; determinação da reactividade potencial dos inertes com os alcalis do ligante; determinação da permeabilidade dos betões estruturais (sobre cubos); determinação de características físicas do cimento; determinação de permeabilidade sobre as placas de revestimento dos tubos; e, finalmente, determinação das características físicas das juntas tóricas.

Z147) O Consórcio cumpriu rigorosamente as ordens que lhe foram transmitidas pelo Dono da Obra em matéria de ensaios.

Z148) Os resultados obtidos pelos ensaios realizados nos tubos adequaram-se aos resultados que haviam sido inicialmente previstos.

– Quesito 64°: Do Caderno de Encargos resultava que os ensaios hidrostáticos referidos na cláusula 42.3.3.6 das Cláusulas Técnicas Especiais só se aplicavam às tubagens metálicas de pequenos diâmetros?

Não provado que os ensaios hidrostáticos referidos na cláusula 42.3.(3.)4.6. (pp. 252 e segs. da Parte B2 do Caderno de Encargos, Cláusulas Técnicas Especiais) se aplicassem apenas às tubagens metálicas de pequeno diâmetro, posto que naquela cláusula há passagens como: "junta a junta (...)"; "(...) o troço poderá estender-se até 400m, sendo

limitado pelo avanço do recobrimento sobre a abertura de valas (..)";"(...) índice de vazamento (...) por milha de extensão da tubagem (...)" — o que inculca a ideia da sua aplicação a tubagens de maior diâmetro. Provado, no entanto, que, devido à má sistematização do Caderno de Encargos, houve divergências de interpretação neste ponto, sendo que o Consórcio entendeu que a cláusula se aplicava apenas às tubagens metálicas de pequeno diâmetro, enquanto o Dono da Obra entendeu que as prescrições da cláusula do Caderno de Encargos só faziam sentido quando aplicadas à tubagem da conduta adutora no seu conjunto.

– Quesito 65º: Os ensaios de permeabilidade em provetes de betão da fábrica, hidrostáticos (em fábrica) por cada tubo, junta a junta (depois da colocação e ligação dos tubos), e, finalmente, hidrostáticos da conduta já instalada não se encontravam previstos no contrato nem, por conseguinte, nos preços contratuais?

Provado apenas que os ensaios referidos no quesito não estavam previstos nos *preços contratuais*. Não provado, porém, que os ensaios não estivessem previstos no *contrato*. Isto porque: (*i*) os ensaios de permeabilidade em provetes de betão da fábrica não estavam previstos no Caderno de Encargos, mas eram referidos no documento junto pelos RR. pós-contestação sob o n.º 193 (p. 7), que consubstancia a memória descritiva e justificativa geral da Proposta Variante--B; (*ii*) os ensaios hidrostáticos (em fábrica) por cada tubo, não previstos no Caderno de Encargos para os tubos de alma de aço, foram preconizados pelo Consórcio para o tubo vibropressocentrifugado que veio a ser adoptado (documento n.º 2-M junto pelos RR. na fase da instrução e documento junto pelos RR. pós-contestação sob o n.º 194, p. 8); (iii) os ensaios junta a junta (depois da colocação e ligação dos tubos) eram referidos na p. 252 do Caderno de Encargos, pese embora aí se não especificar o modo da respectiva realização (tal veio apenas a ser feito pelo documento junto pelos RR. pós-contestação sob o n.º 194); (iv) os ensaios hidrostáticos da conduta já instalada estavam previstos na p. 253 da Parte B2 do Caderno de Encargos (v. resposta ao quesito anterior).

- Quesito 66°: Das prescrições do Caderno de Encargos resulta, no que respeita à realização de ensaios, a informação constante do gráfico representado no artigo 242.8 da petição inicial?

Provado apenas quanto aos ensaios dos provetes de betão. Não provado, designadamente, que houvesse correspondência entre o ensaio 3, que o Caderno de Encargos (p. 233 da Parte B2) considerava ser da conta do Dono da Obra, e o conjunto dos ensaios hidrostáticos em fábrica que acabaram por se realizar, já que o ensaio 3 era pontual e destrutivo e os ensaios hidrostáticos em fábrica, tubo a tubo, eram gerais e não destrutivos — convicção formada com base no depoimento da testemunha LC. V. resposta ao quesito 64.°.

- Quesito 67°: No Caderno de Encargos só se previa realizar, em média, dois ensaios de provetes de betão à compressão por semana?

Provado. Convicção formada com base no disposto no Caderno de Encargos, parte B2, n.° 42.3.3.1.3, pág. 233.

- Quesito 68°: Fizeram-se, em média, 120 ensaios de provetes de betão à compressão por semana?

Provado, com o esclarecimento de que os ensaios de provetes de betão às quatro horas e aos sete dias derivavam de exigências da tecnologia de fabrico. Acresce que, quanto aos ensaios hidrostáticos, o Dono da Obra exigiu que os mesmos fossem feitos tubo a tubo, enquanto o Consórcio entendeu estar obrigado a realizar apenas, de acordo com as normas do Instituto Eduardo Torroja, ensaios de fissura no primário de 1 em cada 100 — realizando os restantes por solicitação do Dono da Obra. Convicção formada com base nos depoimentos das testemunhas FA e LC.

- Quesito 69°:

[Este quesito foi eliminado.]

- Quesito 70°:

[Este quesito foi eliminado.]

- Quesito 71°: Os ensaios de determinação do teor de halogenetes solúveis; determinação da reactividade potencial dos inertes com os alcalis do ligante; determinação da permeabilidade dos betões estruturais (sobre cubos); determinação de características físicas do cimento; determinação de permeabilidade sobre as placas de revestimento dos tubos; determinação das características químicas do cimento; determinação das características físicas do aço de pré-esforço; e, finalmente, determinação das características físicas das juntas tóricas — perturbaram ou condicionaram o andamento e progressão dos trabalhos da empreitada delineados pelo Consórcio?

> **Não provado. Estes ensaios, que são sempre exigidos pelo Laboratório Nacional de Engenharia Civil em obras deste tipo, não perturbaram o andamento e progresso dos trabalhos da empreitada previstos pelo Consórcio. Convicção formada com base no conjunto da prova testemunhal.**

– Quesito 72°: O Dono da Obra impôs níveis de controlo de qualidade, através dos ensaios exigidos durante a obra, em quantidades e natureza muito mais gravosos do que o contratualmente exigível?

> **Provado, no tocante aos ensaios da conduta da vala, que o Dono da Obra, após a realização dos ensaios junta a junta, exigiu a realização de ensaios por troços, os quais aquele considerou resultarem de uma exigência do Caderno de Encargos e o Consórcio considerou não só não resultarem do Caderno de Encargos como constituírem uma duplicação desnecessária não exigida pelas normas Torroja — onde os ensaios junta a junta e por troços são alternativos e não cumulativos. Saber se o comportamento do Dono da Obra foi ou não além do contratualmente exigível é uma questão de Direito a ponderar na sede própria. Convicção formada com base nos documentos juntos pelos RR. sob os n.ºs 2-M e 3-M, bem como no depoimento da testemunha LC. V. a alínea Z144) da Especificação.**

– Quesito 211.°: Os meios mecânicos em funcionamento nos ensaios com juntas custaram 3.050$00 por unidade?

> **Provado. Convicção formada com base no depoimento da testemunha CB.**

– Quesito 212.°: Desse valor unitário, 1.500$00 corresponderam ao custo da máquina de ensaio, 1.000$00 ao do gerador, 250$00 ao do gasóleo e lubrificantes, e 300$00 a diversos?

Provado. Convicção formada com base no depoimento da testemunha CB.

– Quesito 213.°: Foram efectuados ensaios em 4500 juntas?

Provado. Convicção formada com base nos depoimentos das testemunhas CB e LC.

– Quesito 214.°: Os custos de funcionamento dos meios mecânicos e dos materiais nos ensaios por troços corresponderam aos seguintes valores: — maciços de betão: 70.000 contos?

Provado. Convicção formada com base no depoimento da testemunha CB.

– Quesito 215.°: — tampões:14.000 contos?

Provado. Convicção formada com base nos depoimentos das testemunhas CB e LC.

– Quesito 216.°: — vigas de 60 toneladas: 3600 contos?

Provado. Convicção formada com base no depoimento da testemunha CB.

– Quesito 217.°: — gerador: 480 contos?

Provado. Convicção formada com base no depoimento da testemunha CB.

– Quesito 218.°: — gasóleo: 120 contos?

Provado. Convicção formada com base no depoimento da testemunha CB.

– Quesito 219.°: — contentor medida: 1.000 contos?

Provado. Convicção formada com base no depoimento da testemunha CB.

– Quesito 220.°: — depósito de água (10 m3): 250 contos?

Provado. Convicção formada com base no depoimento da testemunha CB.

– Quesito 221.°: — bomba hidráulica: 120 contos?

Provado. Convicção formada com base no depoimento da testemunha CB.

– Quesito 222.º: — máquina de soldar: 180 contos?

Provado. Convicção formada com base no depoimento da testemunha CB.

– Quesito 223.º: — e bomba de 105HP: 12.900 contos?

Provado. Convicção formada com base no depoimento da testemunha CB.

– Quesito 224.º: Cada ensaio hidrostático feito tubo a tubo em fábrica custou 16.210$00?

Provado. Convicção formada com base no depoimento da testemunha CB.

– Quesito 225.º: Do valor referido no quesito anterior 14.080$00 corresponderam a custos com energia e materiais diversos e 2.730$00 corresponderam a custos com mão de obra?

Provado. Convicção formada com base no depoimento da testemunha CB.

– Quesito 226.º: Foram feitos ensaios em 4.500 tubos?

Provado. Convicção formada com base nos depoimentos das testemunhas CB e LC.

– Quesito 227.º: A soma global dos custos totais dos ensaios com juntas, dos ensaios por troços e dos ensaios hidrostáticos tubo a tubo em fábrica corresponde ao valor de 189.320 contos?

Provado. Convicção formada com base no depoimento da testemunha CB.

– Quesito 228.º: A verba referida no quesito anterior encontra-se calculada a valores de Junho de 1991?

Provado. Convicção formada com base no depoimento da testemunha CB.

– Quesito 229.º: O mês médio de realização dos ensaios foi Dezembro de 1994?

Prejudicado pela resposta ao quesito 144.º

– Quesito 230.º: Actualizando o valor referido no quesito 227º a Junho de 1995 obtém-se o valor de 221.618 contos?

Prejudicado pela resposta ao quesito anterior. O valor que deve ser considerado, segundo o critério do índice médio do período considerado (Março de 1994 a Junho de 1995), com correcção, ou seja, 1,172 — resultante da aplicação da fórmula de revisão de preços da conduta —, é 221.883 contos (= 189.320 contos x 1,172). O Consórcio, porém, abdica do pedido de indemnização em relação aos ensaios por juntas (v. Quadro 17 apresentado pelas AA. na fase das alegações), ou seja, 13.725 contos. Nesse caso, o valor da actualização será (189.320-13.725=) 175.595 contos x 1,172, ou seja, 205.797 contos.

– Quesito 231.º: Os custos com ensaios não previstos foram contabilizados num total de 19.632 contos?

Provado. Convicção formada com base no depoimento da testemunha CB.

– Quesito 232.º: O mês médio de realização dos ensaios não previstos foi Dezembro de 1994?

Prejudicado pela resposta ao quesito 144.º.

– Quesito 233.º: Actualizando o valor referido no quesito 231º a Junho de 1995 obtém-se o valor de 22. 981 contos?

Prejudicado pela resposta ao quesito anterior. O valor que deve ser considerado, segundo o critério do índice médio do período de Fevereiro de 1994 a Abril de 1994 (1,146, com correcção), resultante da aplicação da fórmula de revisão de preços da Obra Geral da Adução, é 22.498 contos.

– Quesito 637º: Era regra elementar a necessidade de realizar ensaios para verificação da correcta execução dos trabalhos de instalação da conduta — o que, no caso, passava pela comprovação da sua estanquicidade, de acordo com critérios de ensaio e valores das perdas admissíveis em função das características e finalidade da obra e do tipo de material da conduta?

Provado. Convicção formada com base nos depoimentos das testemunhas FA e LC.

– Quesito 638º: Em todas as normas e especificações dos cadernos de encargos de obras deste tipo é exigido o ensaio a pressão, por troços, das condutas instaladas?

Provado. Convicção formada com base nos documentos juntos pelos RR. pós-contestação sob os n.ºs 188 a 192.

– Quesito 639º: As dúvidas em face do texto e sistematização do articulado do Caderno de Encargos quanto à necessidade de se realizarem os ensaios referidos no quesito anterior poderiam ter sido esclarecidas no período próprio do processo de concurso?

Provado. Convicção formada com base nos depoimentos das testemunhas FA e LC.

– Quesito 640º: Isso, porém, não aconteceu por falta de iniciativa do Consórcio?

Provado. Convicção formada com base nos depoimentos das testemunhas FA e LC.

– Quesito 641º: A tubagem proposta pelo Consórcio na Proposta Variante-B adjudicada era de betão armado e pré-esforçado com alma de aço, respeitando a norma AWWA C301-84, americana, conforme se dizia na Memória Descritiva e Justificativa da Proposta?

Provado. Convicção formada com base no documento junto pelos RR. pós-contestação sob o n.º 193 (p. 03), não infirmado pela prova testemunhal.

– Quesito 642º: A ligação dos tubos contíguos era realizada por intermédio de um anel de borracha esmagado entre as extremidades macho e fêmea de cada tubo?

Provado. Convicção formada com base no documento junto pelos RR. pós-contestação sob o n.º 193 (p. 1), não infirmado pela prova testemunhal.

– Quesito 643º: Assim, a não realização do ensaio em vala da conduta após a sua colocação deixava por verificar a eficiência da estanquicidade daquela ligação?

Provado. Convicção formada com base nos depoimentos das testemunhas FA e LC.

– Quesito 644º: A ligação referida nos dois quesitos anteriores constituía a parte mais vulnerável e sensível da conduta?

Provado. Convicção formada com base nos depoimentos das testemunhas FA e LC.

§ 3.º – *Da Decisão da Causa e sua Fundamentação*

– Quesito 645°: Na Memória Técnica da tubagem proposta pelo Consórcio indicava-se que uma das situações de cálculo da tubagem seria a pressão de ensaio em vala, a qual correspondia a uma pressão de 1,5 x pressão de serviço?

Provado. Convicção formada com base nos documentos juntos pelos RR. sob o n.º 85-contestação e o n.º 193-pós--contestação (p. 4), não infirmados pela prova testemunhal.

– Quesito 646°: Com a proposta de alteração do tipo de tubos a utilizar na conduta adutora, e durante as conversações realizadas entre o Dono da Obra e o Consórcio para apreciação das condições técnicas e económicas da mesma, foi apresentada pelo Consórcio vária documentação sobre o fabrico e instalação do novo tipo de tubagem a aplicar?

Provado. Convicção formada com base nos documentos juntos pelos RR. pós-contestação sob o n.ºs 189 e 190, não infirmados pela prova testemunhal.

– Quesito 647°: Dessa documentação constavam normas e especificações italianas e espanholas aplicáveis ao emprego do tubo de betão pré-esforçado vibropressocentrifugado?

Provado. Convicção formada com base nos documentos juntos pelos RR. pós-contestação sob o n.ºs 189 e 190, não infirmados pela prova testemunhal.

– Quesito 648°: Ao longo das conversações havidas entre o Consórcio e o Dono da Obra ficaram claramente definidas as condições de aceitação do novo tipo de tubos e, bem assim, os critérios e métodos de controlo e os ensaios a que deveriam ser sujeitos?

Provado, mas com o esclarecimento de que não foi expressamente assumida por nenhuma das partes a responsabilidade pelos encargos resultantes da realização dos ensaios. Convicção formada com base nos documentos juntos pelos RR. sob os n.ºs 86-contestação, 88-contestação, 87 pós-contestação, 194 pós-contestação e 195 pós-contestação, bem como nos depoimentos das testemunhas FA e LC.

– Quesito 649°: Logo no início dessas conversações, o Dono da Obra solicitou informações detalhadas sobre, entre outras, as especificações e controlo do fabrico do tubo e sobre os ensaios hidrostáticos da tubagem na obra?

Provado. Convicção formada com base no documento junto pelos RR. à contestação sob o n.º 86, não infirmado pela prova testemunhal.

– Quesito 650º: A esse pedido o Consórcio respondeu com a carta nº 1069, de 23 de Dezembro de 1992, e, mais tarde, prestou novas informações, através da carta nº 199/CO/93, de 19 de Janeiro?
Provado. Convicção formada com base nos documentos juntos pelos RR. pós-contestação sob o n.ºs 194 e 195, não infirmados pela prova testemunhal.

– Quesito 651º: Em 22 de Fevereiro de 1993, o Dono da Obra, através do ofício nº 24/DG, comunicou ao Consórcio a sua apreciação sobre os esclarecimentos prestados, referindo, em particular, o que se transcreve no artigo 642º da contestação?
Provado. Convicção formada com base no documento junto pelos RR. à contestação sob o n.º 87 (p. 7), não infirmado pela prova testemunhal.

– Quesito 652º: Em 11 de Março de 1993, o Consórcio respondeu ao ofício do Dono da Obra, aceitando as condições técnicas expressas no ofício 24/DG, referindo que pretendia *"reunir as principais conclusões e concretamente a posição do Consórcio"*?
Provado. Convicção formada com base no documento junto pelos RR. à contestação sob o n.º 88 (p. 2), não infirmado pela prova testemunhal.

– Quesito 653º: Nunca o Consórcio referiu ser seu entendimento que os encargos com os ensaios que foi acordado realizar no controlo de fabrico e colocação da tubagem seriam da responsabilidade do Dono da Obra?
Provado. Convicção formada com base nos depoimentos das testemunhas FA e LC. Ver resposta ao quesito seguinte.

– Quesito 654º: Ficaram, pois, a partir de 11 de Março de 1993, definitivamente fixadas as normas, especificações e provas a que a tubagem deveria ser submetida, não restando qualquer dúvida quanto ao seu alcance, responsabilidade pelo seu cumprimento e custos que resultassem da sua realização?
Provado parcialmente: a partir desta data, ficaram fixadas as normas, especificações e provas a que a tubagem deveria

ser submetida, mas não houve acordo entre as partes quanto à responsabilidade pelos custos que resultassem da realização das referidas provas. O Dono da Obra entendeu que os ensaios por ele exigidos seriam todos da conta do Consórcio; este apenas encarava como sua obrigação, em matéria de ensaios, a realização dos que resultassem da legislação em vigor ou de outras normas específicas aplicáveis — excluindo destas as provas de ensaio da vala (documento junto pelos RR. à contestação sob o n.º 88).".

– Quesito 655º: Alguns dos ensaios previstos não chegaram a ser executados ou foram simplificados, por declarada incapacidade do Consórcio em os executar nos termos que tinham sido estipulados?

Provado, com o esclarecimento de que "incapacidade" não deverá entender-se como inabilidade, mas, sim, como falta de meios adequados. Convicção formada com base no documento junto pelos RR. pós-contestação sob o n.º 196, não infirmado pela prova testemunhal.

– Quesito 656º: É esse o caso do ensaio de permeabilidade *in situ* do betão de revestimento final dos tubos que, estando previsto na Memória Descritiva da Proposta Variante-B para os tubos com alma de aço, não chegou a ser efectuado em virtude de o Consórcio não ter adquirido o equipamento necessário?

Provado, com o esclarecimento constante da resposta ao quesito anterior. Convicção formada com base no documento junto pelos RR. pós-contestação sob o n.º 196, não infirmado pela prova testemunhal.

– Quesito 657º: E, bem assim, do ensaio "junta a junta", que estava previsto ser executado a uma pressão 1,3 x a pressão de serviço de cada tubo e que apenas foi realizado a uma pressão única, para todos os tubos, de 2,5 a 3,0 *bars*?

Provado, com o esclarecimento referido na resposta ao quesito 655º. Convicção formada com base no documento junto pelos RR. pós-contestação sob o n.º 197, não infirmado pela prova testemunhal.

– Quesito 658º: Salvo o caso dos ensaios de determinação do teor de betão no ar fresco e determinação da capacidade de absorção de um solo, todos os outros que vêm referidos no artigo 245º da petição inicial, ainda que não especificados no Caderno de Encargos, foram acordados entre o Dono da Obra e o Consórcio em resultado da alteração do tipo de tubos a instalar em obra?

Provado, com o esclarecimento de que os ensaios excepcionados na parte inicial do quesito não foram previstos nem exigidos. Convicção formada com base no depoimento da testemunha LC, bem como nos documentos juntos pós--contestação pelos RR. sob os n.ºs 193, 195 e 198. No texto do quesito, onde se lê «teor de betão no ar fresco» deverá ler-se «teor de ar no betão fresco».

– Quesito 659º: No que se refere aos ensaios de determinação das características químicas do cimento e de determinação das características físicas do aço de pré-esforço, o Consórcio limitou-se à apresentação dos boletins de controlo de fabrico dos respectivos fornecedores (conforme, aliás, se encontra estipulado nas normas e regulamentos em vigor para a recepção daqueles materiais)?

Provado. Convicção formada com base no depoimento da testemunha LC.

– Quesito 660º: O ensaio para determinação da permeabilidade do betão de revestimento dos tubos, efectuado sobre placas, veio a substituir o ensaio de permeabilidade *in situ* daquele revestimento?

Provado. Convicção formada com base no documento junto pelos RR. pós-contestação sob o n.º 193, não infirmado pela prova testemunhal.

– Quesito 661º: Do que se referiu no quesito anterior adveio uma vantagem para o Consórcio em termos de custos?

Provado, com o esclarecimento de que a vantagem obtida não foi significativa. Convicção formada com base nos depoimentos das testemunhas FA e LC.

– Quesito 662º: Os encargos resultantes dos ensaios referidos estavam previstos na cláusula nº 7.7.1. do Caderno de Encargos?

Provado. Convicção formada com base no disposto no Caderno de Encargos, Parte B1, p. 18.

– Quesito 663°: Uma das condições essenciais para a aprovação do novo tipo da tubagem foi que seria realizado um apertado controlo do fabrico da tubagem, com a execução de todos os ensaios que foi acordado realizar, sua periodicidade e condições de aceitação?

Provado. Convicção formada com base nos depoimentos das testemunhas FA e Lourenço da Cunha, bem como nos documentos juntos pelos RR. sob os n.° s 1-M a 3-M na fase de instrução.

β — *Matéria de direito*

106. De início, pretendiam as Autoras que o Dono da Obra as indemnizasse pelos prejuízos que alegadamente haviam suportado com a realização dos seguintes ensaios nos tubos de betão pré-esforçado v.p.c. efectivamente utilizados na obra de Adução Beliche-ETA de Tavira:

i) Ensaios não previstos;
ii) Ensaios tubo a tubo, em fábrica;
iii) Ensaios junta a junta, em vala, depois de instalados os tubos;
iv) Ensaios por troços na vala.

Posteriormente, no decurso do processo, as Autoras reduziram o seu pedido, reclamando apenas actualmente do Dono da Obra o pagamento do custo dos "ensaios por troços na vala", no valor de 120.306 contos — valor que o Tribunal deu já como provado (cf. alínea *Z145)* e respostas aos quesitos 227.° a 230.°).

Segundo as Autoras, não lhes era de todo em todo exigível, legal e contratualmente, o pagamento dos referidos ensaios.

107. Passando a decidir.
O Tribunal entende que, apenas à luz do direito estrito, a alegação do Consórcio deveria improceder.

Em primeiro lugar, o Caderno de Encargos, pese embora a sua má sistematização, consignava, como ficou provado (resposta ao quesito 64.º), na cláusula 42.3.(3).4.6. (pp. 252 e segs. da Parte B2 — Cláusulas Técnicas Especiais), que as tubagens para as quais se exigiam "ensaios hidrostáticos em vala" não eram, como pretende o Consórcio, tubagens metálicas de pequeno diâmetro — eram, isso sim, as tubagens da conduta adutora no seu conjunto.

De resto, o Consórcio, tendo podido fazê-lo oportunamente (resposta ao quesito 640.º), não pediu ao Dono da Obra esclarecimentos a respeito deste ponto (resposta ao quesito 639.º) — o que, razoavelmente, se impunha, para mais tendo em conta que na cláusula 7.7.1. da Parte B1 do Caderno de Encargos se preceituava que "os ensaios a realizar na obra ou em partes da obra para verificação das suas características e comportamentos são os especificados neste caderno de encargos e os previstos nos regulamentos em vigor e constituem encargo do empreiteiro".

Por outro lado, segundo o artigo 144.º, n.º 2, do RJEOP/86, "sempre que o empreiteiro julgue que as características dos materiais fixadas no projecto ou no caderno de encargos não são tecnicamente aconselháveis ou as mais convenientes, comunicará o facto ao fiscal da obra e fará uma proposta fundamentada de alteração, a qual será acompanhada de todos os elementos técnicos necessários para a aplicação dos novos materiais e a execução dos trabalhos correspondentes, *bem como a alteração de preços a que a aplicação daqueles materiais possa dar lugar* e do prazo em que o dono da obra deve pronunciar-se". Certo, esta norma não pode ser aplicada directamente no caso concreto, porque, como se disse já, a substituição da tubaria da conduta adutora não teve como pressuposto a sua inconveniência ou falta de qualidade técnica, mas, sim, a situação de incerteza do Consórcio quanto ao seu fornecimento pontual pela Prebesan, gerada pela situação financeira desta em Setembro de 1992. Mas pode, manifestamente, ser aplicada por analogia aos casos em que o pressuposto da alteração de materiais não residiu na inconveniência ou deficiência técnica dos mesmos, mas noutros motivos. A *ratio* da norma é que os novos preços resultantes da alteração de materiais fiquem, desde logo, claramente estabelecidos entre as partes. Ora, no caso concreto, ao acordar na alteração do tipo de tubos a colocar na conduta adutora e nos respectivos preços unitários, o Consórcio não apresentou ao Dono da Obra quaisquer preços novos em matéria de ensaios. Ficou, pois, vinculado pelos preços antes estabelecidos.

Depois, também o artigo 149.º, n.º 5, do RJEOP/86 não pode servir de justificação à pretensão das Autoras. Dispõe-se nesta norma que "o caderno de encargos deverá especificar os ensaios cujo custo de realização deva ser suportado pelo empreiteiro, entendendo-se, em caso de omissão, que os encargos com a realização dos ensaios são da conta do dono da obra". Ora, no caso concreto, como o caderno de encargos se referia a um tipo de tubo diferente do que foi efectivamente aplicado na obra de adução Beliche / ETA de Tavira — o Caderno de Encargos referia-se ao tubo de betão armado com alma de aço (alínea *Z138)*), e o tubo utilizado na obra foi o tubo de betão pré-esforçado v.p.c. (alínea *Z141*) —, é evidente que a omissão nele de qualquer referência aos ensaios dos tubos de betão v.p.c. não pode querer significar que a responsabilidade financeira pelos mesmos seja do Dono da Obra.

Enfim, também não vale às Autoras o disposto nas *Normas y manuales del Instituto Eduardo Torroja de la Construcción y del Cemento*, e designadamente na *instrução para tudos de betão armado ou prensado* — normas técnicas de referência em matéria de obras de cimento e de betão (documento junto aos autos pelos Réus através do documento n.º 190 pós-contestação).

O artigo 53.º ("*Ensaios da tubagem instalada*") dessas normas prevê no seu n.º 1 uma alternativa: "Será obrigatório um dos ensaios seguintes para a tubagem instalada: 1. Ensaio da estanquidade por troços; 2. Ensaio da totalidade das juntas e da estanquidade final". E acrescenta: "para a escolha de um dos dois, ter-se-ão em conta as condições particulares da obra, como, entre outras, o plano de trabalhos, o ritmo de realização das valas, a experiência em obras semelhantes, a dificuldade de acesso à junta e a dificuldade de obter água". Seguidamente, descrevem-se, no artigo 53.3., as operações de estanquidade por troços; e, por último, regula-se o ensaio da totalidade das juntas e de estanquidade final. Quanto a este último ponto, escreve-se: "à medida que avance a montagem da tubagem proceder-se-á ao ensaio das juntas instaladas. (...) Concluídos os ensaios das juntas de forma satisfatória, proceder-se-á ao reenchimento da totalidade da conduta. Uma vez finalizadas as obras submeter-se-á toda a tubagem à pressão do ensaio de estanquidade. Para tanto, será necessário ligar a tubagem com a tomada de água. Se isto não for possível o ensaio realizar-se-á por troços entre chaves de seccionamento. Este ensaio de estanquidade final efectuar-se-á de forma análoga à indicada em 53.2".

Ou seja, não sendo possível ligar a tubaria à obra de entrada — como sucedeu na obra da Adução, já que a recepção provisória da mesma ocorreu em 15 de Junho de 1998, quando a montagem dos tubos já estava concluída em 4 de Abril de 1996 —, os ensaios junta a junta, em vala, deverão ser complementados com ensaios por troços. Ora, foi precisamente isso que aconteceu. E mais: foi-o em condições mais favoráveis para o Consórcio do que as que resultavam do Caderno de Encargos — é que, enquanto neste se determinava a realização de ensaios por troços de 400 em 400 m, o que dava um total de 65 ensaios, acabaram por se realizar ensaios por troços que variavam entre 1,5 e 2,5 km, o que deu um total de 12 ensaios (v. alínea *Z144)*).

O Tribunal entende, pois, que a pretensão indemnizatória do Consórcio não colhe à luz do direito estrito.

108. Mas o Tribunal entende que o pedido do Consórcio, quando ponderado à luz da equidade, pode e deve ser parcialmente atendido.

Isto pela simples razão de que, com a realização dos ensaios tubo a tubo, em fábrica, por um lado, e junta a junta, na vala, por outro lado, já estava, no fundo, tudo ensaiado.

A realização de mais um tipo de ensaios — os ensaios por troços — não tinha, portanto, grande fundamento, derivando, antes, de alguma excessiva cautela do Dono da Obra.

Esta, contudo, tinha justificação no facto de o Dono da Obra saber que o Consórcio não tinha qualquer experiência de fabricação e colocação de tubos em condutas de água.

Assim, à luz da equidade, o Tribunal entende razoável atribuir ao Consórcio 20% do montante que peticionou — ou seja, 24.061 contos (=120.306 contos x 20%).

Nesta matéria, o Tribunal condena os Réus a pagar **24.061 contos** às Autoras.

4.6. Instabilidade de taludes

α — *Matéria de facto*

109. Estão provados os seguintes factos:

Z149) Na execução da obra registaram-se alguns casos de instabilidade dos taludes.

Z150) Os casos referidos no número anterior provocaram transtornos no prosseguimento dos trabalhos.

Z195) O Dono da Obra reconheceu no ponto 6.4., alínea b), da sua informação nº 51/OB/95 ser de pagar ao Consórcio, a título de sobrecustos suportados com a instabilidade dos taludes, o montante de 7.933 contos.

– Quesito 73.º: O projecto do projectista contratado pelo Consórcio, a Prosistemas, previa para os taludes acima da cota de fecho da vala a inclinação de 1:1,5?

Não provado. O projecto do projectista previa nas peças escritas a inclinação de 1 : 2 (HV) e no desenho 48 a inclinação de 1 : 1 (HV). Convicção formada com base no documento junto pelos RR. sob o n.º 12 à contestação (ponto 6.2.2.), bem como no depoimento da testemunha CB.

– Quesito 74º: O Dono da Obra ordenou ao Consórcio que as inclinações dos taludes fossem de 1,0:1,0?

Não provado. As inclinações que foram indicadas pelo Dono da Obra ao Consórcio eram de 1:1,5 (HV), sem prejuízo do que se dirá na resposta ao quesito 676º.

– Quesito 75º: O Dono da Obra ordenou ao Consórcio o referido no quesito anterior por razões de ordem económica e, mais concretamente, para se diminuírem as áreas a expropriar e o volume das escavações a executar?

Provado, mas com o esclarecimento de que, para além desses motivos, houve também outros, tais como: preocupações ambientais; e não aumentar as áreas a expropriar com os inerentes conflitos com os proprietários. Convicção formada com base nos depoimentos das testemunhas CB e LC.

– Quesito 76º: A inclinação de 1,0:1,0 é mais íngreme do que a inclinação de 1:1,5?

Não provado: a inclinação de 1 : 1,5 é mais íngreme do que a inclinação de 1 : 1 (HV). Convicção formada com base nos depoimentos das testemunhas CB e LC.

– Quesito 77º: Em 4 de Maio de 1994, verificou-se o deslizamento de um talude construído pelo Consórcio com a inclinação de 1,0:1,0?

Provado parcialmente, com o esclarecimento de que não houve um deslizamento, mas, antes, um desmoronamento do material solto (que caiu), e com a correcção de que a inclinação do talude era de 1 : 1,5 (HV). Convicção formada com base nos depoimentos das testemunhas CB e LC.

– Quesito 78°: Depois de 4 de Maio de 1994, verificou-se periodicamente a queda de taludes construídos com a inclinação de 1,0:1,0?

Provado parcialmente, com os seguintes esclarecimentos: (1) as quedas ocorridas não se realizaram com intervalos regulares; (2) a inclinação dos taludes era de 1 : 1,5. Convicção formada com base nos depoimentos das testemunhas CB e LC.

– Quesito 79°: As quedas referidas nos dois quesitos anteriores levaram o INAG a ordenar ao Consórcio a adopção de medidas estabilizadoras como, por exemplo, banquetas e inclinações dos taludes de 1:1,5?

Provado parcialmente, com o esclarecimento de que as medidas estabilizadoras indicadas pelo Dono da Obra não foram apenas as referidas neste quesito mas também outras — designadamente, adoçamentos, pregagens e descabeçamentos —, e com a correcção de que as inclinações dos taludes passaram a ser de 1 : 1. Convicção formada com base nos depoimentos das testemunhas CB e LC.

– Quesito 80°: O Consórcio executou essas medidas estabilizadoras com os mesmos meios mecânicos das terraplanagens gerais?

Provado. Convicção formada com base nos depoimentos das testemunhas CB e LC.

– Quesito 81°: As condições existentes para a execução das medidas estabilizadoras implicaram uma incidência horária de recursos por unidade produzida superior às verificadas para as terraplanagens gerais?

Provado parcialmente: houve efectivamente uma incidência horária de recursos por unidade produzida superior às verificadas para as terraplanagens gerais, bem como maiores custos para o Consórcio — mas isso ocorreu apenas nos quatro casos referidos no quesito 684°. Por outro lado, as medidas estabilizadoras do material solto foram pagas como escavação em ZG1. Convicção formada com base nos depoimentos das testemunhas CB e LC.

– Quesito 82°: A execução das medidas estabilizadoras dos taludes referidas nos quesitos anteriores desorganizou a produção que o Consórcio havia estabelecido?

Provado parcialmente: houve desorganização da produção nos quatro casos referidos no quesito 684°, correspondentes a 10.000m3 de terreno. Convicção formada com base nos depoimentos das testemunhas CB e LC.

– Quesito 234.°: Os custos suportados pelo Consórcio com a instabilidade dos taludes correspondem ao valor que resulta da multiplicação de 70.000 m3 de escavação pelo preço de1.000$00/m3, ou seja, 70.000 contos?

Provado apenas que o volume foi de 31.556m3 e o preço de 253$. Convicção formada com base no documento junto pelos RR. à contestação sob o n.° 97, bem como no depoimento da testemunha LC.

– Quesito 235.°: O mês médio de realização dos trabalhos motivados pela instabilidade dos taludes foi Outubro de 1994?

Prejudicado pela resposta ao quesito 144.°.

– Quesito 236.°: Actualizando o valor referido no quesito 234° a Junho de 1995 obtém-se o valor de 81.557 contos?

Prejudicado pelas respostas aos dois quesitos anteriores. O valor que deve ser considerado, segundo o critério do índice médio do período de Maio de 1994 a Fevereiro de 1995, ou seja, 1,162 (com correcção) — resultante da aplicação da fórmula de revisão de preços da obra geral —, é (7.984 contos x 1,162=) 9.277 contos.

– Quesito 664°: No ponto 6.2.2 da Memória Descritiva e Justificativa proposta pelo Consórcio na sua Variante-B pode ler-se o que vem referido e transcrito no artigo 662° da contestação?

Provado. Convicção formada com base no documento junto pelos RR. à contestação sob o n.° 12, não infirmado pela prova testemunhal.

– Quesito 665°: No desenho 48 indicavam-se inclinações dos taludes em escavação de 1:1,5 (H:V)?

Não provado. A inclinação dos taludes era de 1 : 1. Convicção formada com base nos depoimentos das testemunhas CB e LC.

§ 3.º – Da Decisão da Causa e sua Fundamentação

– Quesito 666°: Essa indicação contrariava o escrito naquela Memória?

Provado. Convicção formada com base nos depoimentos das testemunhas CB e LC.

– Quesito 667°: Nos primeiros elementos relativos ao projecto do adutor que o Consórcio apresentou em Novembro de 1992, segundo o perfil transversal tipo da plataforma e vala — desenhos 03.C1T/012 — do primeiro troço (Ribeira de Almargem — Rio Séqua) as inclinações dos taludes eram: plataforma e escavação — 1:variável; plataforma em aterro — 1:1; vala — verticais?

Provado, com o esclarecimento de que onde se lê «plataforma e escavação» deve ler-se «plataforma *de* escavação». Convicção formada com base no documento junto pelos RR. pós-contestação sob o n.º 200, não infirmado pela prova testemunhal.

– Quesito 668°: Em 1 de Abril de 1993, o Dono da Obra informou o Consórcio de que entendia absolutamente necessário para fundamentar o projecto de execução que fosse realizado um estudo geológico-geotécnico das formações atravessadas pelo adutor, solicitando-lhe para o efeito que apresentasse *"um programa de prospecção geológica e geotécnica que pretende levar a cabo para caracterização das formações com vista à definição das inclinações dos taludes, ao zonamento geotécnico, às condições de fundação, etc."*?

Provado. Convicção formada com base nos depoimentos das testemunhas CB e LC.

– Quesito 669°: A partir daquela data, este assunto passou a constar dos assuntos pendentes nas actas das reuniões da coordenação, sem que o Consórcio desse qualquer resposta ao Dono da Obra até final de 1993?

Provado. Convicção formada com base no documento junto pelos RR. pós-contestação sob o n.º 201, p. 9, não infir-mado pela prova testemunhal.

– Quesito 670°: Em Junho de 1993, nos projectos de execução elaborados pelo Consórcio, as inclinações dos taludes eram: plataforma e escavação — 1:variável (H:V); plataforma em aterro 1,5:1 (H:V); vala — 1:5 (H:V)?

Provado, com o esclarecimento constante da resposta ao quesito 667.º. Convicção formada com base no documento

junto pelos RR. pós-contestação sob o n.º 202, não infirmado pela prova testemunhal.

– Quesito 671º: Em nota referia-se que: "*2) Taludes de escavação: Base 1:1 (V:H)* — *Este valor será ajustado na obra em função da relação entre a direcção do eixo da escavação e a direcção da família de diaclases dominantes*"?

Provado. Convicção formada com base no documento junto pelos RR. pós-contestação sob o n.º 202, não infirmado pela prova testemunhal.

– Quesito 672º: Em 9 de Setembro de 1993, o Consórcio manifestou a intenção de iniciar as terraplanagens do 2º troço do adutor em Outubro?

Provado. Convicção formada com base no documento junto pelos RR. pós-contestação sob o n.º 203, não infirmado pela prova testemunhal

– Quesito 673º: Na reunião de 17 de Setembro de 1993, o Dono da Obra fez notar que ainda não tinha sido apresentado o programa de prospecção solicitado, nem se tinha realizado qualquer estudo geológico--geotécnico, o qual era absolutamente necessário, pelo menos, para determinar as condições de estabilidade dos taludes de escavação, particularmente importante no troço onde o Consórcio pretendia iniciar os seus trabalhos?

Provado. Convicção formada com base no documento junto pelos RR. sob o n.º 85 pós-contestação, bem como no depoimento da testemunha LC.

– Quesito 674º: Na ocasião o Consórcio pediu informações sobre o tipo de prospecção que a Fiscalização pretendia e os procedimentos a seguir nesse estudo, bem como sobre os elementos pretendidos?

Provado. Convicção formada com base no documento junto pelos RR. pós-contestação sob o n.º 85, não infirmado pela prova testemunhal.

– Quesito 675º: Na reunião seguinte o Dono da Obra apresentou os termos de referência mínimos do estudo a elaborar e, por outro lado, pediu resposta urgente a este assunto, condicionando o início dos trabalhos à apresentação do programa pedido?

Provado. Convicção formada com base nos depoimentos das testemunhas CB e LC.

– Quesito 676°: Na falta de qualquer estudo justificativo da inclinação dos taludes de escavação de 1:1, considerada como base de trabalho no projecto de execução do Consórcio, o Dono da Obra achou exagerado aquele valor, tendo optado pela inclinação que até aí tinha sido considerada — 1:1,5 (H:V) —, em obra se avaliando da necessidade do seu ajustamento, em função dos considerandos referidos na nota mencionada e transcrita no quesito 671°?

Provado. Convicção formada com base nos depoimentos das testemunhas CB e LC. V. resposta ao quesito 74°.

– Quesito 677°: Em 14 de Outubro de 1993, foram iniciados os trabalhos no 2° troço do adutor (entre a chaminé de equilíbrio n° 2 e o Rio Seco), informando o Consórcio que o seu projectista iria apresentar um relatório justificando, nomeadamente, a inclinação dos taludes apresentada no desenho 48 da Proposta Variante-B?

Provado, mas com o esclarecimento de que onde se lê «desenho 48» deve ler-se «nos projectos apresentados pelo Consórcio em Junho de 1993». Convicção formada com base no documento junto pelos RR. pós-contestação sob o n.° 204.

– Quesito 678°: Apenas em Janeiro de 1994, o Consórcio apresentou o Anexo I — Estudo Geológico-Geotécnico ao Tomo I — Memória Descritiva e Justificativa do Projecto de Execução do Adutor?

Provado, mas com o esclarecimento de que a data correcta é 29 de Dezembro de 1993. Convicção formada com base nos documentos juntos pelos RR. pós-contestação sob o n.° 205 e na fase da instrução sob o n.° 1-N.

– Quesito 679°: Na Nota Técnica de apreciação desse documento, o consultor do Dono da Obra, Hidroprojecto, concluiu o que vem referido e transcrito no artigo 676° da contestação?

Provado. Convicção formada com base no documento junto pelos RR. pós-contestação sob o n.° 206, não infirmado pela prova testemunhal.

– Quesito 680°: Entretanto, os trabalhos iniciaram-se e prosseguiram sem que da parte do Consórcio houvesse qualquer iniciativa de fazer acompanhar os trabalhos pelos seus consultores e projectistas, com vista à avaliação das situações reais e adaptações necessárias?

Não provado. Antes de Maio de 1994, estiveram presentes consultores e projectistas do Consórcio, embora apenas a partir dessa data haja documentação daquela presença. Convicção formada com base no depoimento da testemunha CB, bem como no documento junto pelos RR. pós-contestação sob o n.º 207 (p. 2 do Anexo).

– Quesito 681º: Em Maio de 1994, aquando do início da escavação da vala e, essencialmente, devido à necessidade de emprego de explosivos, verificou-se a instabilidade de zonas pontuais do talude direito da plataforma?

Provado, com o esclarecimento de que os desmoronamentos que se deveram aos explosivos foram os quatro referidos no quesito 684º, e que ocorreram entre 4 e 20 de Maio de 1994. Convicção formada com base no depoimento da testemunha LC.

– Quesito 682º: Em Fevereiro de 1995, o Consórcio apresentou um documento intitulado "Análise Geotécnica Complementar", nele se afirmando o que vem referido e transcrito no artigo 679º da contestação?

Provado. Convicção formada com base no documento junto pelos RR. pós-contestação sob o n.º 208, não infirmado pela prova testemunhal.

– Quesito 683º: Este complemento ao estudo geotécnico anterior já nada veio acrescentar à execução dos trabalhos, porque naquela altura estavam terminadas as escavações da plataforma e vala dos 2º e 3º troços, realizada cerca de 80% da plataforma do 4º troço e iniciada a vala deste?

Provado. Convicção formada com base nos depoimentos das testemunhas CB e LC.

– Quesito 684º: Na execução da obra, registaram-se quatro casos de instabilidade de taludes; e foi considerado necessário fazer o seu adoçamento em mais nove casos pontuais, antes, no entanto, de terem terminado as escavações locais?

Provado. Convicção formada com base no documento junto pelos RR. pós-contestação sob o n.º 209. V. resposta ao quesito 82.º.

– Quesito 685º: Nos cerca de 4,5 Km de extensão do 2º troço do adutor apenas foi alterada a inclinação inicial numa zona com cerca de 800 m?

§ 3.º – *Da Decisão da Causa e sua Fundamentação* 305

Provado, com o esclarecimento de que isso corresponde a 20% do troço. Convicção formada com base no documento junto pelos RR. pós-contestação sob o n.º 210.

– Quesito 686º: Se fosse seguido o critério proposto pelo Consórcio resultariam encargos desnecessários devidos a um aumento significativo dos volumes de escavação e trabalhos a mais?

Provado com o esclarecimento de que, não tendo sido seguido esse critério mas o do INAG, aumentaram as probabilidades de desmoronamento do lado direito do talude. Convicção formada com base no depoimento da testemunha LC.

– Quesito 687º: Na reunião de 1 de Junho de 1994, foram dadas indicações ao Consórcio para que fosse adoptada uma inclinação de 1:1 do talude direito do 3º troço, iniciado nessa altura?

Provado. Convicção formada com base nos depoimentos das testemunhas CB e LC.

– Quesito 688º: Mesmo com a inclinação referida no quesito anterior, houve dois casos de desmoronamento, num deles com basculamento de blocos a meio do talude?

Provado, com o esclarecimento de que esse desmoronamento foi o maior de toda a obra. Convicção formada com base no depoimento da testemunha LC.

– Quesito 689º: Do exposto resulta que a instabilidade pontual dos taludes foi resultado não da imposição de inclinações inadequadas pelo Dono da Obra mas, antes, da indisponibilidade do Consórcio para efectuar estudos indispensáveis a um projecto da dimensão e características do projecto da obra de adução Beliche/ETA de Tavira?

Não provado. A instabilidade dos taludes não resultou da falta de estudos geológico-geotécnicos, nem de uma inadequação sistemática das inclinações dos taludes indicadas pelo Dono da Obra. Resultou, sim, de outras causas: uso de explosivos, em quatro casos, e, nos restantes, da inclinação natural e/ou da composição morfológica dos terrenos.

– Quesito 690º: É normal em obras do género que, durante a respectiva execução, se adaptem as soluções previstas às situações reais encontradas?

Provado. **Convicção formada com base nos depoimentos das testemunhas CB e LC.**

– Quesito 691°: As decisões tomadas pelo Dono da Obra sobre a inclinação dos taludes não provocaram transtornos significativos no prosseguimento da obra — e foram-no de molde a facilitar a execução dos trabalhos que houve necessidade de realizar para resolver os casos pontuais de eventual perigo de instabilidade?

Provado parcialmente: as decisões tomadas pelo Dono da Obra sobre inclinação dos taludes provocaram, nos quatro casos referidos no quesito 684°, transtornos relevantes no prosseguimento da obra — sendo que, nos restantes casos, os trabalhos exigidos pela estabilização dos taludes foram pagos como trabalhos a mais. Convicção formada com base nos depoimentos das testemunhas CB e LC. V. resposta ao quesito 81.°.

β — *Matéria de direito*

110. Ficou neste ponto provado, além do mais, que:

– na execução da obra se registaram alguns casos de instabilidade dos taludes (alínea *Z149)*), sendo que quatro deles provocaram transtornos no prosseguimento dos trabalhos (alínea *Z150)* e respostas aos quesitos 82.° e 684.°), e acarretaram sobrecustos para o Consórcio (alínea *Z195)*);

– os sobrecustos suportados pelo Consórcio com a instabilidade dos taludes correspondem ao valor que resulta da multiplicação de 31.556 m3 de escavação pelo preço de 253$00, ou seja, 7.984 contos (resposta ao quesito 234.°);

– a actualização desse valor, segundo o critério do índice médio do período de Maio de 1994 a Fevereiro de 1995, ou seja, 1,162 (com correcção) — resultante da aplicação da fórmula de revisão de preços da obra geral —, é (7.984 contos x 1,162=) 9.277 contos (resposta ao quesito 236.°).

111. Passando a decidir.

A pretensão indemnizatória das Autoras, quanto a este ponto, é de 9.227 contos.

Trata-se do valor actualizado do montante que os Réus oportunamente aceitaram pagar às Autoras (alínea *Z175)*), embora ainda não o tenham feito.

Assim, por maior onerosidade (artigo 173.º, n.º 1, do RJEOP/86), o Tribunal condena os Réus a pagar às Autoras, nesta matéria, o montante de **9.277 contos**.

4.7. Ensecadeira de Beliche

α — *Matéria de facto*

112. Estão provados os seguintes factos:

Z151) No que toca à execução da ensecadeira de protecção aos trabalhos de emboquilhamento de montante do túnel Beliche-EE1, o volume de aterro previsto em fase de concurso foi de 4.099 m2.

Z196) O Dono da Obra reconheceu no ponto 6.4, alínea c), da sua informação nº 51/OB/95 ser de pagar ao Consórcio os sobrecustos relativos ao volume de 6.510 m3 a remover da ensecadeira da tomada de água do Beliche, no montante de Esc. 13.020.000$00.

– Quesito 83º: Com a decisão de construir a torre de tomada de água na albufeira do Beliche foi necessário executar uma ensecadeira com um volume de 14.426 m3 de aterro?

Provado, com o esclarecimento de que o volume da ensecadeira efectivamente realizada foi de 14.110 m3. Convicção formada com base no depoimento da testemunha CB.

– Quesito 84º: O volume referido no quesito anterior era maior do que o previsto contratualmente para a execução da ensecadeira de protecção dos trabalhos de emboquilhamento de montante do túnel Beliche-EE1?

Provado, com o esclarecimento constante da resposta ao quesito 83º. Convicção formada com base no depoimento da testemunha CB.

– Quesito 85°: A ensecadeira prevista no Caderno de Encargos tinha uma parte imersa com cerca de 3.000 m3?

Provado. Convicção formada com base no depoimento da testemunha CB.

– Quesito 86°: A ensecadeira efectivamente executada teve uma parte imersa de cerca de 12.000 m3?

Provado, com o esclarecimento de que o volume de 12.000 m3 respeita à cota 32, sendo que, em relação à cota 30, a parte imersa tinha o volume de 9.300 m3. Convicção formada com base nos depoimentos das testemunhas CB e LC.

– Quesito 87°: A metodologia empregue pelo Consórcio na remoção da parte imersa da ensecadeira efectivamente construída foi diferente da metodologia prevista contratualmente?

Provado parcialmente: a metodologia empregue pelo Consórcio foi diferente, não da metodologia prevista contratualmente — porque ela não existia —, mas da metodologia prevista no Programa de Trabalhos do Consórcio. Convicção formada com base nos depoimentos das testemunhas CB e LC.

– Quesito 88°: Essa diferença traduziu-se no maior custo de remoção da parte imersa?

Provado. Convicção formada com base no depoimento da testemunha CB.

– Quesito 89°: Os preços contratuais previstos na Proposta Variante-B do Consórcio não distinguiam entre o custo de remoção da parte imersa da ensecadeira e o custo de remoção da parte fora de água?

Provado. Convicção formada com base no depoimento da testemunha CB.

– Quesito 90°: O aumento do volume da ensecadeira em relação ao que estava previsto inicialmente nos documentos do concurso foi pago pelo Dono da Obra ao Consórcio aos preços contratuais?

Provado. Convicção formada com base no depoimento da testemunha CB.

– Quesito 91°: A maior dificuldade de remoção do material imerso não teve correspondência nos trabalhos a mais pagos pelo Dono da Obra?

§ 3.º – Da Decisão da Causa e sua Fundamentação   309

Provado, sem prejuízo das respostas dadas aos quesitos 712º e segs. Convicção formada com base no depoimento da testemunha CB.

– Quesito 237.º: O sobrecusto total suportado pelo Consórcio com a remoção da ensecadeira da tomada de água de Beliche corresponde à multiplicação do volume a retirar de 14.000 m3 de aterro pelo sobrecusto de 2.000$00/m3 face ao preço unitário, ou seja, 28.000 contos?

Provado apenas em relação ao volume retirado abaixo da cota 28m, o que, multiplicado por 2000$00/m3, perfaz o montante de 7.930 contos. Convicção formada com base nos depoimentos das testemunhas CB e LC.

– Quesito 238.º: O mês médio de realização dos trabalhos com a remoção da ensecadeira da tomada de água do Beliche foi Fevereiro de 1994?

Prejudicado pela resposta ao quesito 144.º.

– Quesito 239.º: Actualizando o valor referido no quesito 237º a Junho de 1995 obtém-se o valor de 31.962 contos?

Provado, nos termos da resposta ao quesito 237.º. O valor que deve ser considerado, segundo o índice de Fevereiro de 1994, com correcção — 1,143 –, resultante da aplicação da fórmula da obra geral da Adução, é (7.930 contos x 1,143 =) 9.064 contos.

– Quesito 700º: Não existindo quaisquer estudos para a definição da ensecadeira a construir, nem tão-pouco estando, à data do concurso, definida a respectiva localização, competia aos concorrentes efectuar os referidos estudos?

Provado parcialmente: se tivesse sido possível, por razões de tempo e outras, deveriam os concorrentes ter efectuado os referidos estudos; mas, não tendo isso sido possível, os concorrentes elaboraram as referidas propostas presumindo que as indicações dadas pelo Dono da Obra eram aproximadamente verdadeiras e que não continham erros grosseiros. Convicção formada com base nos depoimentos das testemunhas CB e LC.

– Quesito 701º: Como elemento informativo sobre esta obra existia o Desenho TOB-14 — Emboquilhamento de Beliche — Ensecadeira

Tipo, relativo às ensecadeiras a construir para realizar o emboquilhamento de jusante do Túnel Odeleite-Beliche, também situado na albufeira do Beliche?

Provado. Convicção formada com base no documento junto pelos RR. pós-contestação sob o n.º 213, não infirmado pela prova testemunhal.

– Quesito 702º: Nesse desenho referia-se, em nota, que *"esta solução deverá ser adaptada para a embocadura Beliche-EE1"*?

Provado. Convicção formada com base no documento junto pelos RR. pós-contestação sob o n.º 213, não infirmado pela prova testemunhal.

– Quesito 703º: Todavia, de acordo com o desenho-tipo previsto (Desenho TOB-14), chegava-se com facilidade à conclusão de que aquelas quantidades de trabalho estavam subavaliadas?

Não provado: só se poderia, na base do Desenho TOB-14, ter chegado com facilidade à conclusão de que as quantidades de trabalhos estavam subavaliadas se, no momento do concurso, já existissem estudos sobre a ensecadeira a construir — o que, efectivamente, não sucedia. Convicção formada com base no conjunto da prova testemunhal.

– Quesito 704º: A altura provável do aterro a executar seria de 12,00 metros, correspondendo às cotas da entrada do túnel menos 1,00 m (22,00-1,00=21,00), e à cota do nível mínimo da albufeira mais a folga de 1,00 m (32,00+1,00=33,00)?

Não provado, pelas mesmas razões que constam da resposta dada ao quesito 703º.

– Quesito 705º: Com esta altura e a secção prevista definida no desenho-tipo, o volume esperado seria de: 4,00 + (3,5 x 12,00 x 2 + 4,00) : 2 x 12,00 =552 m3/ml de desenvolvimento?

Não provado, pelas mesmas razões que constam da resposta dada ao quesito 703º.

– Quesito 706º: As ensecadeiras do Túnel Odeleite-Beliche tinham uma secção de 72 m3 por metro linear e um volume estimado de 3.416 m3, portanto com um desenvolvimento de cerca de 47 metros?

Prejudicado pela resposta dada ao quesito 703º.

§ 3.º – Da Decisão da Causa e sua Fundamentação

– Quesito 707°: Considerando por defeito (em virtude da maior altura) que a ensecadeira do Túnel Beliche-EE1 teria um desenvolvimento igual, obter-se-ia para esta um volume total de 25.944 m3?

Prejudicado pela resposta dada ao quesito 703°.

– Quesito 708°: A ensecadeira realizada teve metade do volume da previsível?

Prejudicado pela resposta dada ao quesito 703°.

– Quesito 709°: E a projectada pelo Consórcio para executar o emboquilhamento do túnel de acordo com o traçado por si previsto referia 70.000 m3?

Provado, com o esclarecimento de que este projecto se reportava à proposta do Consórcio de 5 de Novembro de 1992 (sobre o traçado do Túnel Beliche/EE1) — e não: (1) ao projecto constante da solução base posta a concurso; (2) ao projecto da Proposta Variante-B; (3) ao projecto executado.

– Quesito 710°: Resulta do exposto, que, por um lado, foram grosseiramente subavaliados os volumes de aterro previstos para executar a ensecadeira e que, por outro, a ensecadeira realizada foi mais favorável do que a prevista, tanto na solução de concurso como na solução do Consórcio?

Provado, quanto à primeira parte do quesito, que os volumes de aterro previstos estavam grosseiramente subavaliados pelo Dono da Obra; a segunda parte do quesito está apenas parcialmente provada: se a ensecadeira efectivamente executada foi de facto mais pequena do que a prevista pelo Dono da Obra, não ficou provado que isso tivesse sido mais favorável ao Consórcio, designadamente em virtude da necessidade de remoção de um maior volume de parte imersa. Convicção formada com base no depoimento da testemunha CB.

– Quesito 711°: Na verdade, a ensecadeira que foi realmente construída para executar, não só a entrada do túnel, mas também a torre de tomada de água do Beliche, comportou um volume de aterro de 14.110 m3, tendo o coroamento à cota 36,00, dos quais o empreiteiro só retirou 11.565 m3?

Provado. Convicção formada com base no documento junto pelos RR. pós-contestação sob o n.º 214, não infirmado pela prova testemunhal.

– Quesito 712º: No entanto, na Informação 51/OB/95 do Dono da Obra, foi considerado justificado o pagamento ao Consórcio de uma mais valia correspondente ao encargo com a necessidade de utilizar meios eventualmente não previstos se a ensecadeira fosse apenas a necessária à execução da boca do túnel — e não da torre da tomada de água?

Provado. Convicção formada com base no documento junto pelas AA. à petição inicial sob o n.º 31 (Informação 51//OB/95).

– Quesito 713º: O empreiteiro acabou por executar o trabalho utilizando até à cota 28,00 uma rectroescavadora e, a partir desta cota, uma grua equipada com balde *"clamshell"*; tão-pouco foi retirada a totalidade do volume da ensecadeira?

Provado. Convicção formada com base no depoimento da testemunha LC.

– Quesito 714º: Haverá, portanto, que considerar: volume total da ensecadeira — 14.110 m3; volume abaixo da cota 28,00 — 6.510 m3; volume total retirado 11.565 m3; volume retirado abaixo da cota 28,00 — 3.965 m3?

Provado. Convicção formada com base nos depoimentos das testemunhas CB e LC.

– Quesito 714º-1: Tendo em conta os termos do concurso no que se refere à obra de adução Beliche/ETA de Tavira, as quantidades de trabalhos indicadas na solução-base patenteada não podiam ser consideradas como medições de trabalhos reais?

Provado, com a seguinte rectificação: onde se lê "medições de trabalhos reais" leia-se "medições reais de trabalhos". Convicção formada com base nos depoimentos das testemunhas CB e LC.

– Quesito 714º-2: Das quantidades de trabalhos a que se refere o quesito anterior não podiam retirar-se conclusões sobre as características dos trabalhos a realizar?

Provado parcialmente: algumas conclusões poderiam retirar-se — embora não conclusões quantificadas com exacti-

dão. Convicção formada com base nos depoimentos das testemunhas CB e LC.

β — *Matéria de direito*

113. Pretendem as Autoras ser indemnizadas dos sobrecustos por elas suportados com a remoção da ensecadeira que foi executada na albufeira da barragem do Beliche, posto que tiveram necessidade de utilizar meios não previstos se a ensecadeira fosse apenas a necessária à execução da boca do túnel (como se previa nos documentos do concurso), e não da torre da tomada de água (como acabou por ser executado).

O valor actual dessa pretensão é 9.064 contos.

O Dono da Obra aceitou já pagar esse montante ao Consórcio (resposta ao quesito 712.º), embora não o tenha feito ainda.

Nestes termos, por maior onerosidade (artigo 173.º, n.º 1, do RJEOP/86), o Tribunal condena os Réus a pagar às Autoras, neste ponto, a quantia de **9.064 contos**.

4.8. Crivagem do material de aterro

α — *Matéria de facto*

114. Quanto a este ponto, está assente o seguinte:

Z152) Na cláusula 42.3.1.3.2. das Cláusulas Técnicas Especiais do Caderno de Encargos (parte B2 do Processo de Concurso Público Internacional, pp. 151-152) refere-se que *"na medida do possível o material de aterro será constituído pelo produto das escavações das valas, mas se não houver material conveniente em quantidades suficientes provenientes desta origem, o material adicional será obtido de manchas de empréstimo aprovadas"* e, por outro lado, que *"não se permitirão pedras de dimensão superior a 7 centímetros numa distância de 15 centímetros da parede do tubo"*.

Z153) O Consórcio, convicto do conhecimento do quadro geotécnico dos terrenos a utilizar para a instalação subterrânea dos tubos, elaborou a sua Proposta Variante-B na previsão de recurso à generalidade das terras provenientes da escavação para acomodar o assentamento dos tubos.

Z154) A crivagem de material de aterro efectuada pelo Consórcio fez com que o Dono da Obra não tivesse de expropriar manchas de empréstimo nem pagar distâncias de transporte — o que teria de fazer se, como era seu direito, o Consórcio o exigisse.

Z155) O Dono da Obra não reconheceu o facto referido no artigo anterior, pelo que foi o Consórcio que suportou os custos com a crivagem do material de aterro.

Z194) O Dono da Obra reconheceu no ponto 6, alínea a), da sua informação nº 51/OB/95 ser de pagar ao Consórcio um valor total de 5.010 contos a título de custos adicionais inerentes à operação de crivagem de material aterro.

– Quesito 240.º: O mês médio dos custos adicionais inerentes à operação de crivagem de material de aterro foi Dezembro de 1994?

Prejudicado pela resposta ao quesito 144.º.

– Quesito 241.º: O montante de 5.000 contos, calculado a valores de Junho de 1991, e relativo aos custos adicionais suportados pelo Consórcio com a operação de crivagem de material de aterro, corresponde, actualizado a Junho de 1995, a 5.865 contos?

Prejudicado pela resposta ao quesito 144.º. O valor que deve ser considerado, segundo o critério do índice médio do período de Junho de 1994 a Maio de 1995 (1,171, com correcção) — resultante da aplicação da fórmula da obra geral da Adução —, é (5.000 x 1,171=) 5.855 contos.

β — *Matéria de direito*

115. Pretendem as Autoras ser indemnizadas pelos Réus dos sobrecustos que suportaram com a operação de crivagem de material de aterro.

O valor actual dessa pretensão é 5.855 contos.

Trata-se do valor actualizado do montante que os Réus oportunamente aceitaram pagar às Autoras quanto a esta matéria (resposta ao quesito 241.º), mas ainda não o fizeram.

Nestes termos, o Tribunal, por maior onerosidade (artigo 173.º, n.º 1, do RJEOP/86), condena os Réus a pagar às Autoras, neste ponto, a quantia de **5.855 contos**.

4.9. Modificação do quadro geotécnico previsível na execução das escavações

α — *Matéria de facto*

116. Está assente o seguinte:

Z157) O princípio de que a caracterização base do quadro geotécnico esperado cabe ao Dono da Obra constitui um princípio internacionalmente consagrado por árbitros especializados em matéria de empreitada de obras públicas, já que as economias resultantes de um maior investimento na campanha de sondagens revertem, em última análise, para o Dono da Obra.

Z158) De tal modo se trata de um princípio inquestionável que a tendência actual dos grandes projectos é a de se apresentarem aos concorrentes de empreitada de obras públicas *"plantas de escavabilidade"* por forma a estes, por um lado, melhor avaliarem os custos e riscos envolvidos numa obra e, por outro lado, optimizarem os seus preços.

Z159) A informação geotécnica decorrente das quantidades de trabalhos referidas no Caderno de Encargos para as escavações necessárias à abertura da vala de assentamento dos tubos corresponde aos valores percentuais representados no gráfico constante do artigo 281º da petição inicial.

Z160) Essa informação geotécnica indiciava um quadro de natureza favorável à escavação com meios mecânicos de baixa potência.

Z161) O INAG reconheceu a caracterização geotécnica real encontrada pelo Consórcio na execução das escavações necessárias à abertura da vala de assentamento dos tubos de betão e pagou esses trabalhos aos preços correspondentes.

– Quesito 98º: A realidade geotécnica que o Consórcio teve de enfrentar para a escavação da vala de assentamento dos tubos corresponde ao gráfico representado no artigo 285º da petição inicial?

Não provado. A realidade geotécnica que o Consórcio teve de enfrentar para a escavação da vala de assentamento dos tubos foi, em termos percentuais, a seguinte: ZG1: (não 44% mas) 48%; ZG2: (não 34% mas) 24%; ZG3: (não 22% mas) 28%. Convicção formada com base nos depoimentos das testemunhas CB e LC.

– Quesito 99º: A realidade geotécnica que o Consórcio teve de enfrentar determinou a adopção de ritmos de trabalho mais lentos?

Provado. Convicção formada com base no depoimento da testemunha CB.

– Quesito 100º: A realidade geotécnica que o Consórcio teve de enfrentar determinou, para se cumprirem os prazos contratuais, o recurso a meios mecânicos em quantidade e capacidade superiores às previstas inicialmente?

Provado parcialmente, com os seguintes esclarecimentos: (1) os prazos contratuais não foram cumpridos, mas prorrogados (designadamente para fazer face a trabalhos a mais); (2) houve, de facto, recurso a meios mecânicos em quantidades superiores às previstas no Caderno de Encargos — o qual estava concebido para uma profundidade de escavação inferior à referida na Proposta Variante-B. Convicção formada com base nos depoimentos das testemunhas CB e LC.

– Quesito 692º: As quantidades de trabalho de escavações que foram consideradas nos documentos do concurso e as percentagens de volumes fixadas nas três situações geotécnicas em que foram subdivididas só poderiam ser indicativas das espécies de trabalhos a realizar, constituindo uma base para a apreciação relativa das propostas dos concorrentes, sem desempenhar qualquer outra função?

Provado parcialmente: as quantidades de trabalhos de escavações que foram consideradas nos documentos do concurso e as percentagens de volumes fixadas nas três situações geotécnicas em que foram subdivididas eram meramente indicativas, mas podiam razoavelmente ser tomadas pelo Con-

§ 3.º – Da Decisão da Causa e sua Fundamentação

sórcio como base para a elaboração da sua proposta — o que, de facto, sucedeu. Convicção formada com base nos depoimentos das testemunhas CB e LC.

– Quesito 693º: Na sua Proposta Variante-B o Consórcio afirmou que efectuara medições dos trabalhos a realizar e, por outro lado, fez as considerações e previsões sobre eles que se encontram referidas e transcritas no artigo 692º da contestação?

Provado, com o esclarecimento de que as considerações e previsões feitas pelo Consórcio que se encontram mencionadas e transcritas no artigo 692º da contestação se referiam apenas à primeira parte do adutor (com 8,5 km de comprimento) e não já à segunda parte (com cerca de 16 km de comprimento) — para a qual se previam 90% (meios tradicionais de terraplanagem) e 10% (explosivos). Convicção formada com base nos depoimentos das testemunhas CB e LC, bem como no documento junto pelos RR. à contestação sob o n.º 11, pp. 76-77.

– Quesito 694º: No entanto, o Consórcio não seguiu a previsão dos seus estudos mas adoptou as quantidades de trabalho indicadas nos documentos do concurso?

Provado parcialmente: o Consórcio adoptou efectivamente as quantidades de trabalho indicadas nos documentos do concurso, como resulta do documento junto pelos RR. pós--contestação sob o n.º 212, mas a previsão dos seus estudos encontrava-se bastante próxima dessa, como resulta da resposta ao quesito anterior.

– Quesito 695º: Se tivesse seguido as suas próprias considerações e previsões, o Consórcio teria chegado a valores muito perto dos que vieram a ser efectivamente encontrados?

Provado parcialmente. Se o Consórcio tivesse seguido as suas previsões (SG1 e SG2 = 83 %; SG3 = 17%), teria ficado a meio caminho entre os valores encontrados (SG1 e SG2 = 72%; SG3 = 28%) e os definidos na Proposta Variante-B (SG1 e SG2 = 96%; SG3 = 4%). Convicção formada com base nos depoimentos das testemunhas CB e LC, bem como no documento junto pelos RR. à contestação sob o n.º 11 e pós-contestação sob o n.º 212.

– Quesito 696.º:

[Por lapso de numeração, não existe este quesito.]

– Quesito 697.º: Só que, nesse caso, a sua proposta ficaria mais cara e, eventualmente, menos favorável do que a de outros concorrentes?

Provado parcialmente. No caso figurado, a proposta ficaria certamente mais cara; mas não ficou provado que isso a tornaria menos favorável do que as de outros concorrentes. Convicção formada com base nos depoimentos das testemunhas CB e LC.

– Quesito 698.º: As quantidades de trabalho efectivamente realizadas nos cinco primeiros troços do adutor — correspondentes à extensão do adutor incluída na proposta adjudicada ao Consórcio — e as respectivas percentagens segundo a caracterização geotécnica do Caderno de Encargos são as que vêm indicadas no artigo 695.º da contestação?

Provado. Convicção formada com base no depoimento da testemunha LC.

– Quesito 699.º: Considerando a distinção feita pelo Consórcio entre *"executado com meios mecânicos tradicionais embora potentes"* e *"com recurso a explosivos"*, as percentagens seriam: ZG1+ZG2 — 78,6%; ZG3 — 21,4% — portanto, mais favoráveis do que as previstas pelo Consórcio na sua proposta?

Provado parcialmente: as percentagens seriam as indicadas, mas não eram mais favoráveis do que as previstas pelo Consórcio na sua proposta, porque estas eram de 83 (SG1 + SG2) e de 17 (SG3). Convicção formada com base no documento junto pelos RR. à contestação sob o n.º 11, pp. 76-77.

β — *Matéria de direito*

117. O Tribunal nada tem a decidir quanto a esta matéria, dado que nenhuma pretensão indemnizatória foi apresentada pelas Autoras sobre a mesma.

4.10. Da falta de apoio topográfico do Dono da Obra

α — Matéria de facto

118. Foram provados os seguintes factos:

Z162) Na cláusula 42.1.1.3.1. das Cláusulas Técnicas Especiais do Caderno de Encargos (parte B2 do Processo de Concurso Público Internacional, p. 12) estabelece-se: "*a Fiscalização estabelecerá eixos de referência definidos por marcos de betão devidamente cotados. Ao Empreiteiro compete a implantação dos trabalhos a partir dessas referências, bem como a conservação dos marcos que lhe tiverem sido entregues*".

– Quesito 101°: O Consórcio não recebeu apoio topográfico do Dono da Obra nos trabalhos relativos à obra de adução Beliche/ETA de Tavira?

Provado parcialmente: houve apoio topográfico do Dono da Obra ao Consórcio sob a forma de piquetagem dos eixos de referência previstos na Parte B2 do Caderno de Encargos (p. 12); contudo, não tendo o Dono da Obra deixado de forma estável no terreno a rede poligonal inicialmente traçada, o Consórcio viu-se obrigado a estabelecer a sua própria rede poligonal quando teve de alterar o traçado do adutor. Convicção formada com base nos depoimentos das testemunhas LC e AB, bem como no documento junto pelos RR. na fase de instrução sob o n.° 4-O.

– Quesito 726°: A cláusula 42.1.1.3.1. das Cláusulas Técnicas Especiais do Caderno de Encargos (parte B2 do Processo de Concurso Público Internacional, p. 12) diz directamente respeito à barragem de Odeleite, obra cujo projecto de execução é da autoria do Dono da Obra?

Provado, com o esclarecimento de que esta cláusula era, não obstante, aplicável, com as necessárias adaptações, à Adução Beliche/ETA de Tavira, por força da remissão para ela efectuada pela cláusula 42.3.1.1. (v. p. 147 da Parte B2 do Caderno de Encargos).

– Quesito 727°: O estudo e projecto de uma obra como o adutor requeriam um trabalho preliminar de levantamento topográfico ao longo de um traçado prévio, seguindo-se o estudo e implantação do traçado escolhido para julgar da sua viabilidade e necessidade de acertos?

Provado. Convicção formada com base nos depoimentos das testemunhas LC e AB.

– Quesito 728º: O Dono da Obra fez a implantação do traçado adutor de acordo com os elementos do Estudo Prévio da Proposta Variante-B do Consórcio?

Provado. Convicção formada com base nos depoimentos das testemunhas LC e AB.

– Quesito 729º: Para o estudo parcelar do traçado do adutor e projecto de execução, também por parcelas, o Consórcio subdividiu o adutor em seis troços, iniciando o projecto segundo o seu critério?

Provado. Convicção formada com base nos depoimentos das testemunhas LC e AB.

– Quesito 730º: Foi realizado o levantamento do terreno numa faixa ao longo do traçado prévio suficientemente larga para se poder avaliar das possíveis alternativas de traçado?

Provado, com o esclarecimento de que tal faixa tinha 200m de largura. Convicção formada com base nos depoimentos das testemunhas CB, LC e AB.

– Quesito 731º: Reconhecidas e avaliadas as possíveis alternativas, foi materializado no terreno o traçado apurado em gabinete?

Provado, com o esclarecimento de que a materialização foi feita pelo Consórcio. Convicção formada com base nos depoimentos das testemunhas CB, LC e AB.

– Quesito 732º: Apresentado ao Dono da Obra, para apreciação e aprovação, o traçado optimizado, e depois de o mesmo ser aprovado, finalizava-se o projecto de execução, incluindo já todas as obras e detalhes definitivos?

Provado. Convicção formada com base nos depoimentos das testemunhas CB, LC e AB.

– Quesito 733º: Seguia-se a piquetagem da obra para permitir definir os terrenos e áreas a expropriar e, por fim, realizava-se a obra?

Provado. Convicção formada com base nos depoimentos das testemunhas CB, LC e AB.

– Quesito 734°: Todo esse trabalho era realizado com base no eixo do traçado do adutor já antes de materializado no terreno?

Provado, com a rectificação de que onde se lê «antes de materializado» deve ler-se «antes materializado». Convicção formada com base nos depoimentos das testemunhas CB, LC e AB.

– Quesito 735°: Tais procedimentos foram previamente acordados entre os gabinetes de topografia do Consórcio e do Dono da Obra, tendo-se combinado a colaboração de ambos tanto nos trabalhos de implantação como nos de verificação?

Provado. Convicção formada com base no documento n.° 4-O junto pelos RR. na fase de instrução, não infirmado pela prova testemunhal.

– Quesito 736°: A questão da alegada falta de apoio topográfico do Dono da Obra ao Consórcio só foi suscitada por este em Março de 1995, através da carta 328/CO/95, de 8 de Março, isto é, quando estava praticamente realizado todo o trabalho de topografia?

Provado. Convicção formada com base nos documentos dos RR. n.° 1-O e n.° 2-O, não infirmados pela prova testemunhal.

β — *Matéria de direito*

119. O Tribunal nada tem a decidir quanto a esta matéria, dado que nenhuma pretensão indemnizatória foi apresentada pelas Autoras sobre a mesma.

4.11. Custos com a reparação de estradas e caminhos municipais

α — Matéria de facto

120. Está assente o seguinte:

Z163) O Dono da Obra transmitiu ao Consórcio um ofício da Câmara Municipal de Castro Marim, de 4 de Outubro de 1994, no qual se responsabilizava o empreiteiro pela degradação de estradas e caminhos municipais devido à circulação de veículos e cargas pesadas, nomeadamente de transporte de tubos do adutor.

Z164) A Cláusula 9.1.1. da parte B1 do Caderno de Encargos referia: *"o empreiteiro é obrigado a realizar à sua custa os trabalhos que, por natureza, ou segundo o uso corrente, devem considerar-se preparatórios ou acessórios dos que constituem objecto do concurso".*

Z165) Na Cláusula 9.1.2 da parte B1 do Caderno de Encargos estipulava-se que *"Entre os trabalhos a que se refere a cláusula 9.1. compreende--se designadamente, salvo determinação expressa em contrário deste caderno de encargos: (...) B) A construção de obras de carácter provisório destinadas a proporcionar acesso ao estaleiro e aos locais de trabalho, a garantir a segurança das pessoas empregadas na obra e do público em geral, a evitar danos nos prédios vizinhos e a satisfazer os regulamentos de segurança e de polícia nas vias públicas".*

– Quesito 242.º: O Consórcio suportou custos no valor de Esc. 11.285.000$00, a preços de Junho de 1991, com a reparação de estradas e caminhos municipais sitas no município de Castro Marim?

Provado. Convicção formada com base no depoimento da testemunha CB.

– Quesito 243.º: O mês de referência médio da realização dos trabalhos de reparação de estradas e caminhos municipais foi Junho de 1995?

Prejudicado pela resposta ao quesito 144.º.

– Quesito 244.º: Actualizando o valor referido no quesito 242º a Junho de 1995 obtém-se o valor de 13.338 contos?

Prejudicado pela resposta ao quesito anterior. O valor que deve ser considerado, segundo o critério do índice de Junho de 1995 (1,196, com correcção) — resultante da aplicação da fórmula da obra geral da Adução —, é (11.285 contos x 1,196 =) 13.497 contos.

– Quesito 737º: De acordo com a Proposta Variante-B do Consórcio, o transporte da tubagem seria efectuado por via ferroviária e/ou rodoviária; ao longo do traçado do adutor seria aberta uma plataforma de circulação com 12 metros de largura; e os tubos tinham 6 m de comprimento e pesavam cerca de 23 toneladas cada um?

Provado. Convicção formada com base nos documentos juntos pelos RR. pós-contestação sob os n.ºs 193 e 199, não infirmados pela prova testemunhal.

– Quesito 738º: No projecto de execução foi adoptada uma plataforma com 15 metros de largura, com mais encargos para o Dono da Obra?

Provado. Convicção formada com base no documento junto pelos RR. pós-contestação sob o n.º 200, não infirmado pela prova testemunhal.

– Quesito 739º: E com a aceitação da proposta de alteração do tipo de tubo feito pelo Consórcio, o peso de cada tubo passou para 30 toneladas?

Provado. Convicção formada com base no depoimento da testemunha LC.

β — *Matéria de direito*

121. Do relato efectuado, resulta além do mais que:

- a Câmara Municipal de Castro Marim reclamou ao Dono da Obra a reparação de estradas e caminhos do Município danificados com o transporte de tubos pelo fornecedor do Consórcio (alínea *Z163)*);
- o Consórcio procedeu à reparação referida (resposta ao quesito 242.º), e suportou com essa operação custos no montante de 13.497 contos.
Quid juris?

122. Passando a decidir.

Nos termos da cláusula 1.10.1 da Parte B1 do Caderno de Encargos, "salvo disposição em contrário deste caderno de encargos, correrão por conta do empreiteiro, que se considerará, para o efeito, o único responsável: a) A reparação e a indemnização de todos os prejuízos que, por motivos imputáveis ao adjudicatário e que não resultem da própria natureza ou concepção da obra, sejam sofridos por terceiros até à recepção definitiva dos trabalhos, em consequência do modo de execução destes últimos, da actuação do pessoal do empreiteiro ou dos seus subempreiteiros, fornecedores e tarefeiros e do deficiente comportamento ou da falta de segurança das obras, materiais, elementos de construção e equipamentos".

O Tribunal entende que o transporte da fábrica até à obra dos tubos de betão pré-esforçado v.p.c. não faz parte da natureza ou concepção de uma obra hidráulica do tipo da dos autos — o transporte de tubos, enquanto tal, diz exclusivamente respeito a um fornecimento, por terceiros, de um material para a obra. Assim, o Consórcio deve responder pelos danos que um fornecedor seu (no caso, e por coincidência, ele próprio) causou ao Município de Castro Marim — que, diferentemente do Estado, não vê o desgaste especial das suas estradas e caminhos ser compensado através do pagamento pelos proprietários de camionagens pesadas de uma «contribuição para maiores despesas» do tipo do «imposto de camionagem».

Mas o Tribunal entende não ser justo que o Consórcio suporte esses prejuízos na íntegra. Parece-lhe antes razoável que o Dono da Obra, porque beneficiário da obra realizada, deva suportar também, equitativamente, 50% do valor da indemnização que o Consórcio pagou à Câmara Municipal nesta matéria.

Ou seja:
13.497 contos x 50% = 6.749 contos.

123. Nestes termos, o Tribunal condena os Réus a pagar às Autoras, neste ponto, o montante de **6.749 contos**.

5. Lucro

α — Matéria de facto

124. São os seguintes os factos provados quanto a este ponto:

– Quesito 133º: As administrações das empresas integrantes do Consórcio decidiram afectar à obra de adução Beliche/ETA de Tavira uma equipa constituída por alguns dos seus quadros mais qualificados?

Provado. Convicção formada com base nos depoimentos das testemunhas CB, FA e GR, bem como no documento junto pelas AA. sob o n.º 12 em 14/6/99.

– Quesito 134º: Essa equipa deveria, de acordo com o prazo de 30 meses contratualmente previsto para a execução da obra, ter sido libertada em finais de Julho de 1994?

Provado, com o esclarecimento de que a data correcta é 7 de Novembro de 1994. Convicção formada com base no depoimento da testemunha CB.

– Quesito 135º: A mesma equipa acabou por ficar afectada à obra de adução Beliche/ETA de Tavira por mais de 33 meses para além da data referida no quesito anterior?

Provado parcialmente: parte da equipa ficou até ao fim; outra parte saiu mais cedo (caso do FA, da Construtora do Tâmega, S.A.). Convicção formada com base nos depoimentos das testemunhas CB, FA e LC.

– Quesito 136º: Por força dessa situação, as empresas consorciadas não puderam afectar os seus quadros qualificados a outras obras novas?

Provado parcialmente (v. resposta ao quesito 135º). Da prova produzida não resultou a convicção de que as empresas consorciadas tenham sido prejudicadas por isso (v. resposta ao quesito 758º). Convicção formada com base no depoimento da testemunha LC.

– Quesito 137º: A influência percentual que a obra de adução Beliche/ETA de Tavira representava no volume de vendas das empresas consorciadas Engil e Construtora do Tâmega corresponde ao quadro apresentado no artigo 361º da petição inicial?

Provado. Convicção formada com base no depoimento das testemunhas CB e GR.

– Quesito 138º: A alegada subfacturação registada pelas empresas consorciadas Engil e Construtora do Tâmega até final de Dezembro de 1993 determinou desequilíbrios de tesouraria perturbadores da gestão e erosivos dos seus resultados globais?

O Tribunal remete a resposta a este quesito para a resposta ao quesito 129º.

– Quesito 139º: O Consórcio detinha a expectativa de retirar da empreitada de execução da barragem de Odeleite, do túnel Odeleite--Beliche, da adução Beliche-ETA de Tavira, da ETA de Tavira, e das redes de rega, redes de enxugo e caminhos agrícolas — um benefício superior a 5% do valor de venda total?

Provado. Convicção formada com base no depoimento das testemunhas CB e GR.

– Quesito 140º: Esse resultado era coerente com a situação do mercado de obras públicas à época em que se elaborou a proposta adjudicada e se celebrou o contrato de empreitada nº 171/DSA?

Provado que no período de 1990 a 1992 a actividade de obras públicas estava em baixa, que houve uma forte concorrência a esta obra (12 candidatos) e que, por isso, a expectativa de um benefício superior a 5% da venda total era porventura optimista. Convicção formada com base no depoimento da testemunha LC, bem como no documento 8-P junto pelos RR. na fase de instrução.

– Quesito 141º: Os resultados anuais de algumas empresas de construção de obras públicas em função das vendas no ano de 1992 são os indicados no quadro constante do artigo 367º da petição inicial?

Provado, com o esclarecimento de que o quadro constante do artigo 367º da petição inicial pode englobar também a «construção civil» e não apenas «obras públicas». Convicção formada com base no depoimento da testemunha CB.

- Quesito 142º: A partir dos resultados constantes do quadro mencionado no quesito anterior poderia o Consórcio razoavelmente prever uma expectativa de lucro de 5% do valor global da obra?

Provado, nos termos das respostas aos quesitos 139º e 140º.

- Quesito 245.º: Em resumo, foram os seguintes, em contos, os sobrecustos e prejuízos suportados pelo Consórcio:

- (Custos mensais não absorvidos até Dezembro de 1993)

- mão-de-obra	278.670?
- meios mecânicos	62.567?
- gastos gerais da obra	114.197?
- estrutura central das empresas consorciadas	242.407?
- Custos do reforço de meios a partir de Janeiro de 1994	4.014.421?
- Sobrecustos com projectos	119.687?
- Túnel Beliche-EE1	70.797?
- Ensaios hidráulicos no tubo	221.618?
- Ensaios não previstos	22.981?
- Instabilidade de taludes	81.587?
- Ensecadeira de Beliche	31.962?
- Crivagem do material de aterro	5.865?
- Custos com a reparação de estradas e caminhos municipais	13.838?
TOTAL (contos	5.280.568?

Não provado. Os valores que devem ser considerados, conforme as respostas aos quesitos anteriores, são os seguintes:

- **Custos mensais não absorvidos até Dezembro de 1993:**

– mão-de-obra	65.030
– meios mecânicos	7.511
– gastos gerais da obra	88.194
– estrutura central das empresas consorciadas	212.171
– **Custos do reforço de meios a partir de Janeiro de 1994**	**2.846.778**
[= 1.854.964 (Janeiro1994/Junho1995) + 991.814 (Julho1995/Maio1996)]	
– **Sobrecustos com projectos**	**120.680**
– **Túnel Beliche-EE1**	**56.402**
– **Ensaios hidráulicos no tubo**	**205.797**

- Ensaios não previstos   22.498
- Instabilidade de taludes   9.277
- Ensecadeira de Beliche   9.064
- Crivagem do material de aterro   5.855
- Custos com a reparação de estradas e caminhos
  municipais   13.497
Total (contos)   3.662.755.

– Quesito 246.º: O lucro previsto pelo Consórcio corresponde a 5% do valor total global referido no quesito anterior?

Provado quanto à percentagem de 5% de lucro prevista pelo Consórcio, com o esclarecimento de que na parte em que recaia sobre verbas que resultam da aplicação de preços unitários (a saber: túnel, taludes, ensecadeira, crivagem, estradas e caminhos), o lucro estará duplicado, pelo que, nessa medida, não pode ser considerado.

– Quesito 758º-2: O Consórcio cometeu erros na execução da obra, a saber, erros de gestão — como foi o caso da falta de coordenação geral dos trabalhos (construção civil, fornecimento e montagem do equipamento) e, atenta a divisão interna de tarefas, a falta de uma direcção sólida — e erros técnicos — como foi o caso do levantamento e recolocação de uma parte significativa dos tubos da conduta adutora?

Provado que houve alguma falta de coordenação geral dos trabalhos, já que as várias partes da empreitada tinham responsáveis diferentes; não provado, no entanto, que houve erros técnicos, porque o levantamento e recolocação dos tubos, como foi, aliás, afirmado no depoimento da testemunha LC, foi um percalço e não um erro.

– Quesito 758º-3: A permanência do pessoal do Consórcio em obra para além do prazo inicialmente previsto resulta de prorrogações desse prazo aceites por aquele?

Provado. Convicção formada com base nos depoimentos das testemunhas CB e LC.

– Quesito 758º:O Consórcio não indicou quaisquer outras obras concretas em que o pessoal da sua equipa afectada à obra de adução Beliche/ETA de Tavira se tivesse revelado necessário, com prejuízo dos seus interesses?

Provado. Convicção formada com base no depoimento da testemunha LC.

β — *Matéria de direito*

125. Pretendem as Autoras obter dos Réus uma indemnização de 5% a título de lucro sobre o montante total peticionado, o que perfaz o valor de **236.564 contos**.

O Tribunal entende que a pretensão das Autoras é improcedente. Desde logo, na medida em que o lucro foi incluído nos preços unitários contratuais pelos quais foram pagos os trabalhos a mais da mesma espécie realizados pelo Consórcio (v. resposta ao quesito 246.º). O mesmo vale, *mutatis mutandis*, relativamente aos preços negociados e posteriormente acordados *ad hoc*.

De resto, não se divisa fundamento teórico legítimo para acrescentar à indemnização reconhecida às Autoras qualquer percentagem adicional a título de lucro. Do direito comum em matéria contratual e da doutrina jusadministrativa especializada em matéria de empreitadas de obras públicas decorre, aliás, que a indemnização derivada de actos não culposos causados por uma das partes à outra — como sucede no caso concreto — apenas deve abranger os danos emergentes e não também os lucros cessantes (cfr., sintomaticamente, o regime fixado para duas situações típicas de responsabilidade contratual objectiva nos artigos 899.º e 909.º do Código Civil; e, no mesmo sentido, cfr., na doutrina administrativista estrangeira, especificamente quanto à indemnização dos sobrecustos resultantes da modificação do contrato de empreitada de obras públicas, CONCEPCIÓN HORGUÉ BAENA, *ob. cit.*, p. 187-188).

Demais, não foi discutida pelas partes nem provada pelas Autoras a existência de lucros cessantes. Decerto, na resposta ao quesito 135.º, quesito onde se perguntava se uma equipa de quadros qualificados das empresas consorciadas permaneceu em obra 30 meses mais do que o previsto, provou-se que parte da equipa ficou até ao fim, e que só outra parte saiu mais cedo. Mas, na resposta ao quesito 136.º subsequente, onde se questionava se, por força dessa situação, as empresas consorciadas não puderam afectar os seus quadros qualificados a outras obras novas, provou-se que as empresas consorciadas não foram prejudicadas pelo facto de não poderem afectar os seus quadros qualificados a outras obras novas.

Desatende-se, pois, na totalidade, esta pretensão indemnizatória das Autoras.

§ 4.º
Conclusão

126. Nos termos e pelos fundamentos expostos, julga-se a acção parcialmente procedente e condena-se os Réus a pagar às Autoras o montante de **2.623.060 contos (dois milhões seiscentos e vinte e três mil e sessenta contos).**

Ou seja (valores em contos):

– Estaleiro	230.294
– Reposição do preço contratual dos tubos de betão	153.172
– Custos mensais não absorvidos até Dezembro de 1993	197.400
– Custos do reforço de meios a partir de Janeiro de 1994	1.838.307
– Sobrecustos com projectos	120.680
– Túnel Beliche-EE1 (sobrecustos com materiais)	28.201
– Ensaios por troços	24.061
– Instabilidade de taludes	9.277
– Ensecadeira de Beliche	9.064
– Crivagem do material de aterro	5.855
– Custos com a reparação de estradas e caminhos municipais	6.749
Total (contos)	**2.623.060**

127. A este montante acrescem os juros vencidos, desde a data da citação dos Réus, ou seja, desde o dia 17 de Fevereiro de 1997, até à data do presente acórdão.

As taxas de desconto do Banco de Portugal a considerar são:

a) 7%, desde 17 de Fevereiro de 1997 até 6 de Maio de 1997 (v. Aviso n.º 5/96, de 22 de Novembro, publicado no Diário da República, n.º 287, II Série, de 12/12/1996);

b) 6%, a partir de 7 de Maio de 1997 até 25 de Fevereiro de 1998 (v. Aviso n.º 180/97, de 22 de Abril de 1997, publicado no Diário da República, n.º 104, II Série, de 6/5/1997);

c) 5%, a partir de 26 de Fevereiro de 1998 até 6 de Novembro de 1998 (v. Aviso n.º 1/98, de 16 de Fevereiro de 1998, publicado no Diário da República, n.º 47, 1ª Série B, de 25/2/1998);

d) 4, 25%, a partir de 7 de Novembro de 1998 até 19 de Dezembro de 1998 (v. Aviso n.º 3/98, de 30 de Outubro de 1998, publicado no Diário da República, n.º 257, 1ª Série B, de 6/11/1998);

e) 3,25%, a partir de 20 de Dezembro de 1998 até 15 de Outubro de 2001 (v. Aviso n.º 4/98, de 19 de Dezembro de 1998, publicado no Diário da República, n.º 292, 1ª Série-B, de 19/12/1998, e Portaria n.º 8/99, de 7 de Janeiro de 1999, publicada no Diário da República, 1ª Série, de 7 de Janeiro de 1999).

Os Avisos relativos à Taxa de Desconto entraram em vigor no dia seguinte ao da sua publicação. Por sua vez, a Portaria n.º 8/99, de 7 de Janeiro de 1999, entrou em vigor em 1 de Janeiro de 1999.

Às taxas de desconto referidas acresce 1% nos termos do artigo 190.º, n.º 1, do RJEOP/86.

Assim, as várias parcelas a considerar são:

		n° dias	taxa	quantia	juros
17-02-1997	06-05-1997	78	8%	2.623.060.000	44.843.546
07-05-1997	25-02-1998	294	7%		147.897.465
26-02-1998	06-11-1998	253	6%		109.090.550
07-11-1998	19-12-1998	42	5,25%		15.846.157
20-12-1998	15-10-2001	1030	4,25%		314.587.538
					632.265.257

Nestes termos, é devido pelos Réus às Autoras o pagamento de juros vencidos no montante arredondado de **632.265 contos**.

128. Em suma: adicionando a **2.623.060 contos** a verba de **632.265 contos**, temos um total de **3.255.325 contos**.

Assim, o Tribunal condena os Réus a pagar às Autoras o montante de **3.255.325 contos (três milhões duzentos e cinquenta e cinco mil trezentos e vinte e cinco contos)**, mais os juros vincendos à taxa de desconto do Banco de Portugal acrescida de 1%, até à data do pagamento efectivo da quantia devida.

129. No prazo de **15 (quinze)** dias a contar da prolacção deste acórdão, o Tribunal fixará, nos termos dos artigos 15.º e 16.º do Regulamento da Arbitragem, os honorários dos árbitros e do assessor jurídico do Tribunal.

130. No mesmo prazo, o Secretário do Tribunal organizará a conta das despesas administrativas do processo, que será assinada pelo presidente do Tribunal.

131. Tanto os honorários dos árbitros e do assessor jurídico do Tribunal, como as despesas administrativas do processo, deverão ser liquidadas pelas partes no prazo de **60 (sessenta) dias** contados a partir da data da notificação da presente decisão.

132. Nos termos do artigo 24.º, n.º 2, da Lei n.º 31/86, de 29 de Agosto, o presente processo será depositado na Secretaria-Geral do Tribunal Cível da Comarca de Lisboa, a menos que as partes, até ao momento do pagamento, acordem em contrário.

Lisboa, 15 de Outubro de 2001.

Diogo Freitas do Amaral — Fausto de Quadros — José Carlos Vieira de Andrade.

Notifique-se.

Nota. — O texto ora publicado, além de conter uma ou outra correcção de ordem formal, foi reajustado à decisão do Tribunal de 27 de Novembro de 2001, que tornou mais clara a redacção do segundo parágrafo do n.º 63 do Acórdão Arbitral.

Índice remissivo

(Os algarismos não indicam as páginas, mas os números das rubricas; o índice é exemplificativo)

Abreviaturas: a. – administrativo; c.a. – contrato administrativo; v. – vide; s. – seguintes.

A

Administração pública –
    tolerância da – 62
Alterações ao projecto adjudicado
    – informalidade – 74 e s.
    – acordo das partes – 53, 54
Alterações de materiais – 70, 79, 107

B

Base do negócio – v. Erro-vício
Boa fé (princípio da) – 59

C

Compensação de créditos – 81
Concurso público atípico misto – 38, 41
Contrato a. –
    acordo de vontades – 69
    ingerência da Administração na execução do – 52-54, 91
    princípio da estabilidade do c.a. – 59
    modificação unilateral do c.a. – 59, 60, 61, 90

Consignação dos terrenos – 75
Convenção de arbitragem – 3

D

Desorganização da produção da obra – 91, 92, 94

E

Empreitada de obras públicas
    de concepção-construção (objecto) – 40, 41
    de mera construção (objecto) – 39, 41
    por séries de preços – 62, 91
    por percentagem – 92
Enriquecimento sem causa – 90
Equidade – 6, 31, 32, 62, 70, 94, 95, 108, 122
Equilíbrio financeiro do contrato – 59-62, 83, 90, 91, 100, 111, 113, 115
Erro-vício – 69
Estaleiro e Acessos – 57-63
Execução do contrato – 53-54

F

Fiscalização do c.a. – 52
Fornecimento de materiais ao empreiteiro – 122

G

"Gerais Mensais da Obra" – 81
Gastos com a "Estrutura Central das Empresas" – 82

I

Igualdade (princípio da) – 59

Integração de lacunas do negócio jurídico – 27
Interpretação do negócio jurídico – 27, 28, 29
Imprevisão (Teoria da) – 90

L

Lacunas do contrato – 27
Lucro – 125

M

Maior onerosidade – 83, 91, 111, 113, 115

O

Objecto do litígio – 8

P

Poder de direcção (da Administração) – 52, 53, 54
Preços unitários – 62
Princípios gerais de direito – 69
Projectos – 98 e s.

R

Responsabilidade da Administração –
    objectiva – 59, 83, 91
    subjectiva – 90
Responsabilidade do Empreiteiro – 77, 79, 95, 103, 122
Responsabilidade do Dono da Obra – 77, 79, 95, 103, 122
Risco do empreiteiro – 91, 92, 107

S

Sobrecustos – 73, 81, 83, 87, 89, 91, 92, 93, 100, 102, 103

T

Trabalhos a mais – 60-63, 91, 92, 100
Tribunal arbitral (competência) – 26

V

Vontade hipotética das partes – 29

Índice

§ 1.º **Relatório** 11

I. Identificação das partes 11
II. Identificação dos árbitros 11
III. Convenção de arbitragem 12
IV. Assessor jurídico e Secretário do Tribunal 13
V. Local da arbitragem 14
VI. Normas aplicáveis 14
VII. Objecto do litígio 15
VIII. Breve relato da tramitação do processo 17
IX. Razão de ordem 21

§ 2.º **Dos factos provados** 23

X. Método adoptado; remissão 23

§ 3.º **Da decisão da causa e sua fundamentação** .. 27

XI. Decisão da questão prévia suscitada pelos Réus na sua contestação 27
XII. Considerações sobre o julgamento de equidade .. 33
XIII. Traços específicos do objecto da empreitada n.º 171/Dsa 37

1. Factos provados 37
   1.1. O concurso 37
   1.2. Da solução base posta a concurso 40
   1.3. Da Proposta Variante-B do Consórcio 45
   1.4. Do grau de desenvolvimento da solução-base 47

2. Breves considerações sobre o objecto do contrato de empreitada
   n.º 171/D<small>SA</small> 49

XIV. Da execução do contrato de empreitada n.º 171/D<small>SA</small>   58

1. Factos provados 58
   1.1. O Programa de Trabalhos do Consórcio 58
   1.2. Vicissitudes na execução da obra 68
       1.2.1. Consignações 68
       1.2.2. O túnel da Gafa 85
       1.2.3. Alterações introduzidas à PropostaVariante-B 89
       1.2.4. O Túnel Beliche-EE1 e o respectivo traçado 95
       1.2.5. A EE1 117
       1.2.6. A EE2 128
       1.2.7. A EE3 144
       1.2.8. O Reservatório de Santo Estevão 147

2. Breves considerações sobre a execução do contrato n.º 171/D<small>SA</small>   151

XV. Decisão sobre as pretensões indemnizatórias das Autoras 157

1. Sequência 157
2. "Estaleiros e Acessos" 157
3. "Reposição do preço unitário dos tubos de betão" 180
4. "Reposição do equilíbrio das prestações contratuais" 201

4.1. Custos mensais não absorvidos até Dezembro de 1993 .. 201
4.2. Custos do reforço de meios a partir de Janeiro de 1994 .. 230
4.3. Sobrecustos com projectos 270
4.4. Túnel Beliche-EE1 (sobrecustos com materiais) 276
4.5. Ensaios 280
4.6. Instabilidade de taludes 297
4.7. Ensecadeira de Beliche 307
4.8. Crivagem do material de aterro 313
4.9. Modificação do quadro geotécnico esperável na execução das escavações 315
4.10. Da falta de apoio topográfico do Dono da Obra 319
4.11. Custos com a reparação de estradas e caminhos municipais 322

5. Lucro 325

§ 4.º **Conclusão** 331

Índice remissivo 335